KB037029

우리, 아름답게 나이 들어갈 수 있을까

우리, 아름답게 나이 들어갈 수 있을까

초판 1쇄 인쇄 2021년 12월 20일
초판 1쇄 발행 2022년 1월 10일

지은이 추기옥
펴낸이 홍석 | 이사 홍성우
인문편집팀장 박월 | 편집 박주혜 | 표지 디자인 서은경
마케팅 이송희·한유리·이민재 | 관리 최우리·김정선·정원경·홍보람·조영행

펴낸곳 도서출판 풀빛 | 등록 1979년 3월 6일 제2021-000055호
주소 07547 서울시 강서구 양천로 583 우림블루나인 A동 21층 2110호
전화 02-363-5995(영업), 02-364-0844(편집) | 팩스 070-4275-0445
홈페이지 www.pulbit.co.kr | 전자우편 inmun@pulbit.co.kr

ISBN 979-11-6172-824-7 03330

우리, 아름답게 나이 들어갈 수 있을까

추기옥

풀빛

글을 시작하면서

좀 늦은 나이에 지인의 권유로 사회복지를 공부하고 그때까지 나와 상관없어 보이던 사회복지사의 길에 입문하여 지금까지 노인복지 분야에서 일하고 있습니다. 내가 만나는 사람들은 거의 노인 환자들인데, 직업상 그들의 집을 방문하여 불편한 점을 챙기다 보니 자연스럽게 그들이 살아가는 모습을 가까이에서 지켜보게 됩니다. 힘들어하는 그들을 도울 방법을 찾으며 다른 한편 그들의 삶을 타산지석 삼아 어떻게 나이 드는 것이 아름다운지를 늘 고민하고 있습니다. 어떤 이의 삶에서도 강력한 메시지를 얻을 수 있으며, 교훈을 주지 않는 삶은 없었습니다.

이 세상에서 늙음을 피할 수 있는 사람은 없습니다. 평균적인 수준보다 조금 더 오래 건강을 유지하여 상대적으로 조금 더 활기차게 살아가느냐 그렇지 않느냐의 차이가 있을 뿐 약간의 시차를 두고 우리는 누구나 예외 없이 노인이 되어가지요. 이왕 그 길에 들어설 것이라면 우리는 아름답게 나이 들어가기를 바랄 것입니다.

노인이 아름답다는 것은 일상생활을 영위하기에 부족함이 없을 정도로 지출이 가능한 경제적 준비와 양호한 건강 이외에 삶에 대한 긍정적 태도, 풍부한 인간관계, 예절 등 인간의 인식이나 의식과 관련된 가치도 적절한 선에서 기능하는 사람이라는 의미일 것입니다. 개인적으로 보자면 자신의 삶을 사랑하며 끝까지 당당하게 살고, 사회적으로는 배려와 예절로써 타인들과 좋은 관계를 유지하며 존경받는 사람이라고 생각합니다.

누군들 이런 노후를 꿈꾸지 않겠습니까. 하지만 세상사 대부분이 그렇듯 아름답게 나이 드는 것 역시 준비와 노력이 필요합니다. 노년은 저절로 찾아오지만 아름다운 노년은 결코 저절로 이루어지지 않거든요. 나이가 들면 사람이 어떻게 변화하는지 알아야 하며, 가능하면 늦게까지 자신의 권리를 존중받고 자기 결정권과 존엄성을 유지할 수 있는 길을 찾아야 하고, 노년기에 닥칠 다양한 어려움에 관한 정보를 바탕으로 미리 대비책을 세워야 하며, 외롭지 않기 위해 친한 사람들과 좋은 관계를 유지하는 데에도 각별한 노력을 기울여야 합니다.

어찌 보면 필요 없을 것도 같고 또 어찌 보면 귀찮기도 한 이런 노력이 중요한 이유는 그런 것들이 우리 삶의 끝자락 행복과 불행을 좌우하기 때문입니다. 미리 경제적·사회적·정신적으로 대비를 한 사람은 그렇지 않은 사람에 비해 훨씬 무난하게 노년기에 적응하여 더 건강하고 편안하게 노후를 보냅니다. 인생에서 가장 긴 구간이자 여러 가지로 취약점이 많은 노년기를 즐겁고 활기차게 보내느냐 아니면 우울하고 비참하게 보내느냐는 바로 지금 당신의 마음먹기와 실행에 달려 있다고 봐도 무리가 아닙니다.

이 책은 노년기에 진입하기 이전에 아름답게 나이 들어가는 것에 대해 진지하게 고민하여 미리 준비하자는 의미로 쓰였습니다. 20년 가까이 노인복지 분야에서 종사한 내 눈에 비친 우리나라 노인들은 압도적 다수가 행복하지 않습니다. 평생 국가와 사회의 번성과 가족의 발전을 위해 열심히 산 사람이라면 노년기는 행복해야 마땅하다고, 그럴 권리가 있다고 생각하지만 현실의 노인들은 그와 반대로 대다수가 힘들어하며 절망하고 있습니다.

나는 이들이 호소하는 우울과 불행이 지금의 노년 세대만의 문제는 아니라고 생각합니다. 그들이 겪는 문제는 뒤를 이어 노인이 될 우리의 문제이며 나아가 우리 자손들의 문제이기도 합니다. 노년기에 대한 진지한 고민 없이 무작정 노인이 되는 사람은 유감스럽게도 인생의 선배들이 걸어간 불행한 길을 그대로 따라갈 확률이 높습니다. 그러므로 노후를 행복하게 보내고자 하는 사람이라면 어떻게 하는 것이 아름답게 나이 들어가는 길인지 공부하고 알아보고 준비하는 것이 마땅하다는 것이 나의 주장입니다.

이 책은 평범한 사람들을 위한 책입니다. 가진 것이 많으면 아름답게 나이 들어가는 데 유리할 수는 있지만 가진 것이 많지 않아도 아름답게 나이 들어갈 수 있는 길은 많습니다. 아름답게 나이 드는 길은 사람마다 추구하는 방식이 다르고 단 하나의 모범답안이 나와 있는 것도 아니지만 예측 가능한 문제 중 몇 가지의 위험만이라도 피할 수 있다면 노후의 삶은 훨씬 행복하고 편안할 수 있습니다. 비록 추구하는 구체적 방향과 방식은 사람마다 다를지라도 우리는 모두 아름답게 나이 들기를 바랄 것이라 가정하고, 이 책을 통해 그 문제에 대해 고민해보기를 권유하며 나아가 각자의 방식대로 아름다운 노후의 삶을 영위하기를 기원합니다.

이 글을 기꺼이 출판해주신 도서출판 풀빛의 홍석 대표와 책의 매무새를 잡아준 온현정 님에게 깊은 감사를 전합니다. 우리 사무실의 전민주 님은 내가 어떤 토론주제를 내밀더라도 적극적으로 또 솔직하게 자신의 견해와 경험담을 들려주어 글의 내용을 풍성하게 해주었습니다. 우리 사무실의 살림을 잘 꾸려주는 덕에 짬짬이 글을 쓸 수 있었으니, 그녀를 만난 것은 아주 큰 행운입니다.

언제나 그렇듯 나의 가족은 나의 모든 활동을 지지하며 내 삶의 나침반 역할을 하므로 나는 축복받은 사람이라고 늘 생각합니다. 이렇게 무한한 사랑을 보내주어 내 삶을 풍요롭게 하는 가족에게 사랑과 감사의 인사를 전합니다.

추기옥

차례

그때는 그랬으나 지금은 이렇다

저는 충청도 산골에서 자랐습니다. 호랑이같이 무섭던 아버지는 밥을 먹을 때마다 자식들에게 이런저런 훈계를 하셨는데, 그중 하나가 동네 노인들에게 인사를 하라는 것이었습니다. "너희들, 노인을 보면 꼭 인사해야 한다. 안 그러면 아버지 얼굴에 먹칠하는 것이다." 산으로 둘러싸인 작은 산촌에서는 아무리 어린아이라도 어느 집 자식인지 동네 사람들은 다 알고 있었으니 그럴 만도 하였지요. 그래서 저는 길을 가다가, 친구들과 뛰어놀다가도 노인을 보면 "안녕하세요?" 하고 공손하게 두 손을 모으고 인사를 드렸습니다. 비록 어느 집에 사는 분인지 몰랐어도 아버지가 동네 사람들로부터 자식을 잘 가르치지 못했다는 말을 듣게 하고 싶지 않았기 때문입니다.

노인이 드물던 그 시절, 어찌 보면 노인들은 호강을 누렸던 것 같습니다. 가난이 사람들을 짓누르고 먹고 사는 것이 큰 문제였지만 그때는 누구나 노인을 공경했습니다. 학교에서는 집요하게 효를 가르쳤고, 회갑잔치는 어쩌다 한 번 있는 동네잔치로 어른들은 성씨나 친인척 관계를 떠나 모두 그 집으로 인사를 갔지요. 집안의 대소사가 생기면 사람들은 우선 집안의 최고 어른을 찾아가 의논을 하였으며, 어른의 조언이 자신의 생각과 달라도 연륜이 쌓인 자의 의견이 더 현명할 것으로 믿고 따랐습니다. 밥상머리에 둘러앉은 어린아이들은 할아버지·할머니보다 먼저 음식에 손을 대면 불호령을 맞았기에 침을 꼴깍꼴깍 삼키며 어서 빨리 어른들이 수저 들기를 목을 빼고 기다렸고요. 심지어 자주 끼니를 거르고 영양 결핍으로 배가 부풀어 오른 자녀를 둔 가난한 젊은 부부조차 넉넉하지 못한 음식을 노인에게 먼저 대접했습니다.

그렇게 노인은 별다른 노력 없이도 가족 안에서 높은 지위를 누리고 존중받는 존재였습니다. 누구나 노인 공경 사상에 젖어 있었던 그때, 노인 학대는 전혀 없지는 않았지만 드물었으며 또 학대를 당할 정도로 수명이 길지도 않았습니다. 아주 먼 옛날의 이야기가 아니라 30~40년 전까지만 해도 그랬습니다.

그러나 지금은 노인은 더 이상 보기 드문 사람이 아니지요. 버스, 공원, 시장, 길 어디서나 아주 흔하게 보는 사람들입니다. 농촌 마을이라면 몰라도 인구밀도가 높고 옆집에 누가 사는지 알지 못할 정도로 이웃과 교류가 얄팍한 도시에서 어린 자녀들에게 동네 노인들에게 인사를 하라고 가르치는 가정은 이제 더 이상 찾아볼 수 없습니다. 경로사상은 희미해져 일반 대중에게 노인은 버스나 지하철에서 임산부·장애인과 더불어 자리를 양보해야 할 대상으로 인식하는 정도일 뿐 어떤 사람이 나이 들었다 하여 다른 사람의 결정에 영향을 끼치는 세상은 이미 진즉에 끝이 났습니다. 노인은 그저 나보다 먼저 세상에 태어나 그만큼 먼저 나이가 든 사람일 뿐 그 자체로 존경을 받을 이유도 존경을 받는 일도 없어졌습니다.

우리의 전통적 정서에서 최고의 덕목은 부모에 대한 효도였습니다. 정치학자들은 부모의 의사를 존중하고 부모에게 복종하는 효는 국민을 자연스럽게 국가에 대한 충성으로 이어지게 하므로 국가의 입장에서 효는 통치를 수월하게 하고 국민을 하나로 뭉치게 하는 좋은 도구라고 해석합니다. 정치적 목적에 활용되는 통치 이념 여부를 떠나 효는 순기능이 많지요. 우선 부모를 중심으로 가족을 뭉치게 하며 그에 따라 가정에 닥친 곤란을 쉽게 극복하게 하는 힘이 있습니다. 남성 연장자 순으로 위계질서가 정립됨에 따라 지시에 따라 일사분란하게 대응 활동을 하므로 가족이 겪는 문제를 효과적으로 해결하도록 합니다. 가족 내에서 지휘권 쟁탈에 대한 갈등이 없으므로 노인이 결정을 내리면 그 순간부터 가족은 단합하여 빠른 시간에 실행에 옮기므로 시간이나 돈과 같은 자원과 에너지를 아낄 수 있어 경제적이기도 합니다. 혹시 문제가 잘 해결되지 않았다 하더라도 노인이 내린 결정은 삶의 지혜와 연륜에 의거 최선이라고 가족 구성원들이 이미 인정하고 수용한 터라 결과에 대한 저항도 적습니다. 이렇게 가족 내의 위계질서가 확실하면 사람들은 사회 내 존재하는 위계질서에도 자연스럽게 순응하여 국가는 정책의 결정과 집행이 쉬워지고 질서가 잡히는 효과를 냅니다. 이미 가족 단위에 위계질서가 적용되어 있으므로 가족이 합쳐진 사회 역시 순종과 통합을 가장 좋은 덕목으로 받아들이게 되어 통치자의 입장에서는 국가의 운영이 수월해지는 것이지요.

하지만 이는 과거의 이야기입니다. 상하복종을 요구하는 수직적 가치체계는 진즉 퇴장하고 이제는 평등이 최고의 가치로 자리매김한 지 오래되었습니다. 국민의 순종과 충성으로 유지되던 거대한 조직인 국가는 많은 시행착오와 희생을 거쳐 이제 거꾸로 국민의 욕구를 세심하게 살피고 존중하고 보장하는 공적 조직으로 성격이 근본적으로 바뀌었고요. 그리고 이러한 사상의 변화는 개인들에게도 어마어마한 변화를 가져왔습니다. 부모라 할지라도 부모라는 지위로 더 이상 자식에게 일방적 복종을 요구할 수 없으며, 소유물이 아닌 동등한 인격체임을 인정하고 함께 조화롭게 삶을 운영할 지혜를 찾아야 하는 과제를 안게 되었습니다. 만약 지금 이 시기에도 "내가 너를 어떻게 키웠는데 부모 말을 거역해"라거나 "내가 고생한 만큼 이제는 너희가 갚아야 할 때야"라고 주장한다면, 당신은 다른 별나라에서 온 사람입니다.

늙음, 받아들이기는 어렵지만

　외출을 하다 보면 얼굴에 주름이 지고 머리가 흰 것으로 보아 나이는 분명 상당한 것 같은데 점잖고 중후한 멋을 지닌 사람을 볼 때가 있습니다. 이들은 나이로 권위를 주장하지 않고, 타인에게 실례를 범하지 않으려 언행을 조심합니다. 비록 스쳐 지나가는 사람이라도 그 인상은 한동안 머릿속에 남으며 어떤 사람이길래 저렇게 멋있게 나이 들었을까 궁금해져요. 얼굴에 앉은 주름은 삶을 잘 살아온 훈장처럼 보이며, 온화한 눈매는 지혜와 덕을 갖춘 표상과 같고, 점잖은 행동에서는 몸에 밴 타인에 대한 조심성과 배려를 엿볼 수 있습니다. 나이 들어서는 자신의 얼굴에 책임을 져야 한다는 말처럼 사람의 외모와 얼굴, 분위기는 신기하게도 그 사람이 어떤 삶을 살아왔는지 잘 대변하는 것 같습니다.

　사람이 꽃보다 아름답다는 말은 꼭 젊고 예쁜 사람만을 지칭하지 않는다고 생각합니다. 이들은 우리가 흔히 아름다움을 평가하는 일반적 기준에는 전혀 해당하지 않으나 저는 그런 사람들을 볼 때마다 '저것이 진짜 아름다움이야'라고 생각합니다. 얼굴은 주름졌고 몸은 울퉁불퉁하며 어깨는 굽었지만 뭔지 모르게 중후하며 범접할 수 없는 위엄을 풍기는 사람들. 당사자는 한 마디도 하지 않고 어떤 행동도 하지 않지만 저절로 풍기는 인생의 향기와 기품은 깊고 그윽합니다. 내면에서 저절로 우러나오는 아름다움, 완숙의 미, 이것이 사람이 낼 수 있는 진정한 아름다움이 아닐까 합니다. 인생을 살아가며 축적한 성공과 실패, 희망과 좌절을 내면으로 흡수해 흔들리지 않는 내적 평정을 이룬 사람들. 세상을 바라보는 관점과 가치관을 바람직한 방향으로 확고하게 정립한 사람들, 타인에 대해 포용과 배려를 아끼지 않는 사람들이 바로 그들입니다.

나이 들어가면 무슨 일이 벌어질까

젊은 날의 청춘을 지나 왕성하게 사회활동을 하는 30·40대를 넘어 서서히 노화의 단계에 들어서면 우리의 몸은 눈에 띄게 변화를 합니다. 전혀 원하지 않던 흰머리와 주름살이 얼굴에 자리를 잡고 피부는 윤기와 탄력을 잃고 처집니다. 다리는 가늘어지며 엉덩이는 살이 빠져 납작해지고 대신 허리둘레가 두둑해집니다. 무릎관절이라도 나빠지면 걷기가 힘들어지고 다리는 O자형이 되어 어기적거리며 걷는 형상이 됩니다. 그러다 보니 한때는 무슨 옷을 입어도 멋있다는 말을 들었으나 이제는 어떤 옷을 입어도 부자연스럽고 맵시가 안 나는 사람이 되어버립니다.

사진 찍기도 두렵습니다. 요즘 사진기는 어찌 그리 화질이 좋은지 얼굴을 덮고 있는 자글자글한 주름살, 처진 볼살, 몇 겹으로 접힌 뱃살을 고스란히 잡아내 사진 속의 내 모습은 끔찍할 정도입니다. 턱살이 늘어져서 그런지 얼굴도 커 보여 서로들 앞자리에 서지 않으려 난리입니다. 나이 든 나의 몸은 정말이지 눈 비비고 봐도 예쁜 데를 찾기 힘듭니다.

그것뿐인가요. 병원을 가는 일이 잦아지고 넘어지기라도 하면 골절상도 쉽게 입지요. 자연 넘어질세라 천천히 조심스럽게 걷다 보면 젊은이들과 보폭 맞추기가 어려워집니다. 또 새로운 정보를 받아들이기도 힘듭니다. 새로 산 전자제품에 따라오는 설명서는 읽을 생각도 않습니다. 작은 글씨로 된 두툼한 설명서는 읽을 엄두가 나지 않을뿐더러 읽어도 무슨 소리인지 이해하기 힘들거든요. 남들 다 쓰는 스마트폰을 구입했지만 필요한 앱을 찾아 환경 설정을 하는 방법을 모르니 자식에게 던져주고 쓰기 편하게 해달라고 부탁하게 됩니다.

외형적으로 보면 나이 들어가는 것은 분명 슬픕니다. 외모에 대한 실망감에다 좋은 때가 지나갔다는 감정적인 안타까움까지 더해지면 본래의 내 모습을 잃고 점점 내가 아닌 다른 사람으로 변해가는 것 같아 서글퍼집니다. 거기다 몸의 힘도 예전 같지 않으니 자신감은 줄고 불안감이 자리를 넓힙니다.

그렇다면 나이 들어가는 것은 다 나쁠까요? 나이 들어가는 것의 좋은 점은 없을까요?

인생을 좀 살아본 사람들이라면 살아가는 도중 여러 사건을 겪기 마련입니다. 인생은 마치 놀이동산에서 거꾸로 매달려 달리는 롤러코스터와 같아서 삶이 바닥으로 곤두박질치기도 또 그럭저럭 여유롭기도 한 엎치락덮치락의 과정을 겪습니다. 삶의 길목 곳곳에는 사건·사고·갈등 같은 것들이 숨어 있으며, 전혀 예기치 못한 순간 불쑥 튀어나와 우리를 당황과 절망에 빠뜨려 짧으면 몇 달, 길면 몇 년까지 후유증에 시달리게 합니다.

속 썩이는 것이 어찌 타인들뿐인가요. 철석같이 믿고 의지하던 가족이 가슴에 비수를 꽂기도 합니다. 자식을 키우는 것은 또 어떤가요. 아이가 사춘기를 심하게 앓았거나 오랜 기간 취업을 못하고 백수 생활을 했다면 우리는 그 부모를 반도인(半道人)이라 불러도 좋을 것입니다. 하루에도 몇 번씩 참을 인(忍) 자를 새기며 화내지 않고 표시 내지 않으려 마음 수련을 했을 테니까요. 만약 심장을 꺼내 볼 수만 있다면 우리의 심장에는 커다란 멍이 최소 두어 개는 있을 것으로 생각합니다.

이렇게 힘든 인생을 굽이굽이 살면서 나이를 먹다 보면 어지간한 일에는 크게 놀라지 않게 됩니다. 축적된 인생 경험들로 사고가 깊어지고, 지혜가 쌓여 세상사에 대한 시각이 균형을 이룹니다. 또 타인에 대한 배려가 깊어지기도 합니다. 흐르는 시간 속에 몸은 노화되지만 다양한 일을 겪으며 정신은 오히려 성숙해져 안정을 이루는 장점이 있습니다. 나쁜 일에도 좋은 일에도 크게 동요하지 않고 크게 흔들리지 않는 마음의 평온을 유지하는 거지요. 나쁜 일이라 하여 분노에 차서 입에 거품을 물지 않으며 반대로 좋은 일이라 해도 그 기쁨을 타인에게 실례가 될 정도로 떠벌리지 않는 높은 수준의 평정심을 유지할 수 있게 됩니다.

젊음은 아름답고 찬란하지만 불안하기도 합니다. 이루고자 하는 꿈은 원대하나 실현은 어려워 세상이 나를 몰라주는 것에 서운하고 원망스럽지요. 삶에 대한 기대가 높아 어지간한 수준에는 만족하지 못하고 곁에 좋은 사람을 두고도 더 나은 사람을 찾아 헤매기도 합니다. 그뿐이 아니지요. 어떤 사건이 터지면 그 소용돌이 속에 휘말려 허우적대기 바쁘고 감정적이고 주관적으로 대응하여 사건이 끝나도 오랫동안 후유증에 시달립니다. 상처가 굳을 만하면 한 번씩 되새김질을 하여 사건을 되짚어 보고 분노하기를 거듭하여 상처가 아물 때까지 시간이 많이 걸리고 상처도 깊습니다.

하지만 나이가 들면 차분하게 사건을 분석하는 능력이 깊어집니다.

사건의 중심에서 한 발자국 발을 빼고 객관적·합리적·이성적으로 판단하려 노력하니 자연 실수가 적어집니다. 사건이 끝난 후 회복하는 속도도 빠릅니다. 마음속에 상처 하나가 더 생겨도 과거에 생긴 수많은 상처에 하나가 더해진 것에 불과하고 또 과거 경험에 비추어 강도가 낮은 것이면 별것 아닌 것으로 생각하고 가볍게 묻어버리기도 하거든요. 이미 난 상처들이 새로 생긴 상처에 완충재 역할을 하여 충격이 덜한 것이지요. 노년기에 접어들어 몸에 상처가 나면 오래가고 잘 안 낫지만 반대로 정신에 난 상처는 젊었을 때보다 훨씬 가볍게 이겨냅니다.

젊었을 적엔 타인의 행동과 언어가 내 기준에 맞지 않으면 기분 나쁘고 화가 났으나 이제는 절대 이해하지 못할 사람도 또 절대 이해 못할 일도 적어집니다. "그럴 수 있지, 뭐." 더 나아가 "세상에 모두 똑같은 사람들만 있다고 생각해봐. 얼마나 재미없겠어. 세상 사람들이 모두 다르니 좀 재미있어. 이런 일도 보고 저런 일도 보고." 이렇게 다양성을 인정하는 수준에 이릅니다. 다양성을 인정하면 평소 주는 것 없이 밉거나 건방져 보이던 사람에게서조차 장점이 보이기 시작합니다. 세상을 보는 눈길이 부드러워지니 상대편이 지닌 재능과 재주가 눈에 들어오는 것이지요. 타인을 대함에 있어 이렇게 좋은 점을 보니 인간관계가 원만해집니다. 내가 남을 인정하니 상대가 나를 인정하는 것, 당연하지요.

나이 들어간다고 모든 사람이 다 저절로 이런 장점을 얻는 것은 아니지만 나이가 들어가면 대체로 정신적 안정을 이루어 외부 영향에 잘 흔들리지 않으며 세상을 보는 시각이 너그러워지고 인간관계가 부드러워져 갈등이 적어지는 경향을 보입니다. 또 삶의 지혜가 쌓여 사건을 객관적으로 분석할 수 있음에 따라 바람직하고 합리적인 해결책을 내놓을 수 있지요. 성급하고 거칠던 젊은 시절의 에너지를 내면으로 흡수·승화시켜 마음공부나 자기 계발 등 자신을 위해 쓸 수 있을 만큼 여유로워지기도 합니다.

50대 이상의 사람들에게 인생에서 어느 시기가 가장 좋았느냐고 물어보면 현재가 가장 좋다는 사람들이 많습니다. 젊었을 때가 좋다고 다들 말하지만 막상 그때는 젊음의 아름다움을 느끼고 즐기는 능력이나 마음의 여유가 없었으며, 자신을 다른 사람들과 비교하기 바빠 열등감과 패배감이 심했다는 사람도 있습니다. 그러나 나이를 먹어가면서 삶을 개척하다 보니 자신의 정체성이 확립되고 가치관이나 인생철학 같은 주관이 확고해지면서 흔들리지 않아 편안하다고 합니다.

그렇다면 현실은 어떨까요? 나이가 들면 모두 위와 같이 높은 수준의 정신적 평정심을 얻어 주위 사람들과 조화를 이루며 지혜로운 사람으로서 존경받으며 살아가게 될까요? 유감스럽게도 노년기의 어느 시점부터는 이런 능력을 유지하기 힘들어집니다.

할아버지·할머니 하면 어떤 모습이 떠오르나요? 우리가 막연하게 머릿속에 그리는 노인상은 너그럽고 인자합니다. 손자가 조르면 이야기 보따리에서 이야기 하나를 쑥 꺼내 나직한 목소리로 조곤조곤 재미나게 들려주거나, 엄마에게 야단맞은 손자를 품에 담쏙 안고 토닥여주는 따스한 존재를 떠올립니다. 또한 집안에 어려움이 있으면 현명한 조언으로 자식들이 문제를 극복하도록 돕는 존경스러운 최고의 어른을 바람직한 노인상으로 생각합니다. 하지만 이는 우리의 머릿속에만 존재하는 이상적인 노인상일 수 있습니다.

인간은 대체로 나이 들어갈수록 고집스러워지며 다른 사람과 타협하지 않고 거칠어 같이 어울리기 힘든 사람들이 되어가는 경향이 있습니다. 다른 사람에 대한 배려나 양보보다는 내 것, 내 몸이 더 중요하다고 생각하며 이기적으로 변합니다. 살아오면서 노력하고 들인 공에 비해 지금 받는 대우와 보상이 초라하고 빈약하다는 생각에 세상에 대한 불만과 가족에 대한 원망도 큽니다. 그 결과 노인은 불평불만이 많은 사람으로 인식되어 배척당하는 경우가 많습니다.

이런 현상은 우리나라 노인들만이 갖는 특별한 문제가 아니라 전 세계 어느 노인이나 공통적으로 보이는 노년기의 일반적 특성이기도 합니다. 사람은 나이가 들어가면서 과거와는 다르게 변화된 어떤 평균적인 특성이 있다는 말이지요. 나이를 먹어가면서 신체가 노화된다는 특성은 다 알고 있을 것입니다. 그 외에 우울증이 자주 나타나고 수동적이 되며 자신에게 익숙한 삶의 방식을 고수하는 경직성과 의존성이 증가하는 심리적 특성을 보입니다. 또 가족 내 역할 축소와 사회적 관계의 상실이나 위축 및 경제적 빈곤 등의 사회적 특성도 있습니다.

비록 이와 같은 보편적인 노인의 특성을 고려하더라도 우리나라의 노인은 다른 나라에 비해 그런 현상의 강도와 빈도가 훨씬 높다는 것이 문제입니다. 삶이 불행하다고 느껴 우울하고, 제대로 대접받지 못하는 것에 서운하며, 타인을 배려할 마음의 여유가 없는 사람들이 많습니다. 그래서 존경받지 못합니다. 누구를 사랑하지도 또 사랑받지도 못하다 보니 우울증 약을 먹는 사람이 많고, 세상과 가족에 대한 불만과 실망에서 삶을 자발적으로 포기하는 사람도 적지 않습니다.

노년기는, 삶의 각 단계가 그러하듯, 아직 그 단계에 진입하지 않은 사람의 입장에서는 경험해보지 않았으므로 미지의 세계입니다. 그럼에도 불구하고 우리는 지식과 간접경험을 통해 예측할 수 있습니다. 노년기에는 그전 삶의 과정과 달리 여러 가지 위험에 부딪칠 수 있다는 것을. 병에 걸려 고생할 수 있고, 돈이 없어 생활에 곤란을 겪을 수 있으며, 어느 순간 보호받아야 할 사회적 약자로 전락할 수 있다는 것을 알고 있습니다. 그렇다면 그런 위험에 어떻게 대비할지, 어떤 방식으로 살아갈지, 가족관계를 어떻게 영위하는 것이 좋을지 등에 관해 준비하고 알아보려 노력함이 마땅하나 우리는 관심이 없고, 알고자 하지 않으며, 말하기도 싫어합니다. 그런 주제는 너무나 우울해서 꺼내고 싶지 않으며 자신과는 상관없다고 생각합니다.

이렇게 노년기에 대한 관심이 적다 보니 노인이 된 사람 중 노후에 대해 미리 정신적·경제적·사회적으로 준비한 사람의 수가 적은 것은 당연합니다. 준비하고 대비하지 않음은 언제나 대가를 치르게 됩니다. 더욱 심각한 문제는 이런 현상이 지금의 노년세대에만 해당하지 않는다는 것입니다. 대한민국 사람들 대부분이 노년에 대해 알고 싶어 하지 않으므로 이런 현상은 다음 세대에도 또 그다음 세대에도 계속될 것이 분명해 보입니다.

우리 사회는 노인과 노화에 대해 부정적입니다. 신문과 텔레비전에서 고령사회와 노인 문제를 걱정하는 기사와 뉴스를 연일 쏟아내지만 이를 자신의 문제로 실감하는 사람은 적습니다. 법으로 정한 노인 연령인 65세에 근접하거나 넘은 사람들조차 자신을 노인으로 인정하는 사람이 적으며 뉴스에 넘치는 노인 문제가 자신과는 상관없다고 생각합니다. 그런 보도는 다 남의 일이며, 자신은 앞으로도 지금의 건강과 젊음을 계속 유지하리라 상상합니다. 그리고 경제적으로도 지금의 수준을 앞으로도 누릴 것을 믿어 의심치 않습니다. 결과적으로 대부분의 사람은 아무런 준비 없이 막연하게 은퇴하며 무작정 노인이 되어갑니다.

강연 건으로 어떤 사업체를 방문한 적이 있었는데, 담당자가 난색을 표명했습니다. 전에 노후준비 주제로 강연을 개최했는데 왜 그런 우울한 이야기를 들어야 하냐며 청중의 반응이 아주 싸늘했답니다. 강연 대상이 대부분 은퇴 시점에 가까운 사람들이었는데도 그랬다는 것입니다. 회사 측에서는 은퇴 준비와 노후 적응을 도우려는 목적이었는데 그들은 은퇴라는 말 자체를 싫어했고 노인이라는 단어를 혐오했던 것입니다. 그렇게 우리 사회는 노년에 대해 무관심하며 심지어 적대적이기도 합니다. 막연한 불안 속에서도 자신만은 예외일 것으로 믿고 싶어 합니다. 그러나 노년기는 생애 어느 단계보다 위험이 많은 시기입니다. 빈곤의 위험은 물론 아플 수도, 사람들과의 인연이 끊어지며 고립될 수도 있습니다. 최선을 다해 살아도 누구나 그렇게 될 가능성이 있다는 것을 잊지 말아야 합니다.

이러한 위험성을 잘 아는 국가는 노인들의 생활안정과 복지를 위해 전에 없던 제도를 도입하고 막대한 예산을 배정하여 이런저런 정책을 펴고 있습니다. 그 점은 다행이지만 국가 정책은 늘 한계가 있기 마련이지요. 아무리 많은 재원을 들여 좋은 프로그램과 서비스를 제공해도 누락되는 사람은 늘 있으며 불행은 상존합니다. 개인의 불행을 예방하기 위해 국가는 관련 정책의 수행과 함께 국민이 경각심을 가지고 스스로 노후를 대비할 수 있도록 더욱 적극적으로 유도해야 합니다. 노후 대비의 중요성과 빈곤에 빠질 위험성 등에 대해 홍보하고 계몽하는 활동을 강화해야 하며, 대한민국의 모든 사람이 남녀를 가리지 않고 젊었을 때부터 미리 대비하도록 금융상품을 개발하고 조세 혜택을 주는 것과 같은 정책 논의도 역시 필요합니다. 운이 좋아 위험들을 피해갈 수 있으면 좋지만 그렇지 않다면 우리가 치를 대가는 상상 이상으로 혹독하니, 바로 불행한 노후입니다.

잘 늙어가는 것은 기술이다

사회는 젊은이 위주로 돌아갑니다. 텔레비전에서 가장 시청률이 높은 시간대는 뉴스와 드라마를 제외하면 아이돌이 출연하는 가요, 음식을 만들거나 평하는 '먹방', 여행 등 경제적 능력과 신체 기능 면에서 노인 세대와는 거리가 있는 프로그램들이 대부분입니다. 프로그램 사이사이에 빗살처럼 꽂혀 있는 광고들 역시 젊은 계층이 주 타깃이지요.

노년층을 대상으로 하는 광고는 주로 건강보조식품들입니다. 우리에게 익숙한 탤런트 같은 예능인을 내세워 '관절 팔팔, 혈관 팔팔'을 외치며 절대 늙어서는 안 된다고 가르칩니다. 나이가 들어도 방부제 미모를 간직해야 하며, 이를 위해 보톡스·필러를 해야 하지만 그게 안 되면 피부를 리프팅 해주는 마스크 정도는 써야 한다고 속삭입니다. 아니면 최소 기능성 화장품이라도 써야 한다고 들이밉니다. 몸을 젊게 유지하려면 장기와 혈관에 노폐물이 쌓여서는 안 되므로 이해하기 힘든 성분의 건강보조제를 먹어야 한다고 또 세뇌합니다. 광고의 홍수 속에서 우리는 한정된 돈으로 먹고 사는 데 집중할 것인가 아니면 젊어 보이게 외모를 가꾸는 데 투자할 것인가를 저울질하며 고민에 빠집니다.

광고하는 탤런트들은 평소 피부 관리와 성형수술로 우리가 선망해 마지않는 동안 피부를 간직하고 있습니다. 피부는 팽팽하다 못해 터질 듯 빵빵하고, 텔레비전 속의 그들은 나이와 상관없이 여전히 건강하고 활기찬 젊은 시절의 삶을 그대로 유지하고 있다고 목청을 높입니다. 웃고 떠드는 그들은 외모 관리도 성공하고 삶도 성공한 인생의 성취자들처럼 의기양양합니다. 우리는 부러움 속에서 그들의 삶을 곁눈질하며 거울 속에 비친 자신의 주름진 얼굴, 구부정한 어깨, 망가져버린 몸매를 보며 절망을 느낍니다. 텔레비전 속의 그들과 자신이 너무나 다름에 낙담하며 늙어버린 자신이 초라하고 속상해집니다. 가족을 좀 덜 챙기고 내 몸 관리에 투자할 걸 그랬나 봐. 내가 바보같이 산 건 아닐까. 이제까지 잘 살아온 지난 삶을 의심하며 주눅이 들어 슬퍼집니다.

사회는 이렇게 늙음을 거부합니다. 사회 분위기가 그러니 나이 들어가는 사람들은 어떻게든 사회에서 버림받지 않으려 발버둥을 칠 수밖에요. 화장품을 바르고 옷으로 치장하면서 가능하면 나이 든 표시를 내지 않아야 젊은 층이 주축이 된 주류 사회에 머물 수 있다고 생각합니다. 누가 나이보다 젊어 보인다고 말하면 콧노래가 나올 정도지요. 이러다 보니 정작 노후 대비의 본질 파악에 소홀하게 됩니다. 어떻게 건강을 유지할지, 어떻게 해야 외롭지 않을지, 어떻게 마음가짐을 해야 편안할지, 어떻게 해야 경제적으로 쪼들리지 않을지, 오랜 시간을 두고 준비하고 대비해야 할 것들을 놓쳐버립니다. 시간이 흘러 노인이 되어 그런 문제에 부딪쳤을 때에야 비로소 미처 준비하지 못한 과거를 후회합니다. 그러면서도 왜 하필 이 문제가 나의 문제가 되었는지를 한탄하며 그 상황에서 자신을 지켜주지 못하는 세상과 가족을 원망합니다.

다른 인생의 시기에는 잘못이 발견되면 이를 바로잡을 기회가 있으나 노년기는 그렇기 힘듭니다. 잘못을 만회하기에 시간이 넉넉하지 않고 돈을 벌 기회도 없기 때문이지요. 잃는 것이 많아지는 노년기 진입 전에 공격적인 준비를 하고 진입 후에는 철옹성 수비 전략을 탄탄하게 짰어야 하는데 하고 뒤늦은 후회를 합니다. 그러므로 우리는 너무 늦어서 되돌리기 힘들어지기 전에 진정한 노년의 아름다움이 무엇인지 성찰하여 자신에게 주어진 유한한 시간과 자원을 효율적이고 효과적으로 쓸 지혜를 내야겠습니다.

"잘 늙어가는 것은 기술이다." 이 말은 서원 놀랜드의 『사람은 어떻게 나이 드는가』에 들어 있는 말입니다. 노년기에 접어든 사람은 자신이 나이 들어감에 따라 몸이 젊은 시절과 같지 않아서 할 수 없거나 포기해야 하는 일들이 생긴다는 것을 깨닫게 됩니다. 또한 삶의 유한성을 실감하고 능력의 한계를 인정하는 순간을 경험하게 됩니다. 그러면 자연스럽게 능력의 한계 내에서 기능하는 법을 터득하려고 노력하지요. 예를 들어 어떤 일을 하는 데 힘에 부치면 일의 양을 줄이거나 며칠에 나눠 처리하는 방식으로 대응한다는 의미입니다. 인간은 그런 과정을 통해 자신이 나이 들어가는 것을 깨닫고 그 과정에서 잃는 것도 있지만 여전히 가진(기능하는) 것들이 있어서 일상을 살아간다는 사실을 소중하게 여기며 감사하는 마음을 갖게 됩니다. 이런 일련의 인식의 습득 과정은 그 사람을 잘 나이 들게 하고 남은 삶을 잘 살아가게 하는 데 필수적인 기술이라는 것입니다.

우리는 왜 한계를 인정해야 할까요? 신체 기능의 저하나 인지 기능의 저하같이 나이 들어서 겪게 되는 한계를 인정하면 자연히 현실을 직시하여 눈높이를 낮추게 됩니다. 현실을 인정하면 과거에 비해 기능이나 능력이 저하된 자신을 거부하거나 저항하며 비현실적인 꿈을 꾸는 대신 현재 자신이 보유한 에너지와 능력을 지금 가능한 것들에 집중하게 됩니다. 그리고 이러한 노력은 자연스럽게 건설적이고 생산적인 활동으로 연결됩니다.

현실을 인정한다는 것은 신체 기능의 저하를 받아들인다는 말이기도 하지만 이제까지 자신이 살아온 삶의 과거·현재·미래를 수용한다는 의미이기도 합니다. 지난 삶의 수용은 노년기에 우리가 달성해야 하는 삶의 과제인 통합에 필수적입니다. 즉 과거·현재·미래를 제각각 따로 보고 실패한 부분을 되짚어보며 후회하고 괴로워하는 것이 아니라 자신의 삶을 과거로부터 현재로 이어지는 일련의 과정으로 받아들이면서 자신의 인생을 잘 살아온 것으로 인정하는 겁니다. 이렇게 과거와 현재를 수용하는 사람은 미래도 밝고 희망적으로 봅니다.

한 가지 예를 들어볼게요. 몸이 불편한 노인과 그 가족은 어떤 희망을 할까요? 중풍이 와서 신체의 반이 마비되어 누가 붙잡아주어야 일어나고 화장실도 데려다주어야 하는 사람이 있습니다. 병이 난 지 5년이 가까워오는데 그 사람은 지금도 좋은 약을 먹으면, 좋은 의사를 만나면, 재활치료를 잘 받으면 다시 옛날처럼 정상으로 생활할 수 있다고 생각합니다. 냉정하게 말하면 터무니없는 기대입니다. 한 번 발생한 장애는 아무리 좋은 의사를 만나고 아무리 훌륭한 물리치료사를 만나도 결코 현재의 몸을 옛날의 몸으로 되돌리지 않습니다. 물론 재활치료를 잘 받으면 신체 기능이 개선되는 부분은 분명 있지만 그렇다고 장애 자체가 없어지지는 않거든요. 그런 경우 저는 잃은 부분도 있지만 그래도 여전히 기능하는 부분이 있지 않느냐고 설득하고 남아 있는 기능을 잘 보전해서 오랫동안 쓸 수 있도록 하라고 조언하지만 그들은 과거의 정상적인 활동에 대한 기대를 버리지 못합니다.

이렇게 우리는 현실에 어울리지 않는 기대를 하거나 과거 화려했던 때를 삶의 기준으로 설정하는 잘못을 범합니다. 현실을 수용하지 않고 비현실적이며 이상적인 목표를 고수하면 현실과 이상 사이의 격차에 괴로울 수밖에 없고, 만약 가족이 제대로 도와주지 않는다고 생각한다면 자신의 바람을 실현시켜주지 않는 가족을 원망하게 됩니다.

불행감과 우울감은 사람을 급속하게 퇴행시킵니다. 잃어버린 부분에 집착하여 남은 가능성을 보지 못하며, 과거에 집착하여 현실에 불만을 가지므로 미래를 계획하거나 미래를 개척할 능력을 마비시켜버립니다. 과거·현재·미래로 이어지는 삶에서 과거와 현재만을 움켜쥐고 있으므로 미래가 단절되어버립니다.

노년기의 가장 큰 장점은 지혜롭게 처신할 수 있고 현명하게 대처할 수 있다는 것입니다. 신체 기능의 저하로 뇌의 용량·무게·기능은 저하되지만, 평생 축적된 방대한 양의 경험은 여전히 우리 안에서 지혜의 형태로 불을 밝히고 있습니다. 혹시 자신의 미래가 어둡다고 생각한다면 변화된 자신의 능력과 한계의 인정을 거부하고 있지는 않은지 살펴보는 지혜로움이 필요합니다.

어떻게 아름답게 나이 들 것인가

그러면 어떻게 하면 아름답게 나이 들 수 있을까요? 우리는 누구나 아름답고 안정된 노후를 꿈꿉니다. 평생 일을 하며 살아왔기에 노년만큼은 평화롭게 보내기를 희망합니다. 가족으로부터 사랑받고, 지인들로부터 존중받으며, 경제적으로 안정되어서 하고 싶었던 일을 마음껏 해보는 풍요로운 노년을 그립니다.

그러나 앞에서도 지적했듯 우리는 꿈을 꿀 뿐 꿈을 이루기 위한 실천에는 소홀합니다. 그저 막연하게 자신의 노년은 잘 풀릴 것으로 기대합니다. 감나무 아래에서 감이 떨어지기만을 기다리는 것과 다르지 않다고 봅니다. 때맞춰 감나무에서 감이 떨어지기도 힘들지만 혹시 감이 떨어진다 해도 그 감이 내 입안으로 쏙 들어온다는 것은 너무나 어려운 일 아닌가요? 어쩌면 로또 1등에 당첨되는 것만큼 힘든 일일 수 있습니다.

다시 한 번 강조하지만 세상 모든 일에는 항상 준비와 대비가 필요합니다. 아름다운 노년은 결코 저절로 오지 않으며 오직 준비된 소수의 사람만이 누릴 수 있습니다. 우리 중 어느 누구도 등 떠밀려서 어쩌다 보니 노인의 대열에 끼고 싶은 사람은 없을 것입니다. 그러려면 경제적 준비와 건강한 신체 상태도 중요하지만 그 못지않게 삶을 대하는 마음가짐과 태도도 중요하다고 봅니다. 진정한 노년의 아름다움은 외모(外貌)가 아닌 내모(內貌)라고 생각합니다. 겉모습이 아닌 내면의 모습 말이에요.

　아름다운 노년에는 내면의 아름다움이 따라야 합니다. 자신의 안위 못지않게 타인에 대한 너그러움과 배려도 중요하게 생각해야 합니다. 그래야 사람들이 나를 떠나지 않습니다. 인간은 누구나 사람들이 주위에 있어야 안심을 하고 편안해 합니다. 특히 노년기에는 더욱 그렇습니다. 꿈이 꿈에 그치느냐 아니면 실현되느냐는 오직 당사자의 노력에 달려 있습니다. 아름다운 노후는 끊임없는 자기 성찰과 다른 사람을 이해하려는 태도가 선행되어야 가능합니다. 사람 사이에 예절도 지켜야 하며 상대에게 상처를 주지 않으려는 조심성도 필요합니다. 혹시 내가 누군가에게 상처를 주고 있지는 않은지, 나의 언행으로 누군가가 불편하지는 않은지 등을 객관적으로 자주 점검해봐야 합니다. 자기중심적인 사고에서 벗어나 타인을 배려하고 타인과 조화를 이루려는 노력이 늘 있어야 할 것입니다.

　이렇게 되려면 지혜가 중요합니다. 지혜라는 말이 나와서인데, 나이 들어가면 누구나 다 지혜로워질까요? 나이가 들면 기억력이 나빠지기는 합니다. 잊어버리는 분량이 젊었을 때보다 많아져서 기억력이 낮아지는 단점은 있지만 그럼에도 불구하고 지혜를 꺼내 쓰고 쌓아가는 데는 아무런 문제가 없습니다. 오히려 삶의 문제를 해결하는 지혜에 관한 한 노인을 따라올 연령층은 없습니다. 살아오면서 축적된 경험과 삶에서 얻은 교훈들이 큰 탓이지요.

지혜는 사물의 이치를 깨달아 정확하게 판단하여 처리하는 정신 능력을 일컫는데, 인간은 삶을 살아가는 도중 다양한 상황을 겪으며 시행착오를 하고 교훈을 얻고 이를 기억 속에 저장해둡니다. 한 번 실수를 하면 다음번에 동일한 실수를 저지르지 않으려 하며 살아오면서 겪은 다양한 위험 상황의 신호를 미리 감지하여 예방하고자 합니다. 그러므로 지혜는 교육이나 학습을 통해 얻는 지식과는 차원이 다릅니다. 지혜는 실제 삶에서 얻은 경험과 사례들, 즉 체험을 통해서 몸에 익힌 것이 대부분이어서 우리 머릿속에 아주 생생하게 기록되고 저장됩니다. 바로 이런 이유에서 삶의 연륜이 긴 노인이 지혜로울 가능성이 높은 것입니다.

지혜가 있는 사람은 같은 상황에서 갈등을 더 쉽게 해결하며, 끝난 후 충격도 적게 받습니다. 살아오는 과정에서 비슷한 일을 이미 여러 번 경험했으므로 새로운 것이 아니며 삶이란 원래 그런 것이라고 자연스럽게 받아들입니다. 그러므로 지혜를 갖춘 노인은 기술의 변화는 따라가지 못하지만 대신 삶에서 발생하는 인간관계나 문제를 비교적 수월하게 해결합니다.

하지만 오래 산다고 다 저절로 지혜로워지지는 않습니다. 경험이 지혜가 되려면 경험을 분석하고 삶에 대입하는 적극성과 개방성이 있어야 합니다. 똑같은 경험을 해도 어떤 사람에게는 실패의 기억으로 남고 어떤 사람에게는 교훈으로 남습니다. 실패라고 생각하면 스스로에 대한 실망과 함께 다른 사람이나 상황에 대한 거부의 심리가 작용합니다. 실패하게 만든 사람을 찾아내 미워하는 거지요. 반대로 교훈이라고 생각하면 뇌 안의 대응 시스템에 저장되어 다음 위기 때 활용합니다. 또 지혜로움이란 타인에 대한 관심과 배려도 포함합니다. 그러려면 다른 사람의 정서와 기분을 측정하는 능력과 자신의 감정을 조절하는 능력을 갖춰야 하며, 자신의 이익과 타인의 이익을 함께 고려하는 균형 잡힌 태도도 원활한 인간관계를 위해서 너무나 중요합니다.

지혜는 지혜로워져야겠다는 의지나 희망만으로 이루어지지 않습니다. 세상에 대한 편향적 태도 대신 공정한 시각을 유지하려는 노력이 있어야 하고, 자신의 경험으로 부족하다고 판단되면 다른 사람의 조언도 달게 받아들이는 수용적 자세와 부족한 지식을 보완하고 습득하려는 열정도 있어야 합니다. 다르게 말해서 세상의 변화와 나와 다른 생각을 가진 사람들이 보유한 가치관들에 대한 열린 시각이 필요합니다. 지혜는 지식에 삶의 경험이 어우러졌으므로 지식보다 더 높은 수준의 정신적 결과물이라고 볼 수 있습니다. 지혜로운 사람은 스스로는 편안하며 타인에 대해서는 관용적이어서 결국 자신에게도 유리하고 타인에게도 유리한 좋은 삶의 방식입니다.

노년기는 격렬했던 삶의 현장에서 어느 정도 물러나 자신의 내면에 관심을 갖는 시기입니다. 과거를 돌아보고 반성하며 더 가치 있는 삶을 추구하는 인생의 완숙기이지요. 그러기 위해서는 지혜로운 삶의 소중함을 깨닫고 인격의 완숙을 이루어나가려는 의식적인 노력이 따라야 합니다. 이제까지 나오는 대로 말하고 되는 대로 행동했다면 참으로 이루기 어려울 수 있지만 또 인간은 마음먹기에 따라 얼마든지 변화가 가능하다는 희망적인 면도 존재합니다. 그러니 조화롭고 안정된 삶을 어떻게 이룰 수 있을지에 늘 관심을 두고 삶의 방식을 지혜롭게 운영하면 좋겠습니다. 잃는 것이 많아지는 노년기에 제약과 한계에 부딪쳤을 때 포기하지 않고 한계 내에서 좋은 방법을 찾아내는 능력 또한 지혜이므로 지혜의 축적은 슬기로운 삶의 운영을 위해서도 중요합니다.

우리나라 노인들이 보이는 모습 중에서 가족과 세상에 잘 어울리지 못하고 겉돌며 분노하고 좌절하는 것은 참으로 안타깝습니다. 이런 불만을 경감시키기 위해서는 무엇보다도 당사자인 노인 스스로가 세상에 대해 열린 마음을 가지고 다른 사람들과 어울려 지혜로운 삶을 추구하려는 자세를 갖는 것이 아주 중요하다고 생각합니다.

노인이 아름답게 나이 들어가기 위해서는 이렇게 노인 개인의 노력도 필요하지만 가족의 도움도 있어야 하고 사회적 배려도 그 못지않게 중요합니다. 사회는 어느 한 세대가 독점하는 곳이 아니라 전 연령층이 어울려 살아가는 공동의 집합체니 행복한 사회가 되려면 각 세대는 다른 세대를 이해하고 배려하는 것이 필수적이지요. 노인은 어린이·청소년과 더불어 보호와 배려가 필요한 계층입니다. 비노년 계층은 혹시 일부 노인이 보이는 어떤 현상을 전체 노인을 대변하는 것으로 여겨 배척하거나 경시해서는 안 될 것이고, 당사자인 노인은 자신의 태도를 친가족적·친사회적으로 바꾸도록 노력해야 할 것입니다. 예의를 지켜 실례가 되는 언행을 삼가고 다른 사람을 배려함으로써 존경받도록 노력하는 것이 당연합니다.

늙음을 거부하는 상업화와 각박해져가는 현실에 휩쓸려 사회 내에는 노인을 배척하며 혐오하는 분위기가 고조되고 있습니다. 또 급속하게 발전하는 기술 수준에 맞춰 유용성으로 사람을 평가하는 면도 있어요. 노인이 기술 발전과 그에 따른 사회 변화를 받아들이지 못한다 하여 이것이 기술 발전의 잘못일 수 없으며 그렇다고 발전에 적응하지 못하는 노인 개인의 잘못일 수도 없습니다. 사람의 능력과 적응력에는 한계가 있습니다. 이런 점을 고려하여 사회의 구성원들은 다른 사람들이 보유한 약점과 부적응을 이해하고 부족한 부분을 도와주어야겠습니다. 노인을 포함한 모든 사회 구성원이 서로 조화롭게 어울려 아름답게 살아갈 방법을 적극 찾아야 하며 그렇게 할 때 특정 계층에 대한 혐오는 사라져 사회 통합이 조화롭게 이루어질 것입니다.

가족, 쉽지만은 않은

차광현의 『가족의 두 얼굴』을 재미있게 읽었습니다. 그는 우리 마음에 생긴 가장 깊은 상처는 대부분 가족과 연결되어 있으며, 독립하여 자신의 가정을 꾸렸다 할지라도 원가정(태어나 성장한 가정) 안에서 받은 상처는 계속하여 부정적 영향을 끼치고, 치유하지 않으면 현재를 넘어 미래까지도 자유롭지 않다고 분석했습니다. 가족이 우리 삶 전반에 막대한 영향을 끼친다는 거지요.

가정은 사람이 태어나서 성장하는 곳으로 우리가 생각하는 가장 편안한 곳입니다. 결혼으로써 원가정을 떠난다 할지라도 우리는 다시 전에 속했던 가정과 동일한 형태의 가정을 이루려고 합니다. 요즈음엔 결혼을 기피하는 사람들이 많아져 약간 달라지기는 했지만 그래도 대부분의 사람은 여전히 가족을 이상적인 삶의 형태로 생각합니다. 친구들과 같이 재미나게 놀다가 해가 어둑해지면 주섬주섬 가방을 챙기는 아이들, 종일 직장에서 시달리다 지친 몸을 쉴 곳을 찾아 떠나는 사람들, 오랜만에 만난 친구들과 시간 가는 줄 모르고 수다를 떨다가도 해가 서쪽으로 기울면 미련을 버리고 발길을 재촉하는 주부들. 이들이 향하는 곳은 모두 집입니다. 이렇게 우리의 대부분은 가정을 가장 안락한 곳으로, 우리가 마땅히 속할 곳이라 생각합니다.

같은 곳에 살면서 주로 혈연으로 연결된 가족은 인간이 도저히 혼자 살아갈 수 없는 아기 때부터 보호하고 사랑을 주며 키워준 고마운 사람들입니다. 그러므로 가족 사이에는 믿음이 깊고, 동고동락과 희로애락을 같이하기에 유대감이 남 달라서 때로 우리는 그들을 지키기 위해 희생도 불사합니다. 가족을 지키는 일이라면 다른 인간 집단을 상대할 때와 비교할 수 없을 정도로 전투적이 되기도 하고요.

모든 것을 투자하여 지켜온 가족 속에서 우리는 편안하며 안심합니다. 이렇게 사랑과 희생이 큰 만큼 가족에 대한 기대 또한 높습니다. 세상 사람 아무도 나를 알아주지 않아도 가족만큼은 이해해줄 것이라 믿고, 내가 희생한 만큼 그들도 나를 위해 희생해줄 것이라 기대하며, 힘들 때 언제든지 기댈 수 있는 최후의 안식처라 여기지요.

하지만 인생을 조금 살아본 사람은 알고 있습니다. 온 힘을 다해 지켜온 가족이지만 무조건적인 사랑은 없으며, 때로 가족이 세상 누구보다 깊은 상처를 주고 실망과 배신감 역시 처절하다는 것을. 무조건 나를 이해해주고 감싸 안아주는 사람들이기도 하지만 누구보다도 원망스럽고 힘들게 하는 사람들이기도 하다는 것을. 고난을 극복하도록 힘을 주는 원천이기도 하지만 어깨 위의 무거운 짐이 될 수도 있는 양날의 특성을 가족이 갖고 있으니 바로 가족의 이중성입니다.

가족에게 집착하는 노인들

가치관의 변화로 우리의 생각이 개인주의로 많이 변하기는 했지만 그래도 여전히 가족을 지키고 유지하는 데 높은 가치를 두는 가족 이기주의와 가족 구성원 개개인의 행복보다는 가족 전체의 목표 달성과 안정을 우선시하는 가족 집단주의는 대한민국 개인들의 삶에 막강한 위력을 발휘하고 있습니다. 그 결과 우리나라 사람들은 가족에게 집착하는 경향이 강합니다.

효도와 조상 숭배 등의 가부장적이고 위계질서를 중요시하는 전통적 가치관이 지배하던 사회에서 평생을 살아온 사람들이 가족에게 집착하는 것은 어찌 보면 당연합니다. 시대정신이나 당시를 관통하는 사상은 사람의 정신세계에 깊은 영향을 주고 지배하기 마련이니까요. 평생 그런 문화에서 살다보면 바꾸기도 쉽지 않습니다. 그래서 우리나라 노인들이 가족에게 바라는 바는 거의 비슷합니다. 가족이 대대손손 화합하며 단결하고, 자신이 가족을 위해 노력하고 희생한 만큼 가족으로부터 존경과 사랑을 받고, 어려움에 닥쳤을 때는 가족이 자신을 보호해주기를 희망합니다.

그러나 부모들의 바람과 달리 가족의 유대관계는 점점 느슨해지고 있습니다. 어디 부모-자식 간의 관계만 그런가요. 형제간의 관계는 더 약해졌어요. 이제는 자식 중 한 사람이 경제적 어려움에 부닥친다 하더라도 부모가 다른 자식들에게 도와주라고 말하기 힘들며, 형제간에도 손을 내밀기 어렵습니다. 부모 세대보다 더 많이 교육받고 여행과 유학 등으로 세계적인 영향을 받으며 자란 후손 세대에게는 가족보다 본인의 삶과 행복이 더 중요해졌거든요. 또 경쟁적인 사회 환경에서 살아남기 위해 몸을 사리며 부모에게서 받은 사랑을 되돌려줄 만한 여력이 없는 것도 사실입니다.

이러한 이유와 사회적 환경으로 부모를 중요하고 친밀한 사람으로 느끼기는 하지만 그렇다고 희생을 감수하며 봉양하는 데는 부담을 느낍니다. 부모가 보면 실망스럽고 화가 날 수 있지만 시대는 늘 변하며 가치관의 변화 역시 피할 수 없어요. 가치관의 변화는 노동과 같은 사회 환경, 문화, 사조, 교육 등에 의해 총체적으로 집결된 인간의 의식 변화이므로 이는 거스를 수도 되돌리지도 못합니다. 자식은 자꾸 변해가는데 부모는 여전히 옛날 사고방식으로 전통적 기대를 유지하며 그 자리에 머물고 있다면 둘 사이의 생각의 격차는 커질 수밖에 없지요. 그러다 보면 갈등도 피할 수 없고요.

노인이 되어 편안해지는 길은 이와 같은 사회 변화를 인정하고 수용하는 것이라고 생각합니다. 그러려면 무엇보다도 먼저 가족에 대한 집착을 끊는 것이 첫걸음이 될 것입니다. 집착을 끊는 것이 서로를 위해 좋다는 사례를 하나 들겠습니다. 노인 중에는 가족과의 관계가 나쁜 사람들이 꽤 있는데, 어느 할머니의 이야기입니다.

우리 기관의 종사자 한 사람이 딱한 할머니가 있으니 가보라며 주소를 알려주었습니다. 할머니 집에 들어서니 소변 냄새가 심했습니다. 할머니는 혼자 살고 있었고, 이틀 전 침대에서 떨어져 허리를 다친 상태였어요. 통증으로 걸을 수 없으니 화장실 가는 것이 문제였습니다. 기저귀를 사러 근처 마트에 갈 형편도 아니었으므로 급한 대로 수건을 기저귀 대용하고 있었는데, 기저귀가 방수가 안 되다 보니 소변이 침대와 침구에 묻어 냄새가 심했던 것이지요. 화장실로 모시고 가 씻겨드리면 좋겠는데 걸을 수 없어서 따뜻한 물을 받아와 물수건으로 대강 몸을 닦고 옷을 갈아입혔습니다. 처음 보는 사람으로부터 뜻밖의 친절을 받은 할머니는 몹시 고마워하며 즉시 마음을 열고 본인의 이야기를 털어놓았습니다.

할머니의 친정은 유복했으나 중매쟁이를 통해 결혼한 남편은 무일푼인 데다 무능력했다고 합니다. 어쩔 수 없이 할머니는 청소 일을 시작했는데 깔끔하고 부지런한 덕분에 하루에 세 집의 일감을 확보했고 또 음식 솜씨가 좋다는 소문이 나면서 반찬을 만들어주는 집도 생겨서 할머니는 돈 버는 재미에 밤낮으로 일을 했습니다. 착실하게 돈을 모아 자식들 교육을 시키고 아파트도 두 채 장만했어요. 세월이 흘러 할아버지는 세상을 떠나고 두 아들만 남았는데, 문제는 이들과의 관계였습니다.

할머니는 고생하며 살아온 자신의 삶에 견주어 남편의 월급을 받아 생활하는 큰며느리를 호강한다고 여기며 이것저것 살림살이에 훈수를 두고 참견을 했습니다. 참다못한 며느리는 여러 번의 다툼 끝에 시어머니 집에 발길을 끊었고, 며느리가 안 오니 자연스럽게 아들도 멀어졌습니다. 요즘엔 아들과 며느리가 세트로 움직이는 경우가 많거든요. 둘째 아들은 할머니와 같이 살다가 늦은 나이에 외국 여성과 결혼을 했습니다. 한국에 처음 발을 디딘 며느리가 한국말을 잘 알아듣겠습니까, 문화를 이해하겠습니까, 음식을 잘 하겠습니까? 이것저것 가르쳤으나 제대로 해내지 못하자 참지 못한 할머니는 며느리의 뺨을 때리고 욕을 하며 분풀이를 했대요. 결국 며느리는 집을 나갔고 아들은 아내를 찾아 집을 떠났습니다.

할머니는 두 아들을 몹시 그리워했어요. 절절하게 그리워하면서도 아픈 어머니를 찾아오지 않는 그들에게 글로 옮기기 힘든 악담을 퍼부어 댔습니다. 가족이 있으나 아무도 찾아오지 않는 쓸쓸한 집에서 할머니는 병과 고독에 신음하며 증오 속에서 하루하루를 살고 있습니다.

가족에게 집착하며 '할 도리'를 요구하고 그 기준에 맞춰 가족을 평가하는 사람들이 있습니다. 가족으로서의 도리는 사람마다 기대수준이 다르고 각자의 입장도 다릅니다. 어떤 사람은 자주 전화하고 찾아오는 것으로 만족할 수 있지만 또 어떤 사람에게 그 정도는 말도 안 되는 약소한 수준일 수 있어요. 어느 편이 되었든지 한 가지 분명한 사실은 서로에 대한 기대가 높으면 높을수록 현실에서의 격차는 클 수밖에 없다는 것입니다. 격차가 커서 부모가 불만이면 가족이 느끼는 정신적 부담도 늘어나겠지요. 그렇게 되면 부모 집에 오는 길이 편치 않을 테니 마지못해 오거나 오는 횟수를 줄일 것입니다. 그리고 자연스럽게 심리적 거리감도 커질 테고요. 그러니 가족에게 기대를 높여 서로 불화하는 것이 좋은지 아니면 기대를 낮춰 서로 만족하는 게 좋은지 생각해봐야 하겠습니다.

부모와 교류를 하다 감정에 깊은 상처를 입으면 요즘 가족은 부모와 관계를 단절하기도 합니다. 과거 동네 단위의 좁은 공동체에서는 어느 집 자식이 부모를 어떻게 돌보는지 손바닥 들여다보듯 하고 말도 많아서 억지로라도 자식의 도리를 행하였지만 공동체 의식과 이웃에 대한 관심이 희박해진 지금은, 자식들은 타인의 시선에 관심이 없고 또 두려워하지도 않아요. 다만 자신의 도덕과 양심을 따를 뿐이지요. 그러므로 노인은 가족에 대한 기대를 대폭 낮춰야 합니다. 가족만 바라보며 잘하느니 못하니를 따지는 대신 친구를 만나고 취미활동을 하면서 노년기를 활동적이고 건강하게 영위할 방법을 찾는 것이 가족관계를 건강하게 유지하는 길입니다.

늘어나는 존속범죄

노인의 범죄율이 갈수록 높아지고 있습니다. 2012년부터 2017년까지 강력범죄를 저지른 사람 중 65세 이상자가 연평균 25% 정도 증가하고 있다고 합니다. 같은 기간 노인 인구의 증가율이 연 4%대임을 고려하면 인구증가율보다 범죄증가율이 6배에 달하는 셈이네요. 과거에는 경제 상황이 나쁜 소수에 의해 절도 같은 소액의 생계형 범죄가 대부분이었는데 이제는 살인, 강도, 방화, 강간 등 흉악 범죄로 확대되고 있다고 하니, 한마디로 무서운 노인들이 늘고 있습니다.

왜 이런 현상이 일어나는지를 두고 의견이 분분합니다. 유교적 사고에 익숙한 노인들이 나이에 걸맞게 대접받기를 원하지만 현실에서 그렇지 못하니 불만, 소외감, 무시당한다는 억울함 등이 쌓여 그렇다는 의견도 있고, 노화가 진행되면서 고집이 세지고 호르몬 변화로 감정 조절에 어려움이 생기면서 심리적 안정을 잃고 분노하여 그렇다는 분석도 있습니다. 수명은 늘어났으나 먹고 살기가 힘들고 사회적 지위가 낮은 데서 나오는 불만에다가 힘을 쓸 수 있을 정도로 양호한 건강 상태가 범죄를 저지르는 요인으로 작용하고 있는 것 같습니다.

살인 중에서도 존속살인은 자신 또는 배우자의 직계존속, 즉 부모나 조부모 등을 살해하는 것으로 일반 살인보다 더 무겁게 가중처벌해요. 부모를 살해하는 것은 인륜에 어긋나고 자식은 부모를 보호할 도덕적 의무가 있다고 보는 것이지요. 경찰청 통계를 보면 부모를 살해하거나 폭행한 사건은 계속 증가하여 2016년부터는 연 2,000건 이상 발생하는 것으로 나타납니다. 하지만 이는 어디까지나 공식적으로 통계에 잡힌 건수만 합산된 것이니, 가족의 이름으로 은폐된 건들을 합하면 그 수는 훨씬 많을 것입니다. 그중 살인 사건을 보면, 전체 살인 중 존속살인의 비율은 2014년에 5%대였는데 2018년에는 8%가 넘습니다. 외국과 비교하면 2014년 기준 미국 2%, 영국 1.5%에 비해 우리나라는 3~4배 수준입니다.

어느 나라보다 가족의 유대감을 강조하는 우리나라에서 개인주의가 발달한 나라보다 존속범죄율이 더 높다는 통계는 뭔가 잘못이 있는 것 같지 않은가요? 이 문제에 대해 전문가들은 가족과 지역사회를 중심으로 하는 공동체 의식은 희박해지고 대신 일이나 직장에서의 성공이나 개인의 행복을 우선시하는 개인주의 성향으로 사람들 사이에서는 자신의 이익에 걸림돌이 되는 것을 제거하려는 경향이 늘고 있으며, 그것이 가족이라도 거리낌이 없다고 해석합니다. 그리고 더 심각한 것은 그런 사람들은 부모를 죽였음에도 잘못했다는 반성이나 죄의식이 낮다고 합니다.

우리 사회는 감정을 해소하는 데 약합니다. 대부분 사람들에게 불만이란 개인적인 문제로서 혼자 알아서 풀든지 아니면 참든지 하는 문제로 인식되는 경우가 많습니다. 특히 자식이 부모에 대해 불만을 품는 것은 부모의 권위에 대한 도전으로 일어나서는 안 되는 불효로 보기도 해서 드러내기도 쉽지 않습니다. 혹시 부모와 자식 사이에 문제가 있음을 인정한다 할지라도 해결 방법을 모릅니다. 부모도 자식도 대화를 통해 갈등을 합리적으로 해소할 훈련을 받은 적이 없기 때문입니다. 그저 부모-자식이라는 특수한 관계 속에서 파생되는 부정적 감정을 가족이라는 이름으로 참고 꾹꾹 누르다가 어떤 계기를 맞아 일순간 폭발하면서 돌이킬 수 없는 범죄가 발생해버립니다.

노인은 존속범죄의 대상이기도 하고 존속범죄를 저지르는 당사자이기도 합니다. 존속범죄를 저지르는 당사자의 입장은 자신도 이미 노인인데 더 나이 든 부모나 배우자를 돌보는, 일명 노-노 케어의 부담을 이기지 못해 살인이나 동반자살의 형태로 범행을 저지르는 경우일 가능성이 높고, 존속범죄를 당하는 입장이라면 과거에 쌓인 좋지 않은 감정 탓이거나 아니면 자녀가 그들의 자녀 교육, 가정 운영, 부모 부양이라는 다중고를 견디지 못하고 범행을 저지르기도 합니다.

존속살인은 과거에는 상상하기 힘든 범죄였습니다. 초고속으로 진행된 산업화로 급속하게 전통적 가치관이 무너지고 가정이나 학교 그 어디에서도 효도나 노인 공경에 대한 교육이 행해지지 않음에 원인이 있다고 지적하는 목소리가 있으나, 그렇다고 자녀 세대에게 일방적으로 효를 강요하는 도덕교육을 시키기는 힘듭니다. 조선 시대와 같이 외부와 단절되어 폐쇄된 국가가 아닌 이상 세계적 영향은 피할 수 없으며 사회 환경에 맞춰 가치관도 자생적으로 변화합니다. 혹시 효 교육을 강화한다 해도 과연 과거와 같은 효과를 낼 수 있을지도 의문이고요.

가족 간 범죄는 누구보다도 친밀해야 할 가족 사이를 파국으로 몰고 가는 불행한 일입니다. 이런 불행을 막기 위해서는 가족 간에 건강한 대화가 이루어져 좋지 않은 감정을 바로바로 해소하는 것이 좋습니다. 그러려면 무엇보다도 서로에 대한 집착을 끊는 것이 첫걸음이 되어야 합니다. 부모 입장에서는 비록 자녀에게 들인 공이 많다 할지라도 부모 노릇을 잘한 것에 만족하고 큰 대가를 바라지 말아야겠습니다. 자식에 대한 집착과 기대는 서로를 힘들게 할 뿐이라는 점을 분명하게 인식해야 합니다. 나아가 국가와 사회는 가족이 느끼는 부양 부담을 덜어주는 정책을 펼쳐야겠습니다.

노인에게 가장 중요한 사람들, 가족

가족은 사회를 이루는 기본 단위로서 그 안에 속한 구성원들을 외부 환경과 위험으로부터 공동으로 방어하고 보호하며 개인의 발전을 지원하는 긍정적인 기능을 합니다. 비록 의식과 가치관의 변화로 과거와 같은 가족 사이의 끈끈한 유대관계는 많이 약화되었지만 그래도 가족은 여전히 개인의 삶에 막강한 영향력을 끼치고 있고 특히 노인에게는 생애 어느 시기보다 의미가 큽니다.

전 생애에 걸쳐 인간관계는 변화합니다. 인간이 아기의 형태로 이 세상에 태어나면 가족이 보호를 하지요. 가족은 인간이 이 세상에서 처음 만나는 사람들로 새 생명이 필요로 하는 모든 것을 공급하며 성장을 돕습니다. 아이는 커가면서 가족 주위의 친척들을 익히고, 학교에 들어가면서 친구가 생기며, 사회에 진출하면 직장과 직업을 매개로 인간관계가 확대됩니다. 직장 동료, 상사, 후배, 거래처 사람 등과 교류하면서 인생에서 가장 다양하고 폭넓은 사회적 관계망을 형성하게 되지요.

그렇게 왕성한 사회활동을 하다 은퇴를 하면 업무로 만날 일이 없어지므로 보통은 가장 나중에 맺어진 사람들인 직장 동료나 거래처 사람과의 관계가 먼저 소원해집니다. 이후 더 나이가 들어가면 아픈 곳이 생기면서 친구 그룹이 허물어지기 시작합니다. 친구들이 하나둘 세상을 떠나가도 하고 자신도 외출이 힘들어지기 때문이지요. 그러다 병원 출입이 잦아지고 집안 대소사에 참석하기 힘들어지면 친척들이 멀어집니다. 과거에 친하게 지내던 사람들이 그렇게 하나둘씩 멀어지면 결국 노인에게 남는 사람은 가족이 전부가 되는 시점을 맞습니다. 우리가 태어났을 때 나를 보호했던 가족, 그 원점으로 우리는 노인이 되어 다시 회귀

하는 것이지요.

아무리 시대가 변하고 가족 간의 관계가 예전 같지 않다 할지라도 가족은 여전히 개인에게 중요하며 특히 다양한 문제와 어려움을 안게 되는 노년기는 가족에 대한 의존도가 높아 그 중요도가 절정에 달한다고 볼 수 있습니다. 노인들을 보면 친구들이 주위에 있어도 가족과 왕래가 없으면 불행하다고 느끼고, 거꾸로 친구들이 없어도 가족이 잘 돌봐주면 별 불만이 없습니다. 가족은 노년기의 정신적 안정에 그만큼 절대적인 영향을 끼칩니다.

모든 인간은 사랑을 받고자 합니다. 사랑은 인간이 삶을 살아가면서 추구하는 최고 목적 중 하나이고 삶을 지탱하는 최고 가치이기도 합니다. 모든 사랑의 힘은 위대하며 그중에서도 특히 가족의 사랑은 그 어느 사랑보다 치유 능력이 뛰어납니다. 인간은 가족 속에서 안정을 얻으며 행복을 느끼기 때문이지요. 아무리 먹을 것, 입을 것이 풍족해도 가족과 사이가 안 좋으면 만족하기 힘든 것이 바로 이런 이유일 것입니다. 물질적 풍요가 정신적 공허를 다 메우지 못하거든요.

노인을 돌보는 가족들을 들여다보면 정성껏 돌보는 사람이 있는가 하면 마지못해서 하는 사람도 있습니다. 정성 어린 돌봄을 받는 부모 중에는 정상적으로 기능을 하는 사람도 있지만 중증 치매에 걸렸거나 스스로 몸을 움직이지 못해 누워만 있는 사람도 있습니다. 몸을 쓰든 못 쓰든, 말을 하든 못하든, 자식을 알아보든 못 알아보든 상관없이 자식들은 부모를 사랑하는 마음이 지극합니다. 이런 사람들의 공통점은 부모의 노고를 인정하고, 부모가 사랑으로 키워주었다는 것을 잊지 않으며, 끝까지 돌보려는 책임감이 강합니다. 부모를 돌보는 일이 고단함에도 불구하고 불만이 없으며, 표정은 밝고, 어떤 경우에도 부모를 포기하지 않으려는 각오도 대단합니다.

　반면 억지로 하는 사람들도 있어요. 이들은 부모 부양으로 인한 스트레스로 불만이 가득 차 있고, 그래서 화난 사람처럼 보이기도 하며, 누군가를 만날 때마다 자신이 얼마나 스트레스를 받는지 하소연을 늘어놓습니다. 따스함보다는 의무적인 냉랭함이 감돌며 부모를 귀찮아하는 마음이 역력합니다.

　왜 누구는 존중받고 누구는 그렇지 못할까요? 똑같이 힘들게 키웠는데 누구는 대접받고 누구는 대접받지 못할까요? 핵심은 좋은 관계입니다. 부모가 평소 따뜻한 말, 배려하고 이해하는 태도, 자식을 인격적으로 대우했던 사람들은 자리를 보전하고 누워서 대소변을 못 가려도 가족에게는 변함없이 사랑스러운 부모로 남는 반면, 젊은 시절 가족에게 소홀했던 사람, 상처 주는 말을 한 사람, 억누르고 짓밟았던 사람은 외롭고 힘든 노후의 길을 가게 될 확률이 높습니다.

　사람들이 오해하는 것 중 하나는 자신이 가족을 이룬 것만으로 사랑을 받을 자격이 있다고 생각하는데, 그건 틀렸습니다. 사랑은 준 만큼 돌아오며, 존중을 해야 존중받습니다. 이것은 가족 간에도 똑같이 적용됩니다. 이것이 바로 노년기의 안정과 행복에 절대적 영향을 끼치는 가족과의 관계를 건강하게 유지할 방법을 탐구해야 할 이유입니다.

건강한 가족관계를 찾아서

　그럼 가족관계는 어떻게 해야 화목하고 애정이 깊어질까요? 평생을 공들여온 가족에게조차 편안하게 내 마음대로 못한다면 과연 우리는 누구와 편안할 수 있을까요? 가족관계의 특성과 실상을 한 번 들여다보기로 해요.

가족은 공동체라는 속성상 때로 어느 누군가의 희생을 필요로 할 때가 있습니다. 잔인한 말이긴 하지만, 모든 가족이 힘든 것보다 한 명 또는 몇 명이 희생하는 것이 가족 전체가 치를 비용을 생각할 때 경제적이기도 하거든요. 시골집의 가난한 가족을 먹여 살리고 동생들 공부 뒷바라지를 위해 딸들이 도시에서 장시간 노동으로 돈을 벌던 때가 그랬으며, 부모는 배우지 못했으나 자식의 미래를 열어주고자 허리띠를 졸라맨 시절이 있었고, 지금도 가족을 부양하기 위해 힘들게 일하는 사람들이 많습니다. 우리는 그렇게 가족을 위한 다양한 형태의 희생을 기꺼이 받아들이지요. 가족 구성원이 가족을 위해 희생을 하는 일은 어제 오늘의 일이 아니며 우리는 이를 당연하게 여깁니다. '가족이니까.'

그래서 가족에게는 양면성이 있습니다. 행복, 희망, 안락함, 다정함 등의 밝은 면과 희생, 봉사, 불만, 불편 등의 어두운 면을 동시에 가지고 있습니다. 저는 가족을 가족 구성원들의 복잡한 감정이 녹아 있는 용광로라고 생각합니다. 용광로가 펄펄 끓어 쇳물을 흘려보낼 때, 즉 가족이 가족의 발전을 위해 모두 힘을 합칠 때는 드러나지 않으나 주물을 뜨면, 즉 노력의 결과가 드러나면 감정의 형태도 드러납니다. 노력과 희생에 대해 적당한 보상이 주어졌다고 생각하면 둥글둥글한 형태로 서로 아끼고 행복해 합니다. 그러나 내가 한 고생을 가족이 알아주지 않고 손해만 보았다고 생각하면 삐죽삐죽한 모양으로 날을 세워서 가족을 공격하기 시작합니다.

사회적 발전과 성공은 연구와 노력을 필요로 하는 데 반해 가족의 발전은 봉사와 희생을 필요로 합니다. 사회적 발전은 집단적 노력으로 달성되나 가족의 발전은 개인의 희생을 딛고 성취될 때가 많습니다. 개인의 희생은 가족 집단의 발전을 위해 때로 불가피하기도 하고 또 희생을 하는 사람들이 자발적으로 참여하기도 하나, 당사자의 입장에서 희생을 했다는 것은 불변의 사실로 남습니다. 그 희생 덕에 가족이 화목하고 가족 구성원들이 자신의 헌신을 알아주면 보상이 될 수 있으나, 희생만 하고 돌아오는 것이 없으면 당사자는 후회하게 됩니다. 그러므로 가족의 행복은 가족 구성원 전체의 참여에 의해 성취되는 것이 바람직해요. 가족의 발전을 달성하기 위해 어느 누군가에게 희생을 강요한다면 그것은 진정한 행복이 아니라는 말입니다. 그러니 가족은 자신들이 어느 누군가의 희생을 딛고 행복한 것은 아닌지, 어느 누군가가 혼자 슬퍼하지는 않은지 꼭 살펴보아야 합니다.

그런 맥락에서 가족 돌보기에는 균형이 필요합니다. 아무리 가족을 아끼는 마음이 크고 희생하려는 각오가 단단해도 가족이 내 삶의 전부일 수는 없어요. 아무리 그렇게 마음먹었다 할지라도 문득 '내가 왜 이렇게 희생해야지. 내 인생은 어디 간 거야. 너무 억울해'라는 생각이 드는 순간 가족에 대한 사랑은 허물어지기 시작합니다. 돌보는 대상이 이 세상 그 어느 누구보다도 사랑하는 가족일지라도 자신의 몸이 힘들고 삶이 뒷전으로 밀린다면 누구나 억울하고 화가 난다는 점을 꼭 헤아려야 합니다.

저는 노인을 돌보는 일을 하고 있어서 가족 수발자들을 많이 만납니다. 이들은 가족을 사랑하고 아끼는 마음 한편 가족을 돌보는 부담에서 오는 괴로움과 분노 및 억울함의 양면성에 괴로워하는 경우가 많습니다. 가족을 잘 돌보고 싶은 마음은 있으나 몸이 너무 힘들어서 고민이거나, 더 이상 부모를 돌보지 못해 요양원 등에 보낼 때 느끼는 죄책감, 병든 가족 돌보기에 매달려 자신의 삶이 실종된 데에 대한 억울함 등의 복잡한 심정에 빠져 있습니다. 상반된 감정들 속에서 어느 편에 무게를 더 두어야 할지 고민합니다. 그리고 혹시 자신만이 유독 그런 것은 아닌지, 더 참아야 하는지 등에 의문을 던지며 혹시 사랑하는 가족에 대한 배신은 아닌지 등을 걱정합니다.

이런 것들은 인간이면 누구나 맞닥뜨리게 되는 어쩔 수 없는, 피할 수 없는 자연 발생적 감정입니다. 이러한 종류의 분노와 억울함이 생기는 것은 그 사람이 부족해서도 인내심이 없어서도 아닙니다. 열심히 했으나 한계에 부딪친 것이지요. 그러니 자책하지 말고 어떻게 하면 스트레스를 해소할지 건강하게 위기를 극복할 길을 찾는 것이 현명합니다.

이럴 때 첫 번째로 할 일은 주위 사람들에게 힘듦을 알리고 휴식을 갖는 용기입니다. 우리나라 사람들, 그중에서도 주로 아픈 가족을 돌보는 데 일차적 책임을 지는 여성들은 가족이나 친밀한 사람들에게 그러한 의사 표현을 잘하지 못해 참다가 병이 나는 경우가 많습니다. 이제까지 참았으니 조금만 더 참자고 자기 주문을 걸며 무한한 인내심을 발휘하다 정신적으로 문제가 생기기도 합니다.

가족을 돌보다 힘들고 지치면 모든 것을 내려놓고 쉬어야 합니다. 잘 자고 잘 먹고 쉬면서 스트레스를 푼 후 다시 가족을 돌봐도 늦지 않습니다. 만약 자신이 스트레스를 받는다면 가족에게 결코 좋은 태도를 취할 수 없으니 이는 자신에게도 상처이고 돌봄을 받는 가족에게도 상처로 남습니다. 그러니 힘들면 먼저 쉬고 그다음에 가족을 돌보는 것이 맞다는 것이 제 생각입니다. 내가 존재해야 가족이 존재하며, 내 몸이 건강해야 가족을 돌볼 여력이 생깁니다. 나와 가족 사이에 적절한 균형 맞추기, 건강한 관계는 언제나 중요합니다.

가족과의 관계를 건강하게 유지하려고 해도 때로 다른 사람의 시선이 의식될 때가 있습니다. 체면이 중요한 사회이므로 다른 사람이 나의 행위에 대해 옳고 그름의 판단을 내리고 비난하면 어쩌나, 이제까지 고생했는데 나쁜 소문이 나면 모든 것이 헛수고가 되는 것은 아닌가를 걱정합니다. 그래서 우리는 가능하면 도덕이 선이라고 권하는 쪽을 선택하려 합니다. 나보다 가족을 먼저 생각하고, 내가 조금 불편해도 다른 사람을 먼저 배려하는 것, 이것을 사회는 선한 행위라고 호칭하며 우리에게 그렇게 하도록 등을 떠밉니다. 어릴 때 가족을 버린 아버지가 병들어서 찾아와 돌봐달라고 할 때, 시부모가 힘들게 시집살이를 시키는 것도 부족해서 손자 양육에 끊임없이 훈수를 둘 때, 자식이 찾아와 행패를 부리고 돈을 갈취해 갈 때, 우리는 도덕이 제시하고 사회에서 요구하는 선에 자신을 맞추어 참을지 아니면 도저히 감당할 자신이 없으므로 거절할지를 두고 심각하게 고민에 빠집니다. 타인과의 관계에서 무리한 요구는 비교적 쉽게 거절할 수 있지만 가족 사이에 벌어지는 일들은 괴롭고 난감하기만 합니다.

선한 행위는 사회질서를 유지하고 가족과 같은 집단이 기능을 하는 데 꼭 필요하지만 때로 감당하기 힘들 때가 있습니다. 그런 때 우리는 '좋은 게 좋은 거야', '내가 참으면 되지. 그러면 다 편할 거야', ' 언젠가 알아주겠지'라고 생각하며 참는 경우가 많습니다. 물론 가족 간에는 서로 보호해야 할 책임이 있고 어느 정도의 희생이 필요하므로 대부분의 사람들은 기꺼이 감내하며 또 가족의 바람 이상으로 자신을 희생하기도 하지만 벗어나고 싶은 욕구도 만만치 않습니다. 다른 가족에게 힘든 점을 털어놓고 이해하도록 설득을 하거나 타협을 하자니 그 과정에서 어쩔 수 없이 발생하는 다툼이나 갈등이 두렵고 그러다 혹시 사이가 영영 멀어지는 것은 아닌지를 걱정합니다. 가족이기에 제 손발을 스스로 자르는 것 같아 겁이 나기도 합니다.

요즈음엔 무조건적 희생보다 자신의 욕구와 심리를 들여다보고 적절한 선에서 대응하도록 조언하는 책들이 많이 나오고 있습니다. 스트레스 많은 사회에서 살다 보니 좀 여유를 가지고 느슨하게 사는 것이 정신 건강에 좋다는 것이지요. 가족관계도 그런 맥락에서 풀어나가는 책들이 있습니다. 양지아링의 『나를 아프게 하는 사람은 버리기로 했다』에서는 가족 갈등을 어떻게 풀어나가는 것이 좋은지를 알려줍니다. 제목에 버리라는 단어가 들어 있다고 가족을 버리라는 말은 아니니 겁먹지 마세요.

그는 가족관계에서 우선 본인이 감당할 수 있는 선을 마음속으로 그어보라고 권합니다. 인간관계에서 가장 깊은 상처를 주는 사람은 아이러니하게도 우리가 가장 가깝고 중요한 사람이라고 여기는 가족이 많으므로 이들과 건강한 관계를 유지하는 것이 서로 상처를 덜 받고 좋은 관계를 유지하는 길이라는 것입니다. 아무리 가족이지만 도저히 감당할 수 없는 요구를 하거나 자신이 설정한 경계선을 넘어 예민하게 생각하는 부분을 침범한다면 불편하다고 솔직하게 말하고 해결책이나 타협을 찾아야 한다고 조언합니다. 그럴 때 갈등이 발생하면? 그는 이것을 악어에게 다리 한쪽을 물렸을 때로 비유합니다. 살려면 다리 한쪽은 포기해야 하는 것처럼 어느 정도의 출혈은 각오해야 한다는 의미지요. 그 대상이 비록 가족이어도 힘든 점이 있으면 개선을 요구해야 하며 타협을 찾아내는 과정에서 의견 대립으로 인한 갈등·고통·비난은 어쩔 수 없이 필연적으로 발생하니 마음의 각오가 필요하다는 것입니다.

가족 사이에 무슨 계산을 하고 선을 긋느냐고 항의하고 싶을 수 있습니다. 그러기에 앞서 가족 개개인은 가족을 이루는 구성원이기 이전에 행복과 불행의 감정을 가진 인간으로 이들이 감당해낼 수 있는 능력은 무한하지 않으며 한계가 있다는 점을 이해하면 좋겠습니다. 아무리 가족 모두를 위한 아름다운 목적일지라도 일방적으로 희생을 요구한다면 억울함과 분노가 쌓여 가족관계가 돌이킬 수 없이 파괴될 수 있습니다.

가족관계를 잘 유지하려면 악화되지 않도록 예방하는 것이 최선입니다. 가족이 공동으로 추구하는 목적 달성도 중요하지만 공동체이므로 더욱 구성원들의 행복을 서로 헤아리는 세심한 노력이 필요합니다.

가족 민주주의

우리의 삶은 공동체 속의 삶과 개인 단독의 삶이 공존하는 형태입니다. 어느 남녀가 결혼을 했다 하여 남편이 아내 삶의 100퍼센트일 수 없으며 아내 역시 남편만을 위해 존재하는 사람일 수 없습니다. 결혼을 하여 한 집에 살면서 잠을 같이 자고 밥을 같이 먹는 공동생활이 있지만 가정 외의 삶 또한 존재하기 때문입니다. 이렇게 가족 구성원의 삶은 따로 또 함께입니다. 그러므로 우리는 가족 구성원 각자가 가족 공동체 삶의 일원이자 사회의 일원임을 동시에 존중해야 합니다.

그러나 어떤 사람은 가족 사이에 일어나는 일을 전부 다 알아야 한다고 생각하고 하나부터 열까지 모두 통제하려고 합니다. 가족 구성원을 개별 인간으로 인식하지 않고 우리라는 한 집단으로 묶어서 생각하는 것이지요. 심한 경우는 내가 아니면 가족이 살 수 없다고 생각해 위기가 닥쳤을 때 동반자살을 감행하기도 합니다. 자신이 더 이상 가족을 돌봐주지 못하니 나머지 가족은 자립해서 살 수 없다고 생각하는 거지요. 가족을 자신이 돈과 열정을 들여 만들어놓은 작품이나 소유물처럼 여긴 결과입니다.

이러한 위험한 생각을 벗어나려면 가족 구성원들이 각각의 개별 존재임을 인식하고 고유성을 인정해야 합니다. 가족은 결혼과 혈연으로 엮여 공동생활을 하지만 그렇다고 어느 한 사람이 나머지 가족 구성원을 모두 통제해도 된다는 말은 아닙니다. 인간에게는 가족생활도 중요하지만 가족 외의 인간관계나 사회적 성취도 그 못지않게 중요하므로 양쪽의 균형을 이루며 발전을 이룰 수 있도록 서로 도와야 합니다. 가족을 위해 모든 것을 희생하라고 강요해서는 안 되며, 사안이 생기면 협의와 타협을 통해 의견을 조율해나가려는 마음가짐도 필요합니다.

가족에게 많은 것을 바라면 가족이 힘들어합니다. 반대로 가족을 있는 그대로 받아들이고 기대수준을 낮추면 가족도 편안하고 나도 편안해집니다. 어느 정도의 희생은 어쩔 수 없지만 당사자가 원하지 않는 무조건적 희생이나 봉사보다 서로 도와 함께 발전을 이루는 방향으로 가족 경영을 하면 좋겠습니다.

우리나라의 정치 체제는 민주주의입니다. 민주주의는 국가의 주권이 국민에게 있고 국민을 위해 정치를 행하는 방식을 뜻합니다. 그럼 가족도 민주주의일까요? 그렇습니다. 가족의 주권은 가족 구성원에게 있고, 가족을 위해 가족 구성원들이 자유롭게 활동하므로 가족 민주주의가 분명합니다. 민주주의의 본질은 각자 주인됨의 인정입니다. 그러니 가족도 비록 각자가 가족의 틀 안에서 공동생활을 하지만 기본적으로 그 사람만의 권리와 삶의 결정권을 서로 인정해야 합니다.

가족이라는 소집단은 외견상으로는 단단하고 잘 뭉쳐진 것 같으나 막상 안을 들여다보면 크고 작은 금이 나 있는 경우가 많습니다. 화목하지 못하거나 심지어 미워하며 저주하기도 합니다. 가장 좋은 것은 사전에 갈라지지 않게 예방하는 것이지만, 어쩔 수 없이 금이 생겼다면 더욱 신경 써서 가족 구성원들이 두루 동의하는 방식으로 문제 해결을 하도록 노력해야 합니다. 그런 방법 중 하나로 가족회의를 추천합니다.

가족회의는 말 그대로 가족이 모두 한자리에 모여 문제를 논의하고 해결을 찾으려는 노력입니다. 가족회의의 장점은 공동으로 의논하여 결정을 하는 만큼 나중에 다른 말을 하거나 뒷말을 할 확률이 적고 공동 논의를 거쳐 결정을 내리면 책임을 느껴 실천에 옮겨질 가능성이 높습니다. 가족끼리 하는 사적 행사이긴 하지만 회의를 소집해 논의하는 일련의 과정을 거치므로 공식적인 행사의 성격도 일부 있으므로 가족회의에서 결정된 사항은 권위가 있으며 집행력도 강합니다.

이때는 부모도 권위를 내려놓고 진술하게 귀 기울이며 가족 전체에게 유리한 결정을 선택하는 데 집중해야 합니다. 가족 구성원들 간에 평등한 발언권을 부여하여 충분히 의견을 발표할 기회를 주면 혹시 결정이 마음에 들지 않는다 할지라도 본인 의견이 반영된 결과이니 받아들이는 데 거부감이 적은 장점도 있습니다. 이런 방식으로 의사소통이 원활해지면 가족 구성원들의 불만이 적어지고 책임을 분담하는 효과가 있으며 가족의 결속력을 높이는 효과가 있습니다.

부모, 어디까지 책임져야 할까

부모 모시는 문제로 고민하는 사람들이 많습니다. 말을 들어보면 대체로 아들 쪽은 '모시고 살아야 한다'가 많고, 며느리는 '싫다'가 압도적입니다. 부모를 모시려면 따져보아야 할 요인들이 많습니다. 우선 배우자가 동의를 해야 하고, 인내심과 희생을 요구하며, 삶에 영향을 끼칩니다.

67세의 김씨는 요즘 고민에 빠졌습니다. 시골에서 혼자 살던 어머니가 고관절 골절상을 입고 병원에 입원해 있는데, 퇴원 후 어떻게 할지를 아직 결정하지 못했습니다. 맏아들인 김씨는 어머니 나이가 87세가 되었으니 혼자서 살림을 살기가 힘들고 더욱이 골절이 되어 거동도 불편하니 모시고 살 때가 되었다는 생각을 합니다.

반면 아내는 근처에 사는 딸이 직장을 다녀 자주 외손자들을 봐주고 반찬을 해서 나르고 있는데 거기에 시어머니까지 모셔오면 어쩌란 말이냐고 반발이 대단합니다. 평생 떨어져 살던 사람들이라 생각이 다르고 살아가는 방식도 달라 감당이 안 되며, 아이들을 결혼해 분가시키고 이제 겨우 숨 좀 돌리며 살아볼까 하는 판인데 왜 계속 짐을 지우려 하냐며 화를 냅니다.

김씨는 어머니의 성격이 온순한데 뭐가 문제냐고 윽박지르지만 아내는 시부모를 모시며 고생하는 친구들의 이야기를 세세하게 늘어놓으며 난 그 짓 못한다고 발을 뺍니다. 그렇게 하고 싶으면 당신이 집을 얻어서 어머니 모시고 살라고 폭탄 발언을 합니다.

정말 수저 하나만 더 놓으면 될까

나이 든 부모 수발을 큰 거부감 없이 받아들여 순탄하게 동거하는 가정도 있으나 부양 문제로 갈등을 겪는 집도 많습니다. 남성들은 흔히 '한집에 사는 것이 별것 있느냐. 밥 먹을 때 수저 하나 더 얹으면 되지' 하고 단순하게 생각하지만 이는 정말 모르는 소리입니다. 부모와의 동거는 이제까지의 삶을 통째로 흔들어놓는 큰 변화입니다. 나 위주의 생활을 포기하고 상당 부분 부모를 위해 살아야 하는 상황으로 변한다고 봐야 합니다.

각자가 유지하는 생활방식은 수십 년을 거치며 형성된 것으로 그 사람에게 가장 잘 맞는 형태로 최적화된 결과물이라고 볼 수 있습니다. 마치 몸에 잘 맞는 옷과 같아서 그 방식대로 살면 당사자는 편안합니다. 그러므로 계속 그런 방식으로 살고자 희망합니다. 그런데 거기에 부모가 들어온다면, 안타깝게도 부모는 자식의 삶에 새로 유입되는 이질적인 요인이므로 적당하게 자리를 잡을 때까지 갈등과 충돌은 필연적입니다. 그리고 기존의 삶은 크든 작든 영향을 받기 마련입니다.

여성이 시부모와 동거하지 않으려는 데는 일상생활을 챙겨줘야 하고, 병원을 모시고 다녀야 하며, 잔소리를 듣는 것 같은 힘듦 외에 심리적인 중압감이 크다는 것도 한몫을 합니다. 집안에 어른이 있으므로 쉬고 싶을 때 편히 쉬지 못하고 누군가 나의 일거수일투족을 지켜본다는 사실도 불편합니다. 그리고 결정적인 것은 언제 끝날지 기약이 없습니다. 그래서 부모를 모신다는 사실만으로도 여성들이 받는 심리적 압박감은 막중하며 거기에 더해 자신의 의지와는 무관하게 새로운 책임을 떠맡게 되는 데 대한 거부감도 크게 작용합니다.

시부모만 그런 게 아니라 친정부모도 비슷합니다. 요즘은 딸이 부모를 돌보는 가정이 많습니다. 며느리들이 과거와 달리 시부모 봉양에 소극적이므로 대신 딸들이 나서는 거지요. 하지만 동거하는 딸들 역시 부모와의 동거로 스트레스가 큽니다. 저 개인적으로도 누구네 집은 친정부모랑 같이 살다가 대판 싸워서 결국 분가했다더라 하는 이야기를 심심치 않게 듣고 있습니다.

자식을 키우는 경우는 '같이 산다'고 표현하지만, 부모는 '모시고 산다'고 합니다. 모신다는 말에는 존중·배려·순종·떠받듦의 의미들이 녹아 있으며, 모심의 객체가 되는 노인은 자연스럽게 그러한 대접을 기대합니다. 자식을 키우느라 고생했으니 늘그막에는 대우받고 사는 것이 마땅하다는 생각이 사고의 밑바탕을 형성합니다. 이렇게 우리나라의 전통적 정서에서 부모와 자식은 동등하지 않으니 부모와 자식의 서로에 대한 기대 역시 일치하지 않는 경우가 많습니다.

이전부터 부모와 함께 살았던 사람은 이미 서로에게 적응한 상태이므로 큰 어려움이 없겠지만 따로 살다가 부모가 나이 들면서 같이 살게 되거나 가까이에서 돌보기를 시작하는 사람은 적응 과정과 일상생활에서 다양한 어려움을 각오해야 합니다. 우선 생활방식이 다릅니다. 예를 들어 대부분의 노인은 깨어 있는 시간 내내 텔레비전을 켜놓고 있으며 음량이 커서 젊은 사람들 기준에서는 괴로울 수 있습니다. 할머니라면 반찬 만드는 방식에 훈수를 두거나 집안 살림에 잔소리를 합니다. 무릎 관절이나 허리에 통증이 심해 아프다는 말과 함께 입이 쓰고 입맛이 없다는 말도 자주 하게 됩니다. 수시로 병원에 동행해야 하고 약을 올바르게 복용하도록 신경 써야 하며, 이렇게 살아서 뭐 하느냐, 죽는 게 낫다는 등의 불만 가득한 소리에도 익숙해져야 합니다. 반면 이점도 있습니다. 부모와 동거하니 형제들이 자주 방문하여 형제애가 돈독해지며, 부모를 모심으로써 가족 내에서 차지하는 위상이 격상되는 효과가 있습니다. 또 부모가 보유한 무형의 기술이나 방식들을 전수받을 기회도 얻게 됩니다.

부모와의 동거는 자녀나 배우자와 사는 것보다 훨씬 신경 쓰이는 부분이 많습니다. 부모이므로 적절한 예우를 해야 하고, 몸의 기능이 저하되면서 발생하는 다양한 문제에 도움을 주어 일상생활이 가능하도록 돈, 시간, 에너지 등을 들여서 지원을 해야 합니다. 그러다 보면 자신이 그동안 영위하던 삶의 일정 부분을 희생할 수밖에 없습니다. 그러므로 부모와 합가하기 전에 자녀는 자신이 다양한 형태의 불편을 겪을 수 있다는 마음의 각오와 함께 노인을 이해하려는 태도를 동시에 갖추어야 합니다.

우선 노인의 특성을 알아야 합니다. 노년기는 신체 기능과 인지 기능이 지속적으로 저하되고 쇠퇴하는 단계로 일상생활에서 부정적인 반응을 보이는 경우가 많습니다. 우울해하거나 불평불만이 늡니다. 자신이 겪는 어려움을 알아달라는 호소인데 생활을 같이하는 사람의 입장에서는 좀 힘이 듭니다. 하지만 이는 그 사람 한 사람만의 문제가 아니라 노인들이 전반적으로 보이는 노인의 특성임을 이해해야 합니다. 즉 나의 부모만 그러는 것이 아니라 다른 노인들도 공통적으로 그러하다는 것이지요. 이런 점들을 이해해야 부모와 함께 사는 데서 오는 불편을 참고 견딜 수 있습니다. 그런 이해가 없으면 부모의 불평불만이 감당하기 힘든 스트레스가 될 수 있습니다. 경중의 차이는 있으나 평균적으로 나이 든 부모는 보통의 정상적인 사람과 행동양식에서 차이가 납니다.

노인 부모를 돌보는 데는 인내심이 필요합니다. 노인 중에는 나이가 들어도 이성적·합리적인 결정을 하고 예의를 다하는 사람도 있지만, 숫자가 많지 않습니다. 훨씬 더 많은 수의 사람들이 판단능력이 저하되거나 배려심이 적어져 자신에게 유리한 쪽을 선택하거나 마음이 가는 쪽을 고집하는 이기적인 모습을 보입니다. 이런 불편한 상황에 부딪쳐 사람들은 이를 교정하고자 부모에게 문제점을 설명하고 설득하지만 유감스럽게도 달라지는 부모는 많지 않습니다. 교정하려고 하면 할수록 오히려 서로 감정의 골이 깊어져 점점 멀어지는 경우가 더 많습니다. 부모는 그런 상황을 맞아 자신의 행동을 교정하기보다 자식이 자신을 무시하는 것으로 받아들여 서운해 합니다.

사회는 나이 든 부모는 자식이 모시고 살거나 돌보는 게 맞다는 기준을 제시하며 그런 사람들에게 박수를 보내고 칭찬합니다. 그런 사회 분위기 속에서 우리는 박수를 받을 것인가 아니면 손가락질을 받을 것인가를 두고 고민에 빠집니다. 나이 든 부모를 돌보는 것은 아름답고 고상한 행위이며 칭찬받아 마땅합니다. 하지만 그렇다고 모든 사람이 다 할 수 있는 가벼운 책임은 아니니, 만약 도저히 자신이 감당할 능력이 안 된다고 판단하면 무리하지 말고 다른 대안을 찾는 것도 좋겠습니다. 그리고 이제는 모시지 않는다 하여 손가락질을 하거나 비난을 해서는 안 될 때입니다. 부모의 삶도 소중하지만 자식의 삶과 결정도 존중받아야 마땅합니다.

혼자서 모든 것을 짊어질 수는 없다

노년기에 접어든 사람들도 부모 부양의 문제에서 자유롭지 않습니다. 그나마 젊어서 체력이 좋을 때 부모를 모시면 좋을 텐데 자신도 노인이 되었는데 이미 한참 전 노인이 된 부모가 돌봄을 필요로 하는 상황에 부닥치는 것입니다. 이제까지 열심히 일했으니 숨 좀 돌리고 여유롭게 살아볼까 하는데 노부모가 돌봐달라고 합니다. 그럴 때 경제적 여유가 있어 간병인을 고용하면 좋겠지만 그럴 수 있는 사람이 어디 흔한가요. 대부분은 어쩔 수 없이 가족 중 누군가가 자발적 또는 비자발적으로 그 책임을 떠맡게 됩니다.

쉽고 명쾌한 설법으로 인간사에 벌어지는 문제를 풀이하는 법륜 스님은 이렇게 말씀하십니다. 사람이 자식을 낳으면 20세까지는 무조건 돌봐야 하지만 그 이후는 책임이 없다. 자연계의 동물 중 다 자란 새끼를 돌보는 경우는 없기 때문이다. 또한 자연계에서는 어느 동물도 부모가 나이 들고 병들었다는 이유로 돌봐주는 경우는 없으므로 사람 역시 부모가 나이 들었다 하여 돌봐줄 의무는 없다. 다만 인간은 여타 동물과 달리 교육을 받았고 부모를 돌보는 행위는 복을 짓는 선업이므로 권장할 만하다.

개인에게 나이 든 부모를 보살필 의무와 책임이 부과되는 것이 당연하고 정당한가의 논쟁을 떠나 동서양을 막론하고 무수한 사람들이 부모를 돌보고 있습니다. 이 세상에 아프고 싶어 환자가 되는 사람은 없겠지만 돌보는 가족의 입장에서는 자신의 의지와 무관하게 간병의 과제가 주어지는 셈입니다.

저는 노인 환자들을 돌보는 사람인지라 가족들을 만나고 통화도 자주 합니다. 환자가 있는 가정은 대부분 어수선하고 정신이 없으며 이들은 대부분 고통을 호소합니다. 환자를 옮기고, 씻기고, 일으키고, 운동을 시키는 일들에 힘을 쓰다 보니 어깨, 팔, 손목, 허리, 무릎 등의 관절에 과도한 힘이 부하되어 아파서 물리치료를 받으러 다니는 사람이 허다합니다. 스트레스를 받는 것은 몸뿐이 아닙니다. 일상을 모두 환자에게 맞추다 보면 자신의 삶은 뒷전으로 밀려 정신적으로도 스트레스가 큽니다. 환자를 돌보다 보니 늘 잠이 부족해서 피곤하며 작은 일에도 예민하게 반응하게 됩니다. 환자 돌보기는 중노동입니다. 그래서 멀쩡했던 사람이 환자를 돌보면서 같이 환자가 되는 경우도 흔합니다.

부모가 아픈 어느 집 이야기입니다. 저는 그녀를 어느 봄날 요양보호사교육원에서 만났습니다. 강의를 듣는 수강생 중 그녀가 눈에 띈 것은 화사한 외모 때문이었습니다. 분홍색 레이스 블라우스, 분홍색 핸드백, 분홍색 립스틱. 선명한 분홍색은 50대 후반의 여성이 어지간해서 선택하지 않는 색깔인데 그녀는 온통 화사한 분홍색 일색이었습니다. 이야기를 들어보니 할아버지 수발에 힘들어하는 어머니를 위해 딸들이 예쁜 옷과 핸드백·화장품을 사다준다는 것입니다.

나중에 집을 방문해보니 환자는 와상 상태여서 두 시간마다 체위를 변경해줘야 하고 식사를 떠먹여줘야 하며 중증 치매로 가족을 알아보지 못했습니다. 의사소통도 불가능했고요. 한마디로 모든 것을 며느리의 손에 의존하고 있었습니다. 열심히 돌봤음에도 욕창이 생겨서 방문 간호사가 오고 있었어요. 그렇게 중환자가 집에 있으니 외출은 꿈도 꾸지 못하고 종일 환자와 씨름하며 살고 있었습니다.

그녀가 이렇게 말했습니다. "난 원래 밝고 명랑한 사람이에요. 동네에서도 잘 웃는 사람으로 소문났었어요. 그런데 환자가 집에 있으니 너무 스트레스를 받네요. 자식들이 아무리 예쁜 옷을 사주고 맛있는 음식을 사와도 하나도 위로가 안 돼요. 우울증 약을 먹은 지 여러 해 되었고, 환자를 이리 옮기고 저리 옮기다 보니 팔이 아파 저리고 관절염이 생겨 몸이 성한 데가 없어요."

그녀는 50대 중반을 조금 넘긴 나이임에도 허리가 많이 굽었으며 통증으로 허리 펴기를 어려워했습니다. 그런데도 아버지를 집에서 모시고자 하는 남편의 기대를 저버리지 못해 무리하게 하루하루를 살아가고 있었습니다.

가족이 가족을 돌보는 것은 아름답고 고귀한 행위이나 몸과 마음의 고단함은 피할 수 없습니다. 물론 우리 중 누군가는 가족이 자신의 도움을 필요로 하며 자신이 가족을 보살필 수 있다는 사실에 높은 가치를 두고 삶의 의미를 찾기도 합니다. 하지만 환자 돌보기는 인내심과 희생을 필요로 하며 때로 자신의 삶이 통째로 사라져버리기도 하여 그로 인한 심리적 갈등을 피하기 어렵습니다. 더 큰 문제는 환자들의 상당수가 돌봄을 당연하게 생각하고 가족에 대한 배려나 미안함이 적다는 것입니다. 특히 노인 환자의 경우는 '내가 너희들을 키웠으니 이제는 너희들이 마땅히 나를 돌봐줘야지' 하는 마음을 품고 있기도 하며, 혹시 마음속으로는 고마워하거나 미안해할지 몰라도 표현하는 사람은 적습니다. 그렇다 보니 간병을 담당하는 가족의 입장에서는 아무리 부모지만 일방적으로 피해를 보는 것 같아 억울한 마음이 듭니다.

가족 중 한 사람이 이런 책임을 지게 되었다면 다른 가족은 돌봄이 그 한 사람의 몫이 되지 않도록 역할을 분담하여 고통을 나눠야 하고 그 사람에게 쉴 틈을 주어야 합니다. 가족을 잘 돌보는 것은 중요하지만 그렇다고 무리해서는 안 됩니다. 힘들면 다른 가족에게 돌봄을 부탁하거나 장기요양등급을 받은 사람이라면 단기보호소 같은 사회복지시설을 이용하기를 바랍니다. 지치고 힘들면 다 내려놓고 우선 휴식을 취하고 회복한 후 다시 모셔도 충분합니다. 이 세상에 수퍼맨·수퍼우먼은 없습니다.

인간은 누구나 휴식과 위로를 필요로 합니다. 내 몸에 탈이 없어야 가족 수발도 잘할 수 있으니 힘들 때는 다른 가족에게 어려움을 알리고 도움을 요청하는 것이 맞습니다. 다른 가족은 수발을 담당하는 사람의 어려움을 이해하고 적극 도와야 합니다. 아니, 돕는 것으로는 충분하지 않습니다. 돕는다고 생각하면 소극적이 되어서 시간이 나면 하고 안 나면 안 해도 좋은 것으로 인식하기 쉬우니 일정한 몫을 수행해야 합니다.

가족 간에 역할을 분명하게 설정해 수발이 한 사람의 몫이 되지 않도록 정신적·육체적 부담을 분담해야 합니다. 너무 힘들어서 우울증에 걸리지 않도록 교대해주고, 외출하여 친구를 만나거나 맛있는 음식을 먹으며 스트레스를 풀 기회를 주어야 합니다. 그리고 마음에 병이 들지 않도록 다정하게 위로해줘야 합니다. 마음에 상처는 힘들 때 생기는 것이 아니라 힘든 일을 했는데도 이해 당사자들이 몰라줄 때 생깁니다. 그렇게 생긴 상처가 잘 낫지 않으며 감정의 골이 깊어지면 긴 세월이 흘러도 풀리지 않습니다.

노인도 가족활동에 속하고 싶다

부모와 같이 살기로 했다면 자연스럽게 가족활동에 합류시키세요. 자식도 부모와의 동거에 적응해야 하지만 노인도 새로운 생활에 적응하려면 가족활동에 참여하는 것이 지름길입니다. 가족활동이란 가족 내에서 수행되는 일상생활을 뜻합니다. 보통의 사람들이 가족 내에서 일정 부분의 역할을 수행하듯 노인 부모도 어느 가족과 다름없이 어떤 역할을 수행하는 것이 좋습니다. 그래야 가족 내에서 겉돌지 않습니다.

노인이 되면 슬픈 점이 많습니다. 젊었을 적에는 무슨 옷을 입어도 예쁘다는 말을 들었으나 이제는 어떤 옷을 입어도 부자연스럽고 마음에 들지 않습니다. 계단을 두 개씩 뛰어오르던 시절이 있었는데 이제는 한 걸음 내딛는 것이 힘들고, 분명 샤워를 하고 몸단장을 했건만 왠지 부스스하고 깔끔한 인상을 주기 어렵습니다. 그러다 보니 가족활동에서 제외되는 경우가 많습니다. '4박 5일 여름휴가라 길어서 같이 가면 힘드실 거야. 갔다 오면 젊은 우리도 파김치가 되잖아', '집안 정리를 해야 하는데 우리가 청소하는 데 괜히 끼었다가는 다치기 십상이지. 방에 가만히 계시는 게 도와주는 거야' 등 우리는 일상의 활동 영역에 노인을 끼워주지 않으려 여러 가지 이유를 준비합니다.

인간은 누구나 자신이 이 세상에 존재할 이유를 끊임없이 찾습니다. 자신이 다른 사람에게 도움이 되는 유용한 사람임을 지속적으로 증명하고자 하며 이를 통해 자기 정체성을 확립하고 존재가치를 추구하지요. 그런데 가족이 일상생활에서 노인의 참여를 배제한다면, 그것이 선의에 의한 것이든 그렇지 않든 노인은 실망감을 느낄 수밖에 없습니다. 자신이 더 이상 아무에게도 도움을 주지 못하는 그저 늙고 노쇠해진 무용한 존재로서 가족에게 짐이 될 뿐이라고 생각하고 무력감에 빠집니다. 그러므로 일상생활에서 노인을 배제하지 말고 그 사람의 실행 능력에 맞는 안전한 일감을 주는 것이 좋습니다. 밥상을 차릴 때는 수저를 놓고 반찬을 더는 일을 도와달라고 하고, 집 청소를 할 때는 마른걸레로 먼지를 닦도록 한다거나, 세탁물을 정리할 때는 양말들 짝을 맞춰달라고 부탁하면 좋습니다. 사소한 일이지만 이런 활동으로써 노인은 자신도 가족생활에 기여하고 있다고 자부심을 갖고 씩씩하게 살아갈 용기를 얻습니다.

인간은 누구나 정상적인 인간관계와 정상적인 활동들을 필요로 합니다. 비록 노인이 되어서 신체 능력의 저하로 할 수 있는 일의 가짓수는 줄어들었을지 몰라도 그래도 노인이 가족들 틈에서 할 수 있는 일은 여전히 많습니다. 노인이 가족의 일원으로서 가족활동에 참여하고 싶은 욕구를 존중하여 함께 움직일 수 있는 기회를 제공하면 노인은 자신의 유용성을 인정하고 자긍심을 유지합니다. 그리고 이런 소소한 활동은 인지 기능의 저하를 예방하는 효과도 있습니다. 가족과 함께하는 사소한 것들이 노인을 안정시키고 건강하게 한다는 점을 잊지 않으면 좋겠습니다.

요양원은 가서는 안 될 곳일까

요양원에 입소한 노인들의 꿈은 집으로 가는 것입니다. 인간은 누구나 집을 가장 편안하고 따뜻한 곳으로 인식하기에 요양원에 입소한 노인들 역시 집으로 돌아가기를 꿈꿉니다.

어쩔 수 없는 이유로 노인은 요양원에 입소합니다. 돌봐줄 사람이 없어서, 가족이 같이 살지 못하겠다고 해서, 모시고 살기엔 너무 중증이어서 등등. 과거에는 요양원을 죽지 못해서 가는 수용소 정도로 생각했으나 요즈음은 인식이 많이 개선되었으며, 일부는 자발적으로 입소하기도 합니다. 자녀에게 피해주기 싫어서가 주 이유겠지요.

스스로 삶을 꾸릴 능력이 있다면 노인이 되었다고 집을 떠날 이유는 없습니다. 문제는 질병이나 장애 또는 신체 기능 저하 등의 이유로 누군 가의 도움을 필요로 하는 사람들입니다. 가족이 노인을 돌보는 것이 더 이상 당연하지 않은 세상에서 우리가 고려해볼 수 있는 대안은 몇 가지 가 될까요? 경제적으로 여유롭다면 가사도우미를 고용해 조리나 청소 에 도움을 받으며 집에서 계속 살 수 있는 방법이 있습니다. 그러면 편 안한 내 집을 떠나지 않아도 되겠지요. 아니면 시니어타운이라고 불리 는 노인주거복지시설에 입주해 식사, 청소, 세탁 등의 서비스를 받으며 여가 프로그램에 참여하고 운동시설을 이용하며 재미있게 보낼 수도 있습니다. 고정적으로 돈이 많이 든다는 단점이 있긴 하지만요.

그런데 몸이 아픈 사람이라면 어떡하지요? 장기요양등급을 받으면 하루에 3~4시간 요양보호사로부터 요양과 돌봄 서비스를 받을 수 있습 니다. 그런데 남는 시간이 문제가 되네요. 장기요양서비스를 받는 시간 과 잠자는 시간을 제외하면 하루에 13~15시간이 남습니다. 독거노인은 혼자 시간을 보낼 것이고 가족과 동거하는 사람은 그 시간 중 일부를 가 족과 같이 보내게 되겠지요. 만약 노인이 그럭저럭 밥이라도 챙겨 먹을 수 있으면 다행이지만 누군가가 식사를 챙겨줘야 하고 용변을 도와주 어야 하는데 도와줄 사람이 없다면 요양원도 괜찮다고 생각합니다.

할아버지 한 분이 있었습니다. 할아버지는 열심히 일해 다세대 건물 을 짓고 아들 가족과 같이 살다가 치매에 걸렸어요. 치매가 심각해지면 서 걷지 못하고 대소변을 가리지 못하게 되자 옥탑방으로 쫓겨났습니다. 며느리가 밥을 가지고 올라가면 며느리를 머릿속에서 지워버린 할아버 지는 동네 여인쯤으로 생각하여 자꾸 만지려 하므로 며느리는 밥만 주 고 바로 내려가버립니다. 그 집에서 할아버지를 돌볼 사람은 아들이 유일한데, 아들은 지방에서 근무하여 주말에만 잠시 집에 옵니다. 평상시 할아버지는 아무도 돌봐주는 이 없이 온종일 용변을 묻힌 상태에서 주는 밥을 받아먹으며 살아갑니다.

이 내용은 우리가 실제 서비스했던 사례입니다. 이 상황에서 과연 가정이 요양원보다 더 낫다고 말할 수 있을까요? 할아버지가 요양원에 입소했다면 하루 세 끼 따뜻한 밥을 먹을 수 있고, 기저귀를 갈아주었을 것이며, 일주일에 한 번 깨끗하게 목욕을 시켜주었을 것입니다. 그리고 노래교실이나 그림 그리기 같은 여가 프로그램에 참여하거나 옆의 노인과 이야기를 할 수도 있겠지요. 가족과 헤어지기는 해도 최소한 인간다운 삶은 누렸을 깃입니다. 그런데 집에 있는 할아버지는 적당한 돌봄을 받지 못하고 방치된 채 우리가 아는 인간다운 삶과는 너무나 거리가 먼, 집에서 기르는 개·고양이보다 훨씬 못한 비참한 삶을 살고 있었습니다.

요양원은 입소한다고 표현합니다. 입소는 포로수용소 또는 강제수용소를 연상시키는 수용의 개념이 아니라 어떤 요건을 충족하는 사람들이 자발적으로 계약을 체결하고 들어가서 필요한 서비스를 받는 자유스러운 개념입니다. 실제 요양원은 입소한 노인들이 무료하지 않게 강사들을 투입해 다양한 프로그램을 진행하며 영양사와 조리사가 노인의 신체 기능에 적합하게 조리한 급식과 간식을 제공합니다. 규모가 큰 곳은 촉탁의사가 와 환자 상태를 진료하고 간호 인력이 24시간 돌봄을 제공합니다.

우리의 꿈은 끝까지 집에서 사는 것이지만 각자의 형편에 따라 모든 사람이 다 가능하지 않다는 현실적인 면을 인정해야겠습니다. 외견상 가족의 보호를 받는 것 같으나 실은 적절한 돌봄을 받지 못한 채 오물 속에 뒹구는 사람들도 있습니다. 스스로 일상생활을 수행할 능력이 없어 누군가의 도움을 받아야 할 상황인데 가족이 돌볼 처지가 안 된다면 요양원에서의 삶이 차라리 더 인간적이라고 말하고 싶습니다.

바람이 셀까, 해님이 셀까

인간은 이기적입니다. 하지만 이기적이라는 것을 나쁘게 볼 필요는 없습니다. 이는 자신을 보호하기 위함이며, 생존과도 맞닿아 있기 때문입니다. 전 생애에서 이기심이 최고에 달한 지점은 영유아기와 노년기라고 봅니다. 영유아기는 교육으로 사회화가 되기 이전 단계로 본능에 충실하여 이기적일 수밖에 없고, 노년기는 보유하던 능력이 저하되면서 제한된 범위에서 에너지를 아껴 써야 하므로 이기적이 됩니다. 그래서 막연하게 '노인은 인자할 거야'라고 상상하던 사람들은 현실의 노인에게 적잖이 실망합니다. 게다가 감정 반응 능력이 떨어져 잘 웃지 않고 얼굴 근육도 굳어져 무표정하다 보니 화난 사람 같으며, 대화방식도 투박합니다.

그래서 노인 부모를 모시는 사람은 힘이 듭니다. 별것 아닌데 화를 내거나 쓸데없이 고집을 부릴 때 설득해서 고쳐야 하는지 아니면 참는 게 좋은지 판단이 잘 서지 않습니다. 이럴 때는 해님과 바람 이야기를 떠올려보세요.

바람과 해님이 서로 잘난 척을 하다가 누가 더 센지 내기를 했습니다. 마침 지나가는 행인이 있어서 그 사람의 외투를 벗기기로 했지요. 먼저 바람이 나서서 바람을 일으켜서 외투를 벗기려고 하니 행인은 바람이 세질수록 외투를 더 단단하게 여미는 바람은 실패했습니다. 그러자 해님이 나타나서 햇빛을 퍼부으니 행인은 땀이 나고 몸이 더워져 저절로 외투를 벗어서 해님이 이겼습니다.

사람 사이에도 바람과 해님은 그대로 적용됩니다. 저의 어머니는 젊었을 적엔 요즘 말대로 쿨한 분이었는데, 나이 들면서 감정 조절이 잘 안 되고 서운함이 많아졌으며, 한 번 화가 나면 잘 안 풀립니다. 저는 그럴 때마다 설득하고 달랬으나 잘 안 되었어요. 그러다 어느 날 이렇게 말했습니다. "우리 부모님은 자식들을 키우느라 힘든 살림 속에 고생 많으셨어요. 덕분에 우리가 이렇게 잘 살고 있으니 다 부모님 덕이에요. 고맙습니다" 하며 손을 잡아드렸습니다. 그러자 어머니가 "그러냐"며 눈빛이 흔들리는 것이 보였습니다. 그때 저는 깨달았습니다. 바람보다 해님이 더 세다는 것을. 설득의 바람보다 감사와 사랑의 해님이 더 효과적이라는 것을.

바람과 해님은 모든 인간관계에 활용할 수 있으나 특히 노인에게 효과적입니다. 노인은 가진 것을 서서히 잃어가는 과정에 있으므로 서운한 것이 많고 억울한 감정도 큽니다. 또 언제까지 살지, 얼마나 건강할지, 삶을 잘 살아온 것인지에 대한 불안감도 있습니다. 그런 상황에서는 이성적인 설득보다 감정에 호소하는 것이 훨씬 효과적입니다. 노인의 사고는 융통성이 떨어져서 자신이 옳다고 생각하는 것을 고수하며 양보하지 않습니다. 아무리 이성적으로 설명해도 납득하지 않으며 자신의 견해와 관점을 바꾸지 않습니다. 한마디로 설득하기가 힘들다는 이야기입니다. 그러므로 잘못을 지적하고 설득하는 대신 이제까지 잘 살아왔다고 토닥이며 안아주거나 손을 잡아주면 뾰족한 감정을 누그러뜨리는 데 아주 효과적입니다.

부부, 누구보다도 소중한

어느 봄날, 할아버지 한 분이 우리 사무실 문을 열고 들어오셨습니다. 말씀인즉슨, 요양원에 할머니가 입소해 있는데 집으로 모시고 가고 싶다는 것이었습니다. 그런데 장기요양 1급의 최중증 와상 환자이며, 서너 군데 욕창도 있었습니다. 파킨슨병이 오래되어 관절이 굳었고 의사표현도 불가능했습니다. 걱정이 되어서 "집으로 모시고 가면 돌봐드리기 힘들 텐데, 왜 그런 생각을 하세요" 했더니 "요양원에서는 많은 환자를 돌봐야 하기 때문에 밥을 끝까지 안 먹여요. 우리 할머니는 밥을 오래 먹는데 어느 정도 되었다 싶으면 치워버려서 안타까워요" 하셨습니다. 할머니는 관절이 굳어 입을 벌리기가 어렵고 잘 삼키지도 못하여 식사를 다 먹이려면 한 시간 반은 걸리는 사람입니다. 식사가 중요하기는 하지만 요양원 입장에서 한 사람에게 그렇게 많은 시간을 들이기는 현실적으로 불가능합니다.

이야기를 더 나누다 보니 할아버지는 아침마다 요양원으로 출근을 해 한나절을 보내고 있었습니다. 매일 출근하다시피 하니 자연스럽게 그곳 전문가들이 할머니 돌보는 방법을 보고 익히게 되었고, 드디어 충분하다는 자신감이 생겨 그렇게 결정하신 것이었어요. 마침 마음 따뜻한 요양보호사를 발견하여 수발 업무를 배정하고 집에 전동침대와 욕창방지용 매트리스 같은 준비를 마친 후 집으로 모셨습니다.

그로부터 5일 후 그 가정을 찾았습니다. 할머니는 햇살이 따스하게 비치는 남쪽 창가에서 무릎에 가벼운 담요를 얹고 휠체어에 앉아 계셨습니다. 마침 점심식사가 끝난 무렵이었는데 할아버지는 할머니 등을 연신 쓰다듬으며 "많이 드셨어요? 많이 드셔야 해요" 하며 토닥이고 계셨습니다. 참으로 아름다운 노부부의 모습이었습니다. 그리고 단 5일 사이에 자잘한 욕창은 모두 나아 있었습니다.

집으로 돌아간 지 반 년 후에는 할아버지와 요양보호사의 지극 정성으로 꼬리뼈에 있던 깊은 욕창도 어느 정도 살이 메워졌습니다. 아예 입을 다물고 의사표현을 못하던 분이 가끔 외마디를 내기도 할 정도로 작은 발전도 있었습니다. 그 댁에는 환자를 돌보고 있는 보통 가정의 우울함이나 어두움이 없습니다. 분위기는 편안하고 안정적이며 공기는 따스합니다. 그곳에 갈 때마다 배우자의 사랑의 힘을 절감합니다.

힘든 부부들

혼인은 가족을 만드는 일반적 방법으로서 법률적으로 보호를 받는 제도입니다. 혼인이 이루어지면 법률은 아내와 남편에게 동거, 부양, 협조 등의 다양한 의무와 책임을 부과하지요. 결혼으로써 가족을 이룬 부부는 자녀를 출산하고 양육하면서 공동으로 위험에 대응하는 한편 재산을 증식하고 발전을 이루어갑니다. 대부분의 부부는 가족 속에서 안정감을 느끼며 책임과 의무를 다하지만 힘들어하는 부부도 꽤 있습니다.

우리나라 부부들의 가장 큰 문제는 친밀도가 낮다는 것입니다. 우리나라 부부들은 좋아서 결혼을 했으나 결혼생활을 잘 유지하기 위한 공부나 노력에는 소홀합니다. 우선 결혼하기 전 결혼으로써 어떤 의무와 책임이 주어지는지 알아본 적이 없으며, 결혼 후 좋은 부부관계를 유지하기 위해 어떻게 대화해야 하는지 대화 예절 같은 기본을 익힌 적도 없습니다. 그렇다고 매일의 일상을 솔직하게 털어놓는 것도 아닙니다. 그리고 자신의 감정을 잘 드러내지도 않으니 어떤 문제에 부딪쳐 서로 의견을 교환하고 해결점을 찾아나가기가 쉽지 않습니다. 대화의 부족과 부재는 결과적으로 부부의 정서적 유대관계를 약하게 하여 상대를 마땅히 내 곁에 있어야 할 소중한 사람으로 여기면서도 사랑·애정·신뢰를 바탕으로 하는 친밀도는 높지 않습니다.

부부의 친밀도를 보면 유럽이나 미국의 부부는 영어 대문자 U자형을 보인다고 합니다. 서로의 애정이 최고일 때 결혼합니다. 그러다 아이를 낳아 기르며 그 아이가 사춘기를 겪고 다른 스트레스 요인들이 많아지면서 부부의 애정은 낮아집니다. 시간이 흘러 아이들이 독립하는 시점이 되면 사회적 위상이 견고해지면서 소득도 높아 경제 상황도 안정됩니다. 그즈음 부부는 다시 애정을 회복해 같이 여행을 다니고 서로 아끼고 배려하며 나머지 삶을 이어가니 결국 그래프가 U자 모양이 되는 것입니다.

한국의 부부는 어떤 모양일까요? 한국의 부부도 시작은 같을 것입니다. 사이가 좋을 때 결혼했으나 살면서 이런저런 스트레스를 받고 생활도 만만하지 않으니 부부 사이의 애정도 역시 바닥으로 떨어지겠지요. 문제는 그다음, 한국의 부부는 한 번 떨어진 애정을 다시는 회복하지 못해 L자형이 많습니다. 사이좋게 잘 사는 부부도 있으나 평균이 그렇다는 이야기입니다.

저는 직업상 자주 면접을 보는데 일하기를 원하는 사람들은 대부분 50대 이상의 여성입니다. 직장 경험이 없이 주부로만 살다가 뒤늦게 취업을 하러 나온 사람들이 많은데, 그중 일부는 퇴직하고 집에 들어앉은 남편과 자꾸 부딪쳐 힘들어서 차라리 일을 하는 게 낫다고 직장을 구합니다. 물론 남성의 입장에서는 평생 돈을 벌어 가족을 부양했으니 퇴직 후 집에 있는 것이 무엇이 문제냐고 항의할 수 있습니다. 맞는 말이며 전적으로 동의합니다. 당연히 그럴 권리가 있지요. 그러나 부부가 새로운 환경에 적응하려고 노력하는 것은 별개의 문제입니다.

실감나는 예를 들어볼게요. 강의 중 가족 체계의 변화를 설명하자면 자연스럽게 졸혼으로 연결될 때가 있습니다. 그런데 졸혼이라는 단어가 등장하면 남성과 여성의 반응은 극명한 대조를 이룹니다. 남성은 그런 이야기를 꺼낸 것 자체가 불쾌한 듯 얼굴을 찌푸리며 못마땅하게 여기는 반면 여성은 좋은 주제라고 반기며 이구동성으로 "그러길래 있을 때 잘하지"를 외칩니다. 이런 풍경은 한국 부부의 일면을 대변한다고 봅니다.

'졸혼(卒婚)'이 무엇인지 아느냐는 질문에 몇 년 전까지만 해도 '갑자기 결혼하는 것이오'라고 대답하는 사람이 있었습니다. 하긴 갑자기 결혼하는 것도 졸혼(猝婚)일 수 있겠어요. 졸혼이라는 단어는 일본 작가가 처음 사용한 용어이며, 우리나라에서는 탤런트 백일섭이 자신이 졸혼 상태라는 것을 밝혀 대중의 관심을 받게 되었습니다. 그의 발언 이후 졸혼의 의미를 모르는 사람이 없으니 대중 매체의 힘은 정말 대단합니다.

졸혼은 별거나 이혼 같은 법률적인 단어가 아니므로 법적으로 유효한 개념은 아니에요. 졸혼의 통상적 의미는 충분하게 결혼생활은 한 부부가 이혼하지 않고 혼인관계는 그대로 유지한 채 남편과 아내라는 배우자의 지위에 따른 의무와 책임에서 벗어나 각자의 여생을 자유롭게 사는 형태를 의미해요. 즉 어느 정도 나이 든 부부가 이혼하지는 않았으나 서로 독립된 공간에서 따로 사는 별거의 형식을 유지하며, 서로의 삶을 간섭하지 않으면서도 집안의 애경사나 가족 행사에는 보통의 부부처럼 같이 참가하고 서로 돕기도 합니다. 법률상 부부이면서도 따로 살아 내 편이기도 또 남 같기도 한 애매한 관계에요.

졸혼을 옹호하는 사람들은 졸혼을 했다고 가족이 해체되는 것이 아니고, 당사자들은 여전히 기존 가족체계 안에서 변함없는 법률적 관계를 유지하므로 나쁘지 않다고 주장합니다. 이혼하는 것보다는 낫고, 엉거주춤한 상태이긴 하나 언제든지 다시 예전의 정상적 혼인관계로 복귀가 가능하다는 것이지요. 반면 반대론자들은 부부가 한 집에 살지 않고 별거한다면 결국 헤어지기밖에 더하느냐며 졸혼은 이혼으로 가는 과정일 뿐이라 비판합니다. 어느 편이 맞든 우리의 부부관계는 더 이상 견고하지 않습니다. 사람들과 이야기해보면 실제로 한 집에서 살긴 하지만 각자 다른 방에서 잠을 자거나 하는 형태의 생활을 하는 집이 많습니다.

가족의 해체는 주로 이혼을 통해 이루어지는데, 이혼은 이제 지극히 보수적인 한국 사회에서조차 흔한 사회 현상이 되어버렸습니다. 특히 결혼 20년 이상에 해당하는 황혼이혼이 폭발적으로 늘어나고 있습니다.

아직도 많은 사람은 가족을 신성불가침의 성역으로 생각하며 어떠한 난관이 있어도 꼭 지키고 보호해야 할 대상으로 여기기는 하나, 가족 해체 현상은 막을 수 없고 나아가 아예 가족을 만들지 않으려는 사람도 많아지고 있습니다. 고용이 불안정하고 집값이 비싸며 자녀양육비도 많이 드는 세상에서 젊은이들은 선뜻 결혼할 엄두를 내지 못하고 있고요. 아니면 결혼해도 아이를 낳지 않으려 하거나요. 그래서 미래에는 결혼을 통해 인구를 재생산하는 가족제도는 붕괴될 것으로 예견하는 학자들이 많습니다. 부나 권력을 소유한 일부 특권층 외에는 온갖 의무와 책임이 따르고 희생이 요구되는 가족을 만들지 않을 것이라고 해요. 우리의 기대와 달리 가족제도가 자신을 지켜주지도 못하고 불안정하기까지 한데 과연 자신이 보유한 자원과 에너지를 쏟아서 가정을 만들 가치와 이유가 있는지 의문을 제기하는 것이지요. 이래저래 가족제도는 흔들리고 있으며 그 중심에 부부가 있습니다.

배우자만큼 중요한 사람은 없다

그럼에도 불구하고 배우자는 여전히 중요합니다. 잘 살아온 부부는 가장 친한 친구이자 노년기 삶의 가장 든든한 아군입니다. 부부가 서로를 아끼고 지키면 노인 학대 같은 공격을 받을 위험도 낮습니다. 그렇게 서로 의지하고 살다가 부부 중 한 명이 심각한 병에 걸려 자립이 불가능한 장애 상태가 되면 어떻게 될까요? 평균적으로 남편이 병이 나면 아내는 집에서 살림을 하며 남편을 돌보는 경우가 많고 반면 아내가 병이 나면 요양원에 입소하는 경우가 많습니다. 남편이 집안 살림에 서툴러 음식부터 문제가 되니 배우자 돌보기를 포기하기 때문이지요. 하지만 요즘에는 아내를 극진하게 돌보는 남편들이 늘고 있습니다.

부부 단독 세대인데, 할머니가 뇌졸중으로 편측마비로 걷지를 못합니다. 할아버지는 젊은 시절 일하느라 야근과 출장이 잦을 때 아내가 자식들 키우고 시부모 봉양에 고생했으므로 이제는 본인이 아내를 돌볼 차례라고 생각하고 무슨 일이든 적극적입니다. 음식 조리도 잘 합니다. 날

씨 따뜻한 날이면 할머니를 휠체어에 태워 근처 공원을 한 바퀴 돌고, 한 달에 한 번 할머니 약을 타러 대학병원을 다녀오는 길에는 할머니가 좋아하는 빵도 한 아름 사옵니다. 아내 수발 때문에 친구 만나러 나간 지가 언제인지 기억조차 가물거리지만 불평 한 마디 없습니다.

이 이야기를 강의 중에 했더니 수강생 중 한 남성이 말했습니다. "친구가 납골당에서 근무하는데 남편이 세상을 뜨면 아내들은 몇 달 열심히 오다가 잘 안 오는데 아내가 세상을 뜨면 남편들은 몇 년이 되도록 계속 납골당을 오며 아내를 그리워하는 사람이 많다고 합니다." 납골당과 산소를 자주 찾는 이유가 생활이 불편해서인지 아니면 아내가 그리워서인지는 모르겠지만 배우자의 빈자리가 여성들보다 남성들에게 더 크게 부각되는 것 같습니다.

과거에 비해 자식에 대한 의존도가 낮아지면서 상대적으로 배우자와의 관계가 중요해지고 있습니다. 배우자를 돌보는 사람 중에는 상태가 위중하고 힘들어도 배우자가 있기 때문에 이야기할 상대가 있고 살아가는 의미가 있다고 말하는 사람들이 많습니다. 평생 동고동락하고 해로하는 부부 사이의 진한 정을 느낄 수 있는 대목이에요.

이와는 반대로 나이 들어서 가족과 헤어져 고생하는 사람들도 있습니다. 인간의 욕망은 무한하기에 가정을 이루고도 만족하지 못하지요. 좀 더 나은 배우자를 만났으면 승진도 더 했을 것이고 인생도 더 잘 풀렸을 거라고 생각하며 미지의 더 나은 사람을 찾아 부초처럼 떠돌기도 합니다.

윤 할아버지는 젊은 시절 잘 나가는 전기기술자였습니다. 전기를 다룰 줄 아는 사람이 적은 시절이어서 전기배선이며 가전제품 수리로 항상 바빴고 돈을 많이 벌었습니다. 그러다 어느 여성과 마음이 통해 아내와 자식들을 떠나 새로 살림을 차렸습니다. 새 여성은 동거를 시작하자 빚이 있으니 갚아달라, 가게를 하나 차려달라고 졸랐대요. 요구한 것들을 다 들어주자 여성은 할아버지를 떠났어요. 그 후 여러 여성과 동거했지만 결국 남아 있는 사람은 아무도 없고 그러는 사이 노인이 되어 수중에 남은 돈 없는 빈털터리 신세가 되었습니다.

할아버지가 집을 나간 후 아내는 자식 셋을 혼자서 어렵게 키웠습니다. 할아버지는 나이 들고 병이 나자 아내와 자식 생각이 간절해졌지만 아무도 받아주는 사람이 없어요. 할아버지는 뇌졸중 이력이 있고 당뇨·관절염·고혈압·전립선암이 있어 몸을 잘 돌봐야 할 상황이지만 폐지를 주워 팔아야 먹을거리를 장만하기에 하루도 쉴 틈이 없습니다.

집에서 늘 보는 배우자는 무능력해 보이고 매력이 없으며 지겹기도 합니다. 게다가 집안일로 사사건건 다툼이 생겨 뭐 하러 결혼해서 이 고생인가 한숨이 나기도 해요. 결혼은 두 사람이 같은 배를 타고 하나의 목적지를 향해 힘껏 노를 저어가는 형상입니다. 그렇게 노를 젓고 가다가 한 사람이 제 역할을 하지 않으면 배는 균형을 잃고 기우뚱거리다 뒤집어져버립니다. 파국을 맞는다는 말이지요.

다양한 이유에서 가족 해체가 일어나고 그만큼 지금의 가족관계는 과거에 비해 결속력이 약합니다. 전에는 정말 힘든 환경에서도 여성들이 가족 체계를 유지하려 인내한 부분이 컸지만 지금은 더 이상 그런 기대가 힘듭니다. 여성들의 교육수준이 높아지면서 권리의식이 향상되어 과거 어머니가 살았던 삶의 방식을 거부해요. 이런 점을 고려해 부부 양쪽이 모두 가족이 기능을 잘하고 체계가 유지되도록 각별하게 노력을 기울일 필요가 있습니다.

부부 금슬이 좋은 사람들은 배우자가 이 세상에서 가장 편안하다고 합니다. 나이 들어갈수록 부부의 소중함이 새록새록 더해져 같이 여행을 다니고, 모임에 나간 배우자를 마중 나가며, 아무나 시간 되는 사람이 저녁을 짓기도 해요. 서로 주름살 진 얼굴을 보며 평생 가족을 위해 헌신한 노고에 안쓰러워하고 고마워합니다.

노후의 행복과 삶의 안정감은 배우자에 달려 있다고 봐도 과언이 아닙니다. 또 내 몸에 질병이 왔을 때 앞으로 살아갈 곳이 집이 될지 요양원이 될지도 배우자의 손에 달려 있습니다. 결론적으로 배우자와 사이 좋게 지내는 것이 편안한 노후를 보내는 길입니다.

은퇴 후 부부의 재적응

남성 중에는 일에서 물러난 후 '은퇴 남편 증후군'을 앓는 사람이 꽤 있습니다. 가족 내 소통이나 자녀 양육에는 소극적이고 대신 사회활동에 전념하던 남성이 퇴직 후 집으로 돌아오면서 겪는 증상이지요. 이들은 직장을 떠나 가정으로 돌아왔으나 가족 안에서 자리를 잡지 못하고 방황합니다. 평소 가족과 시간을 적게 보낸 탓에 딱히 할 말이 없고 종일 집에 있는 것에 불편을 느끼고 낯설어 해요. 그렇다고 밖에서 만날 사람도 많지 않고요. 가정과 사회 어느 한 군데 온전하게 소속되지 못하니 당연히 소외감을 느끼지요.

주위 사람들을 관찰해보면 남편이 은퇴한 후 1~2년 정도는 일종의 기 싸움 같은 재적응 과정을 거치는 집이 많습니다. 아내는 남편이 집에 있으니 가사 업무에 도움을 주기를 바랍니다. 반면 남편은 아내의 가사 참여 요구를 돈을 벌어오지 않으니 자신을 무시하는 것으로 생각하고 자존심이 상해서 다툼을 벌이는 경우가 많습니다. 신혼 때 1차 주도권 쟁탈전이 있었다면 은퇴하여 2차 쟁탈전이 발생합니다.

어느 곳으로 강연을 갔는데 청중이 다 여성들이었는데 그중 남성이 한 명 있었습니다. 60대 중반으로 보였는데, 참석하게 된 동기를 묻자 아내가 참석을 권유했다고 합니다. 그 남편은 정년퇴직 후 집에서 꼼짝 않고 매일 TV만 보았는데, 어느 날 아내가 보니 행동이 굼뜨고 생각도 멈춘 듯 했답니다. 아내는 활달하여 지역사회에서 주최하는 다양한 행사에 참석하고 노인복지관에서 취미활동을 하는 사람이었어요. 아내는 그런 남편이 불안했습니다. 그 상태가 계속되면 매사에 무감각·무신경해지다가 치매에 걸릴 것 같은 위기감을 느껴 외부 활동을 권유했으나 마땅한 것을 찾지 못하더래요. 그래서 안 되겠다 싶어서 자신이 하는 활동에 남편을 데리고 다니기 시작했습니다. 강연회에 같이 가고, 복지관을 같이 다니고, 운동도 함께하고. 그 덕인지 남편은 다시 생활에 활력을 찾았고, 외출에서 돌아온 후에는 그날 했던 활동이 이야깃거리가 되어 삶이 무료하지 않아 즐겁게 지낸다고 했습니다. 아내가 지혜롭게 남편의 은퇴 후 적응을 돕고 있었습니다.

이 사례와 같이 아내는 남편의 상황을 이해하고 적응을 도와주는 이해심이 필요하고, 남편은 집안에서 일정한 역할을 찾는 것이 중요합니다. 첫 번째 단계로 집에서 작은 일거리 찾기를 추천합니다. 집이란 소소한 일감이 많은 공간이므로 마음먹기에 따라 얼마든지 할 일을 찾을 수 있습니다. 퇴직했다고 뭐가 달라지느냐는 생각으로 과거와 똑같이 권위주의적으로 행동하면 서로 부딪쳐 힘들어질 뿐입니다. 가사는 아내 몫이라는 고정관념을 버립시다. 거꾸로 아내 입장에서 보면 평생 집안일을 해온 아내 역시 이제 집안일에서 퇴직할 때가 되지 않았을까요?

사람은 어디서든 일정한 역할을 할 때 소속감을 느끼고 제 몫을 할 때 유용감을 느낍니다. 가사는 단순 작업이 많으므로 쉽게 배우며 가정에서 일정한 몫을 한다는 생각에 소속감이 확실해집니다. 과거 틈틈이 가사를 도왔던 사람이라면 문제가 없겠지만 새로 발을 담그는 남편이라면 모든 일이 낯설 것입니다. 처음 배우는 사람이 다 그렇듯 아내는 남편에게 시도하고 실패할 기회를 허용하는 아량을 베풀어야 하며, 잘못해도 참고 기다려주는 인내심이 필요합니다. 대부분의 한국인은 은퇴 후 삶에 대해 생각해본 적도 준비한 적도 없다 보니 갑자기 변화된 상황에 예민해져 가족과 부딪치는 경우가 정말 많습니다. 혹시 자신이 돈을 벌지 못한다고 가족이 나쁜 대우를 하는 것은 아닌지 의심하지 말고 집에서 어떤 일을 하면 아내가 환영할지 찾아보는 지혜를 발휘하면 좋겠습니다.

은퇴는 남성에게 넘어야 할 산인 것 같습니다. 똑같이 직장을 다녔어도 여성보다 남성이 은퇴를 훨씬 심각하게 받아들입니다. 은퇴와 함께 사회적 지위를 잃는 데서 오는 상실감으로 정신적 충격에 빠지거나 아픈 사람도 생기더라고요. 은퇴를 억울하게 생각하기보다 소홀했던 가족관계를 돈독하게 하는 좋은 기회로 적극 활용하면 좋겠습니다.

덧붙여 하루 종일 집에서 부부가 시간을 보내려면 지루하고 힘드니 미리 취미활동을 알아보고 준비해야 합니다. 시간 있고 돈 있으면 할 것은 많다고 생각하지만 막상 닥치면 무엇을 할지 몰라서 우왕좌왕하게 됩니다. 이에 대해 전문가들은 최소 두 가지 이상의 활동을 은퇴 전부터 시작하라고 조언합니다. 한 가지는 혼자서 할 수 있는 독서, 글쓰기, 그림 그리기, 연주 같은 자기 계발의 정적인 활동, 다른 하나는 몸을 움직이는 운동 같은 동적인 활동. 두 가지를 다 하다가 어느 시점에 몸의 기능 저하로 동적 활동이 힘들어지면 그때부터는 정적인 활동이라도 해야 무료하지 않다는 것입니다. 어떤 활동을 하든지 배우자의 이해와 지지가 필수적입니다. 아무리 좋은 계획을 짰더라도 실천까지는 시간이 걸리고 완전한 적응까지는 더 긴 시간이 필요하므로 서로 격려하고 도움을 주려는 마음가짐이 중요합니다.

은퇴 후 삶의 질은 가족, 특히 부부관계에 얼마나 성공적으로 재적응하느냐에 달려 있다고 봐도 지나친 말이 아닙니다. 배우자와의 좋은 관계가 건강 증진과 수명 연장에도 도움을 준다는 것은 이미 널리 알려진 사실이니 애정과 신뢰를 굳히는 방법을 적극적으로 찾으면 좋겠습니다.

아내는 이런 남편이 좋다

우리나라 부부의 결혼 만족도를 보면 대체로 아내보다 남편의 만족도가 더 높으며, 다시 태어나도 지금의 배우자를 만나고 싶다는 사람의 수도 적지 않습니다. 아내들이 대부분 자신의 발전보다 남편의 사회적 성공을 중요시하고 뒷바라지하여 그런 결과가 나오는 것 같아요. 그러나 은퇴 후 아내의 생각은 좀 다릅니다. 한 집에 있어도 남편과 할 말이 없다고 말하는 사람의 수가 적지 않으며, 특히 60대 이후에는 결혼 만족도가 저하되고 심리적 거리도 멀어집니다.

이런 상반된 만족도는 이혼율에 그대로 반영되어 있습니다. 통계청의 '혼인이혼통계'를 보면 결혼생활 20년 이상의 황혼이혼율은 계속 증가세를 보이고 있으며 수그러들 기미가 없습니다. 2012년부터는 이혼율이 가장 높던 신혼부부 이혼율을 추월했으며, 전체 이혼부부 3쌍 중 1쌍이

황혼이혼 부부로 혼인기간별로 나눈 이혼율 중 최고의 이혼율을 보이고 있습니다.

이혼은 주로 아내 쪽이 원하나 최근에는 남편도 이혼을 요구하는 사람들이 늘고 있습니다. 그러나 여전히 대부분의 남성은 가능하면 현재의 결혼 상태를 유지하고 싶어 합니다. 아내와 자식이 포함된 가족 체계를 이상적으로 생각하고 그 안에서 평온을 느끼기에 '지금 이대로'를 바랍니다. 하지만 가족 체계를 유지하고자 하는 희망은 강력하나 노력에는 소홀한 편입니다. 유지하고자 희망한다면 유지하기 위한 노력이 따라야 하는데 말이에요.

남편이 은퇴한 가정의 아내들과 이야기를 나눠보면 은퇴 후 가장 먼저 부딪치는 것으로 가사 분담을 꼽습니다. 집이란 신경을 써야 할 것이 많아서 치워도 표시가 나지 않으며 안 치우면 더 표시가 나는 곳이지요. 그런데 남편은 놀면서도 가사를 거들지 않는다고 불만이 큽니다. 이는 한국여성정책연구원의 '2019년 여성가족패널조사'에도 그대로 나와 있습니다. 가사나 자녀 및 노부모 돌봄에 드는 시간의 총량이 아내가 남편보다 8.3배 많습니다. 아내 입장에서 보면 젊어서는 남편이 일하느라 가사를 도와주기 어렵다는 점을 이해했으나 은퇴 후 집에서 놀고 있으면서도 도와주지 않는다는 점은 분명 불만거리가 됩니다.

그다음, 아내는 남편이 퇴직을 하면 같이 취미활동이나 운동을 할 수 있기를 기대합니다. 그런데 남편은 종일 텔레비전 앞에서 앉아서 시간을 보내며 꼼짝하지 않아서 은퇴 후 삶에 대한 기대가 무너져 또 실망합니다. 또 세 끼 식사 준비에 대한 부담도 있습니다. 남성들은 집에서 밥 같이 먹는 것에 뭐 그렇게 스트레스를 받느냐고 하지만 아내의 입장에서는 반찬 한 가지라도 더 해야 하고 매끼 꼬박꼬박 제대로 된 밥상을 차려야 하는 데 부담을 느낍니다. 식사 후 설거지라도 도와주면 괜찮은데 그렇지 않으면 얄미운 생각이 드는 게 인간의 마음이에요. 몇 십 년을 같이 살았다 하여 얄미움이 줄어들지 않습니다.

아내가 불평하는 것 중에 어려운 것은 없습니다. 조금만 신경 쓰면 다 할 수 있는 일들인데 그런 사소한 일들로 갈등이 생기는 것은 안타까우며 남편들이 의식적으로 노력할 필요가 있다고 봅니다. 그런데 막상 그렇게 행동하는 남편들은 아내가 왜 그런 것들을 문제 삼는지, 그게 왜 중요한지 이해가 안 된다고 고개를 갸우뚱 합니다. 결국 서로의 입장 차이는 평생 한 것도 모자라 나이 들어서까지 남편 시중을 들어야 하느냐는 불만으로 이어지고 그러다 대화를 기피하며 각방 쓰기에 들어가게 됩니다.

부부가 갈등을 일으키는 요인은 평소 생활을 하면서 겪는 사소한 것들이 많습니다. 가정에 큰 문제가 발생하면 부부는 합심하여 위기를 극복하지만 평상시의 사소한 일들로부터는 스트레스를 많이 받아요. 누적된 스트레스는 부부 간 친밀도를 떨어뜨려 위기로 몰고 가기 쉽습니다. 그러니 스트레스 요인이라고 생각되는 부분은 서로 조심하고 예방하는 지혜가 필요합니다.

어느 여성이 하소연을 했습니다. 그녀는 시아버지와 함께 살고 있는데 다행히 시아버지가 며느리 말을 잘 따른다 합니다. 그녀는 매일 규칙적으로 운동을 시키고 있고 인지 기능 저하를 예방하기 위해 간단한 글쓰기 등의 과제를 내주며 야무지게 시아버지의 건강을 챙기고 있었습니다. 그런데 목욕이 문제입니다. 남편에게 목욕을 도와드리라고 하니까 아버지와 사이가 안 좋다는 이유로 거부하여 할 수 없이 아들이 해준다 합니다. 온종일 아무 일도 안 하고 집에서 놀면서 아버지 목욕도 안

시키는 것이 말이 되냐며 시아버지가 세상을 떠나면 바로 이혼하겠노라고 벼르고 있습니다.

황혼이혼이 활발해진 이유는 여성(남성)들이 자주적으로 삶을 살고자 하는 의식이 향상되기도 했지만 앞으로 살아야 할 기대여명이 적으면 20년 많으면 40년이 될지 모르는데 그 긴 기간 어떻게 지금과 같은 방식으로 계속 살 수 있느냐는 반발심도 있습니다. 어느 고령의 여성이 이혼을 청구하자 재판정에서 판사가 "나이도 많으니 그냥 봐주고 살지 그러느냐"고 하자 여성이 "하루를 살아도 나는 자유롭게 살고 싶다"고 말했다는데, 그 말의 의미를 잘 생각해봐야겠습니다. 여성은 행복한 삶을 살고자 결혼한 것이지 남편의 시중을 들기 위해 결혼한 것이 아닙니다. 아무리 이혼율이 높은 세상이지만 자신의 청춘을 포함한 이삼십 년을, 인생에서 가장 아름다운 시기를 바친 결혼생활을 쉽게 접으려는 사람은 없습니다. 그런 결정을 하기까지 분명 심각한 고뇌가 있다는 점을 주목해야겠습니다.

사랑 표현하기가 그렇게 힘들어?

우리나라 사람들이 일생에서 적극적으로 사랑을 표현하는 때가 언제일까요? 일생에 고르게 분포되어 있다기보다 일정 시기에 한정되어 있는 것 같습니다. 아기가 태어나서부터 초등학교 저학년까지는 귀여움으로 듬뿍 사랑받고, 연애를 하는 기간과 신혼은 구애를 하며 본능적으로 또는 이성에 대한 신선한 호기심으로 사랑을 적극 표현합니다.

가족은 어떨까요? 평소 가족을 안아주거나 따뜻한 말로써 사랑과 관심을 표현하는 사람도 있기는 하지만 많지는 않습니다. 가족은 우리가 가장 사랑하는 사람들이고 늘 우리 곁을 지키고 있으나 우리는 그들에게 감사나 사랑 같은 애정 표현을 잘 하지 않습니다. 자신의 감정을 드러내지 않도록 교육을 받았고 표현하는 훈련도 안 되어 있으며, 굳이 말하지 않아도 사랑한다는 것을 알아주리라 그저 굳게 믿고 살 뿐입니다.

우리나라 남성은 직장 위주로 살다가 은퇴 후 행동반경이 줄어들면 아내 의존도가 급격하게 높아지는 추세를 보입니다. 외출을 같이하려 하고, 심지어 형제들이 모이거나 부모님 집을 방문할 때에도 아내가 없으면 불안해합니다. 반면 여성은 갈수록 씩씩해집니다. 오라는 곳도 많고 갈 곳도 많으며 본인이 일하려고 마음먹으면 적은 수입을 벌 수 있는 일자리도 많습니다. 그런 차이로 인해 퇴직 후 다투는 부부가 많습니다. 소득 문제보다 부부 사이가 편안하지 않은 데 이유가 크지요. 좋아야 할 부부 사이가 의사소통의 부재로, 대화방식의 문제로 까칠하며, 한 집에 살지만 차라리 헤어지는 게 더 좋을 것 같은 집도 있습니다. 남편도 아내도 도저히 회복 불가능할 정도로 감정에 깊은 상처가 나 있습니다.

표현하지 않아도 알아줄 거야, 그런 건 없습니다. 지금 시대는 표현을 요구하며 표현해야 오해가 생기지 않고 사랑이 깊어집니다. 표현을 통해 상대가 나를 사랑하고 아낀다는 사실을 확인받으면 안심이 되고 신뢰가 깊어집니다. 일부 종교기관에서는 부부간 존중하는 대화법 같은 교육을 시키는데, 참 좋은 활동이라고 생각합니다. 무뚝뚝하며 부부간 대화를 낯설어하는 한국 부부들에게 더 많은 기관이 이런 프로그램을 진행하면 좋겠다고 희망합니다.

사랑한다는 말을 하거나 안아주기 등은 해보지 않은 사람에게는 대단히 쑥스러울 수 있지만 막상 해보면 별것 아닙니다. 뭐든 처음은 서먹하고 어려우나 눈 딱 감고 한 번 실천해보세요. 꼭 안아주며 사랑한다거나 고맙다고 하면 처음에는 놀랄지 모르지만 무척 좋아할 것입니다. '어머, 왜 안 하던 짓을 갑자기 해'라고 생각하면서도 가슴 두근거릴 수 있어요. 모든 인간관계가 그렇듯 가족관계 역시 적극적으로 말하고 표현하는 것이 사랑을 높이는 길입니다.

남성도 살림을 알아야

제가 사회복지사 실습 지도를 했던 실습생 중 한 명이 들려준 이야기입니다. 그녀는 노인 돌봄 분야에서 일한 적이 있는데, 맡은 일은 자신에게 배정된 독거노인이 잘 지내는지 안부를 확인하고 소속되어 있는 복지관에서 물품이 나오면 각 집으로 배달해주는 것입니다. 복지관은 후원금을 받아 적절한 곳에 지출하고 기부물품을 받아 필요한 사람들에게 배분하는 활동을 합니다. 기부물품에는 빵 등의 식품부터 비누 등의 일상용품, 주거환경 개선을 위한 겨울철 창문 보온 필름까지 다양합니다.

그중에서 자주 나오는 품목이 계란입니다. 노인 중에는 주거환경이 열악한 곳에 사는 사람이 많아 날씨가 선선한 계절에는 배달된 30개들이 계란 한 판을 출입구 근처에 두고 먹는 집이 많다고 해요. 계란을 문 앞에 놓고 먹으니 그 집에 출입하는 사람은 자연스럽게 계란 판이 눈에 들어오겠지요. 배달하고 일주일쯤 뒤에는 할아버지 집과 할머니 집이 너무 다르답니다. 할머니 집 계란은 반으로 쪼개져 있어요. 계란찜, 계란말이, 계란국 등으로 요리를 한 흔적이지요. 반면 할아버지 집 계란은 구멍이 뽕뽕뽕 뚫어져 있습니다. 요리를 못해 젓가락 끝으로 구멍을 내

빨아먹은 흔적입니다.

우리나라는 남성과 여성 간 성 역할 분담이 확실해서 남성 중에는 평생 부엌 근처에 안 가본 사람이 있고 요리는 더욱 모릅니다. 그러다 보니 나이 들어 아내가 아프거나 사별한 경우 당장 먹고 사는 것이 큰일인 사람들이 꽤 있습니다. 그래서 남성 노인 중에는 돈이 있는데도 영양실조에 걸리는 사람도 생깁니다.

어느 할아버지 집을 방문한 적이 있었습니다. 할아버지는 과거 공무원이었으며, 일부 재산은 아들 둘에게 미리 증여하고 나머지는 본인이 쓸 요량을 하고 있습니다. 커다란 시장 근처 본인 소유의 4층 건물에서 살고 있는데 각 층에서 월세를 받아 생활은 넉넉했습니다. 그런데 집안일이 문제였어요. 깔끔한 성격이라 청소는 잘하고 있으나 먹는 문제로 골머리를 앓고 있었습니다. 스스로 만들지 못해 홈쇼핑을 보다 입맛이 당기는 것 있으면 주문하거나 동네 시장에서 사다 먹는데 사 먹는 반찬은 몇 번 먹으면 질려 하루 세 끼 식사 챙기기가 여간 힘들지 않으며 식사 후 프라이팬 닦기 등 설거지도 아주 괴롭다고 하소연을 했습니다.

음식은 건강에 직결되기 때문에 식사를 제대로 챙기는 것은 매우 중요한 일입니다. 특히 나이 든 사람들은 세 끼 식사를 제대로 하느냐 그렇지 못하느냐에 따라 건강이 확연히 달라져요. 적절한 영양 공급은 신체적 건강뿐만 아니라 정신 건강을 유지하고 인지 능력을 가장 좋은 수준으로 작동하도록 돕지요. 모든 의학자와 영양학자가 질병을 예방하고 악화를 방지하는 가장 기본적 방법으로 운동과 함께 제시간에 적절한 음식물 섭취를 하도록 권유하는 것이 이런 이유입니다. 바른 식품 섭취는 신체 기능을 건강하게 유지시켜 의료비 지출을 줄이는 데 일조하므로 경제적으로도 도움이 되고 몸의 기능이 원활해져 삶의 만족도 면에서도 중요합니다.

우리나라의 여성은 결혼의 여부를 떠나 식품에 대해 일정 정도 지식과 상식을 보유하고 있어서 조리하는 데 큰 문제가 없습니다. 사서 먹더라도 탄수화물, 지방, 단백질, 비타민과 무기질 등 영양분의 균형을 맞추려 노력합니다. 그러나 남성은 식품과 영양에 대한 지식이 낮아 재료를 앞에 두고도 어떻게 조리할지 모르는 경우가 태반이며 어떤 것이 양질의 재료인지 판단 기준도 확실하지 않습니다. 과거 우리의 교육이 성별에 따라 여학생은 가사, 남학생은 기술로 양분하여 교육시켰기 때문입니다. 게다가 주방일은 남성이 해서는 안 되는 것이라 여겨 참여의 기회마저 막는 가정도 있었고요. 그 결과 대부분의 한국 남성은 가사를 아내에게 의존하다가 사별을 하거나 아내가 와병 상태가 되면 하루에 세 번의 식사를 어떻게 해결해야 할지 고민에 빠지게 됩니다. 이런 위험을 예방하려면 남성도 평소 살림 사는 법을 익혀서 최소한 본인의 건강을 챙길 수 있을 정도의 상식과 훈련이 필요합니다.

요즘 요리학원이나 국비 지원 훈련 과정의 요리 강좌는 장년의 남성들이 꽤 많다고 합니다. 평생 자신을 위해 요리를 해준 아내를 위해 대신 요리를 하겠다는 사람도 있고, 조리사가 되고 싶어 하거나, 이혼이나 사별로 혼자 사는 사람들이 늘어서 그러기도 해요. 어떤 이유에서든 자신의 밥 정도는 해결할 수 있는 능력을 갖추는 것이 좋겠습니다.

자식, 내려놓기엔 너무 아까운

　보통 사람들은 교육을 받으며 성장하여 취업을 하고 결혼하여 가정을 꾸리는 과정의 삶을 살아갑니다. 그 과정에서 우리나라 사람들이 가장 중요하게 생각하는 것이 아마 자식일 것입니다. 자식은 나보다 더 많이 교육 받아야 하고, 나보다 더 좋은 직장에 들어가야 하며, 나보다 더 나은 삶을 살아야 한다고 투자를 아끼지 않습니다. 권력과 재산을 가진 사람들은 자식이 대를 이어 부와 사회적 지위를 이어가도록, 그렇지 못한 사람들은 자신이 경험하지 못한 풍족한 삶을 누리도록 정성을 들입니다.

　그렇게 애지중지하며 공을 들였기에 우리는 자식에 대한 끈을 놓지 못합니다. 앞서 삶을 살아본 인생의 선배로서 좋은 길로 안내해야지 하는 안내자의 끈, 잘못을 하면 바로잡아주어야지 하는 교사의 끈, 돈이 없으면 보태주어야지 하는 후원자의 끈, 손자를 봐달라면 봐줘야지 하는 보모의 끈, 살림살이가 서툰 며느리 대신 반찬을 해줘야지 하는 가사도우미의 끈. … 우리는 이렇게 자식과의 사이에 온갖 종류의 끈을 거미줄처럼 설치해놓고 혹시 자식에게서 구조의 신호가 오는지 안테나를 세우고 삽니다. 어떻게든 자식의 삶에 관여하여 도움을 주는 부모가 좋은 부모라는 믿음을 포기하지 않습니다. 부모란 모름지기 험한 인생을 먼저 살아본 인생의 선배로서 피할 수 있는 위험, 겪지 않아도 될 상횡을 미리 일하내 자식에게 일러줌으로써 편안한 꽃길을 가게 하는 깃이라 믿습니다. 그래서 자식에 대한 관심의 끈을 놓을 수 없습니다.

진짜 거미는 생존을 위해 거미줄을 치지만 우리는 부모 노릇을 위해 쳐놓은 거미줄에 스스로가 걸려 옴짝달싹 못하고 목이 졸리기도 합니다. 부모 혼자 걸리면 그래도 나은데, 사랑하는 자식까지 얽어매게 될 줄 모른 채 말이에요.

자식은 부모에게 어떤 존재인가

자식에게 공을 들인다는 것은 무엇일까요. 건전한 양육을 위해 사랑과 관심을 쏟는 외에 지출의 순위를 결정할 때 자녀와 관련된 항목을 최우선으로 한다는 의미도 포함되겠지요. 부모가 벌어들이는 월수입이라는 한정된 재원 안에서 자녀에게 들어가는 공교육비, 사교육비, 의류비, 통신비 등을 우선적으로 지출하여 공부를 잘하도록, 친구들 사이에서 기죽지 않도록, 필요로 하는 것들을 최대한 누리도록 배려합니다.

그러므로 보통 가정에서의 왕은 자녀입니다. 이들이 시험을 치를 때가 되면 다른 가족들은 숨죽여 지냅니다. 텔레비전 시청은 당연히 금지이며, 혹시 몸 상태가 나빠 시험을 망칠까봐 눈치 보기 바쁩니다. 우리는 이렇게 물심양면으로 자식에게 몰입하며 소중한 자식들과의 끈을 영원히 유지하고 싶어 합니다. 엄청난 투자를 하며 목을 매고 살았는데 포기란 있을 수 없지요.

자식이 어른이 된 후에도 부모는 여전히 자식의 삶이 순탄하도록 눈을 부라리며 관찰합니다. 그리고 만약 장애물이 나타나면 앞장서 그 장애물을 격파하고 싶어 해요. 그러는 일련의 과정에서 부모는 자연스럽게 자식과 한 몸이 되어갑니다. 당연히 자식이 없는 삶은 상상하기 힘들어집니다. 그러다 혹시 자식과의 관계가 멀어지면? 그것은 완벽한 패배와 같습니다. 삶을 살아가는 과정 중에 발생할 수 있는 평범한 패배가 아니라 일생일대 최대의 패배가 됩니다. 그것뿐인가요. 부모는 멀어진 자식에 대한 배신감으로 몸을 떱니다. 가장 좋아야 할 관계가 가장 받아들이기 어려운 관계로 변질되는 순간입니다.

어린 자식은 부모의 눈치를 보지만 다 큰 자녀를 둔 집은 부모도 눈치를 봅니다. 어른이 되어 경제력을 갖추니 만만하지 않고 상대하기가 어렵습니다. 물리적인 힘으로도 경제력으로도 부모를 능가하여 든든하면서도 조심하게 됩니다. 다 큰 자식은 어떤 부모를 좋아할까요? 주위 사람들에게 물어보면 간섭이나 잔소리 대신 용기를 북돋워주는 부모가 좋다고 합니다. 잘하는지 지켜봐주고 윽박지르는 대신 잘 들어달라는 말이네요.

저는 일을 하면서 다양한 사람들을 만나는데 그중에는 자녀와 불화를 겪는 부모들이 꽤 있습니다. 어떤 특별한 잘못 없이 그런 집도 있지만 그보다는 부모에게 원인이 있는 경우가 훨씬 많습니다. 부모가 자식에게 보이는 바람직하지 않은 행동 패턴은 다양합니다. 끊임없이 불평을 늘어놓는 사람도 있고, 성격이 강하여 자식을 그냥 두지 못하는 사람도 있으며, 또 어떤 사람은 간섭도 심합니다. 그러면 자식이 좋아할까요? 여전히 부모가 무서울까요? 어렸을 때처럼 참고 순종하기만 할까요?

우리는 자식에 대한 끈을 놓지 못하고 어떻게든 도와주는 것이 부모노릇이라고 집착합니다. 이론적으로는 그런 행동들이 자식의 진정한 독립을 막고 영원한 마마보이 또는 파파걸을 만든다는 것을 알면서도 자신의 집은 예외라고 생각합니다. 하기는 싫지만 자식이 잘 되려면 어쩔 수 없다고 합리화도 하지요.

그런데 그렇게 행동하는 부모들은 정말 100퍼센트 순수한 마음일까요? 아무런 대가 없이 그저 자식이 잘 살도록 돕고 충분하다 싶으면 그 자체로 만족할까요? 물론 그런 사람도 있지만 경제적 지원과 도움을 통해 계속 자식을 지배하고 소유하고 싶어 하는 사람도 적지 않습니다.

인간이 부모로부터 독립하는 시기는 사춘기입니다. 사춘기는 부모도 힘들지만 부모와 충돌하고 방황하는 자녀 역시 괴로움이 큰 시기입니다. 괴롭지만 그 과정을 거치는 이유는 그렇지 않으면 부모로부터 분리되어 정신적 독립을 이루기가 어렵기 때문입니다. 부모 입장에서 보면 어린 아기 때부터 사랑을 주고 키워온 자식을 계속 곁에 두고 싶은 마음을 억누르고 분리시키기가 쉽지 않고, 자녀 역시 독립을 이루는 것에 큰 용기가 필요합니다. 그래도 그때 자식을 마음속에서 떠나보내야 하는데, 미련 많은 우리 부모들은 늦은 나이까지 데리고 있다가 마지못해 내보내는 사람이 대부분입니다.

제 시기를 놓친 것은 대부분 어떤 형식으로든 대가를 치릅니다. 자녀는 완벽한 정신적 독립을 이루지 못하고 미성숙한 채로 부모를 떠나고 부모는 떠나간 자식을 자신으로부터 완전히 분리시키지 못하고 미련을 둡니다. 그래도 그렇게라도 떠나면 다행인데, 아예 독립을 포기하고 부모에게 찰싹 달라붙어 평생 살기도 해요. 적당한 시기에 독립시키지 않으면 나이 들어갈수록 의존성이 증가하고 그 생활에 익숙하여 평생 머물려는 유착이 발생합니다.

모든 부모는 자식과 좋은 관계를 원합니다. 좋은 관계란 한쪽이 다른 쪽에게 주기만 하는 일방적인 것이 아니라 쌍방이 독립된 개체의 지위로 상호 교류하는 건강한 관계를 의미합니다. 비록 내가 낳고 기른 자식이지만 나의 소유물이 아니라 독립된 인간으로 그 사람의 모든 특성을 온전하게 받아들인다는 말이지요. 그러면 타인과의 관계에서 내 주장만을 하기 힘든 것처럼 자식과의 관계에서도 서로를 존중하고 배려하게 됩니다.

『나를 아프게 하는 사람은 버리기로 했다』의 저자 양지아링은 인간관계를 가느다란 밧줄 위에서 줄타기를 하는 것에 비유합니다. 관계가 잘 유지되려면 한 걸음 내딛을 때마다 조심스러워야 하고 균형을 유지해야 한다고 강조합니다. 그런 조심성은 가족 사이에도 당연히 적용되어야 마땅합니다. 자식이 성인이 되었으면 자식에 대한 일방적 환상을 버리고 부모와 대등한 인격의 독립된 인간으로 수평적으로 바라보고 존중해야겠습니다.

이제는 부모 역할을 내려놓아도 된다

중풍으로 신체의 일부가 마비되거나 질병으로 실행 능력이 저하되면 예전에 수행했던 일을 제대로 해내지 못하게 됩니다. 중병이 아니어도 연령이 높아지면서 몸을 쓰기가 불편하고 힘이 없어지는 경우도 흔하고요. 그런데도 불구하고 가족 내에서 여전히 과거와 똑같은 역할을 하고자 애쓰는 사람들이 있습니다.

70대 중반인 최모 할머니는 중풍으로 신체의 반이 마비된 상태로 남편의 수발을 받고 있습니다. 쾌활한 성격이었지만 걷지 못하게 된 이후 우울증이 생겼고 혼자 힘으로 일상생활을 해내지 못하므로 장기요양등급을 받아 방문요양 서비스를 받고 있습니다. 할머니는 1남2녀를 두었는데, 특히 아들에 대한 사랑이 깊어 가까운 곳에 아파트를 사주고 아프기 전까지 자주 드나들며 집안일을 해주고 손자들을 돌봐주었습니다. 맞벌이하는 며느리를 위해 반찬을 해서 날랐고 김장도 도맡아 했어요. 아들이 결혼한 이래 지금까지 그래왔으므로 할머니는 중풍으로 몸을 자유롭게 쓰지 못하게 된 지금도 아들 집을 도와야 한다는 생각에 변함이 없습니다.

할머니는 지금 혼자 힘으로는 세면 정도만 가능할 뿐 옷을 갈아입고 목욕을 하는 것 등에서 모두 다른 사람이 도와야만 합니다. 그런 상황에서도 할머니는 어머니의 역할을 포기하지 않으려 집착하며 그러한 일을 요양보호사에게 요구합니다. 요양보호사는 환자 당사자만을 위해 일을 하는 것으로 업무 범위가 정해져 있는데, 가사에 대한 요구가 과다하게 쏟아지므로 갈등이 생기는 것은 피할 수 없습니다. 그런 문제로 요양보호사가 자꾸 바뀌니 할아버지는 혼란스러워하며 아내에게 화를 내기에 이르렀습니다.

과거에 자신이 하던 일을 더 이상 할 수 없는 상황이라면, 특히 신체 기능의 문제로 더 이상 어떤 일을 해내는 것이 불가능하다면 포기하는 것이 마땅합니다. 몸의 한쪽이 마비되어 스스로 일상생활을 해내기조차 어려운 부모에게 전과 동일한 가사 지원을 요구하거나 기대할 자식 또한 없을 것이고요. 어느 누구도 그 사람에게 과거와 같은 역할을 요구하지 않는데 오직 본인만이 포기하지 않고 집착합니다.

스스로 일을 할 능력을 상실했는데 왜 과거와 같이 계속 자식을 도우려 고집을 부릴까요? 왜 포기하지 못할까요? 할머니가 오랫동안 아들 집에 반찬을 만들어주었던 것은 그 일이 좋아서라기보다 어머니의 역할을 중요하게 생각해서입니다. 긴 세월 자식들에게 밥과 반찬을 해 먹이면서 존중과 사랑을 받던 자상한 어머니의 역할을 포기하지 못하고 있는 것이에요. 할머니는 가족 내에서 영원한 어머니의 상을 그리며 그 역할을 계속 해내야 한다고 집념을 갖고 있습니다. 그것이 자신이 가족 안에서 존경받는 길이라고 생각하므로 그 일은 그만두어서는 안 되며 어떤 대가를 치르더라도 계속 해야 하는 것으로 인식하는 거지요. 그러다 보니 다른 누군가의 손을 빌려서라도 해내려고 무리를 합니다.

이런 생각은 부모와 자식 사이의 유대감을 강화하고 관계를 단단하게 해주기도 하지만 갈등을 일으키는 요인이 되기도 합니다. 자식은 이미 성장하여 더 이상 부모의 도움이 절실하지 않습니다. 도와주면 본인이 직접 해야 하는 수고를 덜 수 있어 이롭긴 하지만 생존에 꼭 필요한 필수적인 지원은 아니에요. 만약 부모가 돕지 않는다면 그들 나름대로 다른 방법을 찾아 불편 없이 살아갈 것입니다. 퇴근 후 집에 돌아와 좀 더 부지런히 움직여 그 공백을 메울 수도 있고, 가사도우미의 도움을 받거나, 그것도 여의치 않으면 반찬가게에서 마음에 드는 반찬을 사 먹을 것입니다. 즉 부모의 도움이 있으면 좋지만 없다고 해도 살아가는 데 전혀 지장이 없어요.

명절이 끝나고 자녀들이 집으로 돌아오는 노선의 고속도로 휴게소와 국내선 공항의 쓰레기통에는 그들이 버린 음식을 어렵지 않게 찾아볼 수 있습니다. 부모는 자식의 살림에 도움이 될 것으로 생각하고 바리바리 싸주는데 성의를 봐서 마지못해 들고 온 자식들이 중간에 필요 없다고 버리는 겁니다. 젊은이들은 일방적으로 해주는 음식보다 자신들이 스스로 선택한 음식을 훨씬 더 좋아합니다. 자녀의 의사는 무시한 채 부모의 생각이 앞서서 음식을 하느라 고생, 버려서 자원 낭비인 일은 이제 그만하는 것이 좋겠습니다. 그리고 무엇보다도 스스로 더 이상 과거에 하던 일을 해낼 능력이 안 되면 조금도 주저하지 말고 포기하는 것이 맞습니다. 자식의 입장에서도 마음이 편하지 않을 테니까요.

부모가 흔히 하는 오해 중 하나는 '내가 없으면 자식의 집이 제대로 돌아가지 않는다'인데, 이것은 절대 오해입니다. 부모의 도움이 없어도 자식의 집은 잘 돌아가며 간섭이 없으면 오히려 더 잘 돌아갑니다.

내가 너를 어떻게 키웠는데

집착과 간섭은 건강한 인간관계를 해칩니다. 아무리 낳아서 키운 자식일지라도 성인이 되면 그들의 삶은 그들 몫이므로 부모는 물러서야 합니다. 자녀가 성인이 되었는데도 끊임없이 간섭하는 부모들이 있습니다. 이들이 갖는 공통적인 생각은 자식은 아직 미숙하기 때문에 부모가 지도를 해야 한다는 것입니다. 재산을 어떻게 형성할지 노하우를 전수해야 하고, 인간관계를 어떻게 풀어나가야 할지 조언해야 하며, 살아오면서 쌓은 자신의 유용한 경험을 수시로 들려줘 실수를 막아야 한다고 생각합니다. 그래서 포기하지 않고 집요하게 자식의 삶에 개입하여 이런저런 간섭을 합니다.

하지만 이제는 부모가 물러설 때입니다. 행여 부모의 눈에 자식이 부족해 보여도 부모가 성인 자녀를 교육시키고 보완하기는 너무 늦었습니다. 부모가 자신의 삶을 개척했듯 자식들의 삶 역시 그들 몫이므로 부모는 그들의 삶에서 물러나야 마땅합니다. 다 큰 자녀 일에 나서서 이래라 저래라 잔소리하는 것은 '너는 혼자서 살 능력이 없으니 내가 지도를 할 수밖에 없어' 하는 것과 같으니 자식의 능력을 무시하는 것입니다. 그러니 자식의 입장에서는 결코 기분이 좋을 수 없습니다. 필요한 것이 있다면 스스로 알아서 배우며 살아갈 것이니 "나는 너를 믿는다. 우리 아들은 잘 할 거야"라는 말과 믿음으로 충분하다고 생각해야 합니다.

인간은 누구나 시행착오를 거치며 성숙하고 실패를 겪으며 지혜로워집니다. 그러므로 자식에게도 실패하고 아플 기회를 주어야 합니다. 실패나 좌절은 보기에 안쓰럽지만 장기적으로 보면 교훈을 얻어 같은 실수를 방지하게 하고 사람을 단단하게 성장시키는 효과가 있습니다. 꼭 겪어야 하는 과정이므로 자식이 성인이 되었다면 자주적으로 살아가도록 내버려두세요. 혼자 해결하려고 애쓰다 어쩔 수 없어 도움을 요청하면 그때 나서도 늦지 않으며, 그때도 과하지 않게 적당한 수준에서 조언하고 스스로 해답을 찾도록 여지를 남겨두는 것이 좋습니다. 자식의 인생이니 스스로가 결정권을 행사하는 것이 마땅하며 부모는 자식이 바른 결정을 내리도록 돕는 정도면 충분합니다. 그것이 각자의 인생을 책임지는 방식입니다. 혹시 자녀가 부모의 조언을 받아들이지 않았다 해도 서운해 할 것 없습니다. 부모에게 의지하지 않고 자신의 길을 개척해가니 오히려 자랑스럽게 생각해야 합니다.

쓴소리를 더 해볼까요? 부모 중에는 자식을 본인이 노력한 결과물로 보는 사람들이 있습니다. '내가 좋은 학원을 보내서 네가 좋은 대학에 들어갔고, 좋은 대학에 들어간 덕에 좋은 직장에 들어간 것이며, 네가 좋은 집에서 잘 살고 있는 것도 다 내 덕이다.' 이런 심리에서 자식이 기대에 못 미치면 "내가 너를 어떻게 키웠는데…"라고 원망합니다. 하지만 이런 말은 부모와 자식 모두에게 적잖은 상처를 남깁니다. 그런 말을 하는 부모의 심리를 보자면, 자신은 희생을 한 가엾은 희생자이며 자식은 배은 망덕한 수혜자입니다. 양측을 선과 악으로 나누는 이분법적인 양자 대치 구도와 뭐가 다르겠습니까. 이런 말을 들었을 때 착한 자식은 더 잘하지 못한 데 죄책감을 느끼겠지만 그렇지 않은 자식은 "누가 낳으라고 했어"라고 받아칠 수도 있습니다.

노인 중에는 이런 생각으로 서운해 하는 사람들이 많습니다. 먹을 것 아껴가며 대학 보내고 집 사줬더니 아픈 부모를 나 몰라라 한다. 저만 생각하고 고생하며 키웠는데 대우가 이게 뭐냐. 그때 그렇게 고생 안 했으면 내 몸이 이렇게 아프지 않을 텐데 억울하다. 노인들은 이런 생각에 잠겨 없는 병도 생깁니다.

이 할머니는 남편과 사별 후 시골에서 농사를 지으며 힘들게 자식들을 대학에 보냈습니다. 이후 큰아들이 외국에서 박사학위를 받고 교수가 되자 할머니는 농사를 접고 큰아들과 살러 올라왔습니다. 시골에서 더 살아도 되지만 동네 사람들이 아들이 큰 대학의 교수가 되었는데 왜 농사지으며 고생하느냐고 수군거리는 소리가 부끄러웠던 것이지요.

할머니는 서울에 올라오면 "그동안 우리 어머니 고생하셨다"는 위로를 받으며 호강할 줄 알았는데 막상 아들은 어머니를 거들떠보지 않았고 한 집에 살면서도 얼굴 보기도 쉽지 않았습니다. 이에 할머니는 '내가 이러려고 허리띠 졸라매고 고생했나' 하는 억울한 생각에 수시로 병이 나 며느리만 곤란해졌습니다.

우리는 물심양면으로 자식을 도우며 지나가는 말처럼 "둘이 잘 살면 됐어"라고 하지만 실은 마음 깊은 곳에 유형·무형의 보상을 바라는 심리를 숨겨두고 있다는 것을 인정해야 합니다. 그동안 들인 노고를 인정하여 자주 고마움을 표현해주기를, 나아가 미래에 자신을 부양해주기를 바라는 마음을 가지고 있다는 점을 솔직하게 인식해야 합니다. 자식에게 잘해준다는 것은 시간, 에너지, 돈 같은 소중한 자원들을 자신을 위해 쓰는 대신 자식에게 투자하는 것이므로 대가를 바라는 것은 인간의 자연스러운 심리이나 거기서 끝나야 합니다. 그렇게 대가를 요구한다면 주었다가 뺏는 것과 무엇이 다르겠습니까.

대가를 바라는 부모는 자식에게 큰 부담입니다. 마치 빚을 진 채무자처럼 키워준 부모의 은공을 갚아야 하고, 왠지 부모를 떠나서 독립하면 안 될 것 같은 심리적 구속감과 압박감까지 느끼게 됩니다. 이것이 진정 부모가 바라는 것일까요? 자식에게 빚의 덤터기를 씌우고 부모에게 옭아매기 위해 이제까지 잘해준 것일까요?

부모의 입장에서 자식에게 건 기대가 충족되지 못하면 무엇을 해도, 무엇을 경험해도 즐겁기 힘듭니다. 심하면 인생을 실패했다고 후회도 합니다. 그러나 엄밀하게 말하자면 우리는 각자 할 일을 한 것뿐입니다. 최선을 다해 자식을 돌보는 것은 부모에게 부과된 도덕적 책임이자 의무이므로 마땅히 할 일을 한 것으로 생각하고 마침표를 찍어야 합니다. 그리고 나아가 부모를 책임질 사람은 부모 자신이지 자식은 아니며, 부모의 외로움과 공허함 역시 부모 스스로가 감당해야 할 몫으로 수용해야 합니다.

자식에게 바라는 바가 있는데 충족되지 못하면 서운한 마음이 듭니다. 고생하며 성공시켰는데 마땅한 보상이 주어지지 않거나 주어졌어도 바라는 수준에 미달한다면 서운하고 슬퍼집니다. 자연스럽게 희생했던 지난 삶에 대한 후회도 따라오고요. 이런 감정은 시간이 흐르면서 원망으로 변하여 부모-자식 사이가 남보다 못하게 됩니다.

바람이 채워지지 않으면 부모도 힘들지만 해주지 못하는 자식도 편하지 않습니다. 반면 이런 바람이 없으면 작은 것에도 고맙게 생각할 것이고 서운한 마음이 없으므로 원망도 없을 것입니다. 바라는 바가 없다면 오면 반갑고 맛있는 밥을 사주면 행복하고 용돈을 받으면 또 흐뭇할 것이니 결국 부모의 만족감은 전적으로 자신의 생각하기에 달려 있습니다. 즉 자식이 효자·효녀가 되고 안 되는 것은 부모가 생각하기 나름입니다.

모든 부모는 자식이 제 삶을 당당하게 살아가기를 염원합니다. 그러자면 정신적·경제적 독립이 필수입니다. 돈을 벌어도 부모에게 정신적으로 종속되어 있다면 이는 진정한 독립이 아니며 결혼 후 가정이 불안해질 불쏘시개로 작용할 여지가 높습니다. 자식의 삶이 불편해지더라도 효도하기를 원하나요, 아니면 부모에게 조금 부족해도 자신의 삶을 문제없이 살아가는 것이 좋은가요? 후자를 택하는 부모가 훨씬 많을 것이라 생각합니다. 그러니 부모는 마음을 비우고 기대를 낮추는 것이 좋습니다. 자식이 오면 반갑게 맞고 안 오면 무탈하여 소식이 없으니 좋다고 생각합시다. 그러면 마음이 편안하므로 보러 오는 자식도 부담이 없어 자주 올 것입니다.

따로 또 같이의 삶

정신과의사였던 이근후는 『백 살까지 유쾌하게 나이 드는 법』에서 한 건물에서 17년 넘게 3대 13명이 모여서 살아가는 방식을 소개합니다. 각 가정이 부담하고 있는 어려움과 위험을 줄여보고자 한 건물에 모여 살기 시작했는데, 살아보니 좋은 점이 많다 합니다. 가족이 많으니 누군가 어린아이들을 돌봐줄 수 있고, 위기 상황에서 일사불란하게 움직여 생명을 구한 적도 있다 합니다. 가족이 모여 삶으로써 위험은 분산시키고 사회적 안전망의 기능은 강화한 좋은 사례인 것 같습니다.

대신 전제조건으로 철저한 독립성의 보장을 강조했습니다. 한 건물에서 살지만 오라는 말이 없으면 절대 방문하지 않으며, 출입구를 별도로 내고 현관 비밀번호를 공유하지 않는다 합니다. 서로 간섭하지 않으므로 각 가구는 부모나 형제들에게 신경 쓰지 않고 자신들의 삶을 원하는 방식대로 살아갈 수 있습니다. 각 가족의 독립성은 보장하되 가족이 가진 지식과 에너지 자산을 최대한 공유하고 활용하는 좋은 삶의 방식입니다.

한국인이라면 누구나 한 번쯤 이런 삶의 방식을 꿈꿔봤을 것입니다. 이상적인 삶의 방식이긴 하지만 실천 가능한 사람은 소수겠지요. 현실적으로 며느리나 사위를 본 사람 중 동거하거나 같은 건물에 사는 사람은 드뭅니다. 사람들에게 결혼한 자녀들 집에 자주 가느냐고 물으면 "오라고 하기 전에는 가지 않는다"는 대답이 대부분입니다. 손자 양육 문제로 도움이 필요한 경우에도 가까이 살면서 도와주는 정도이지 합가를 원하는 사람 역시 많지 않습니다.

자식보다 부모가 더욱 적극적으로 따로 살기를 원하기에 요즘엔 수정확대가족이 많습니다. 부모와 자식이 가까운 곳에 살면서 왕래하며 도움을 주고받는 형태를 말합니다. 주거지가 분리되니 우선 시각적으로 거리감이 있어서 자유로움을 느끼면서도 필요할 때 신속하게 달려가 도움을 줄 수 있어서 부모와 자식 양자에게 만족스러운 주거 형태로 인정받고 있습니다. 한 집에 살면서 부딪치는 대신 가까운 곳에 살면서 서로 돕는 새로운 삶의 방식이 자리를 잡았습니다.

세상에서 가장 사랑하는 부모와 자식 사이지만 그 사이에는 서로 넘지 말아야 할 선이 있습니다. 바로 독립적으로 삶을 살아가고 서로의 삶을 존중하는 것입니다. 부모는 자식의 의사결정을 존중하고 자식의 삶의 방식을 이해할 때, 자식은 부모를 존경하고 배려할 때 집안이 편안합니다. 자신의 삶이 허무하고 허전하다 하여 그 공백을 자식의 효도로 채우려는 욕심을 내지 않았으면 좋겠습니다. 과거를 되돌아보니 고생뿐인 가시밭길이었다 할지라도 어쩌겠습니까. 억울해하지 말고 열심히 살아온 것에 만족하고 자신의 과거를 자녀로부터 보상받으려 시도하거나 멍에를 씌우지 않았으면 좋겠습니다. 부모와 자식이 정신적으로 분리되지 않으면 마치 머리 둘 달린 한 몸처럼 분리되려고 아우성치지만 결코 서로에게서 벗어나지 못하는 고통만 따릅니다.

비교는 누구나 기분 나쁘다

이러저러한 이유로 부모와 자식 사이가 나쁜 사람들은 서로를 비난하고 원망합니다. 이 경우 패자는 대부분 노인입니다. 살아가는 데 큰 문제가 없다 할지라도 자녀들이 찾아오지 않으면 노인은 패자가 됩니다. 자녀는 부모가 아니어도 사회활동으로 바쁘고 같이 어울릴 사람들이 많지만 노인은 찾아오는 사람 없는 적막 속에서 외로움에 떨기 때문입니다.

노인들이 흔하게 저지르는 잘못 중 하나는 다른 집과 우리 집의 비교입니다. 친구의 자녀들은 죄다 효자인데 우리 집은 아니라고 불평합니다. 우리 속담에 다른 사람의 떡이 더 커 보이고 영어에도 옆집 잔디가 더 푸르게 보인다는 말이 있는 걸 보면 인간은 자신이 가진 것에 만족하기 힘든 것 같습니다.

'엄친아'라는 단어가 유행하고 있습니다. 능력이나 외모, 성격, 집안 등 모든 면에서 완벽한 남성을 뜻하는데, '엄마 친구의 잘난 아들'의 의미로도 통용되고 있습니다. 엄마 친구의 아들은 어떻게 그렇게 똑똑하고 잘났길래 일류 대학을 단번에 들어가고 좋은 직장도 척척 들어가는 걸까요. 우리 모두가 소망하는 바를 쉽게 이루어낸 사람들을 부러워하며 만들어낸 신조어겠지요.

엄친아는 노인들에게도 그대로 적용됩니다. 노인 부모는 자주 다른 집의 효자·효부를 입에 올리고 부러워합니다. 누구 집의 아들은 부모를 떠받들고 산다더라, 어느 집의 며느리는 하루에 한 번씩 전화하고 매주 반찬해서 들린다 하더라 등 노인들의 친구 집 부러움은 끝이 없습니다. 노인들은 그런 이야기를 마땅한 효의 기준으로 삼고 기준에 미달하는 본인 자식들에게 많이 서운해 합니다.

노인들에게 엄친아는 누구일까요? 아들, 딸, 며느리, 사위겠지요. 부모에 대한 효와 노인 공경사상이 아직도 남아 있는 우리 사회에서 지극한 효를 행하는 사람은 물론 존재하며 이들은 칭찬받아 마땅합니다. 하지만 과거에 비해 수적으로 대폭 줄었으며 각자가 처한 여건상 지금은 그런 효를 행하기가 쉽지 않습니다. 그들 역시 삶을 살아야 하므로 일방적으로 그런 효를 강요할 수도 없을 뿐만 아니라 하면 좋지만 안 해도 비난하기 힘든 세상이 되었는데도 노인들은 여전히 그런 효에 대한 환상을 버리지 못하며 환상과 현실 사이의 격차에 괴로워합니다.

직업상 노인들의 집을 자주 방문하는 저는 자연스럽게 그들의 삶을 관찰할 기회를 갖는데, 그들 중 이런 극진한 효를 경험하는 사람은 극소수이며 대부분은 자녀가 올 날을 손꼽아 기다리는 편입니다. 자식이 온다고 해도 오래 머무는 사람은 많지 않습니다. 식사를 사주고 가거나 서

너 시간 정도 시간을 같이 보내고 가거나 병원에 데리고 가는 게 대부분입니다. 이들 중에는 나이 든 부모를 직접 돌보지 못하는 것을 안타까워하며 필요한 것을 챙겨주러 오는 사람도 있지만 마지못해 오는 사람도 있으며, 자녀와 한 집에서 산다고 지극한 효도를 받는 것도 아닙니다. 이른 아침 직장을 나가 저녁 늦게 돌아오기 때문에 주말에는 방해받지 않고 쉬기를 원하거나 결혼식 등 행사가 있어서 부모에게 충분한 시간을 할애할 정도로 마음의 여유가 넉넉하지도 않습니다.

대부분의 사람들에게 엄친아는 공허한 단어입니다. 잘 나가는 자식이 많지 않듯 효자와 효부 역시 드뭅니다. 효에 대한 바람은 우리 마음속에 남아 있지만 실천하기 힘든 세상이 되었음을 인정하고 받아들여야 합니다.

그러기 위해서는 우선 부모가 다른 집 자식과 내 자식을 비교하는 것은 절대 하지 말아야 하겠습니다. "얘, 송파 사는 내 친구 아들 말이야, 이번에 부모들 중국 여행 보내줬단다. 평소에도 용돈을 듬뿍 준다는데 그 친구는 도대체 무슨 복을 타고 태어나서 그런 호강을 하는 거냐." 자식은 그 말을 어떻게 해석할 수 있습니다. '뭐야, 그럼 나는 안 해 드린다는 이야기인가? 매달 용돈 드리고 전번 태국 여행 보내드린 건 다 어디 갔어. 우리 부모는 내가 한 것은 하나도 인정해주지 않네. 그럼 앞으로는 더 이상 애쓸 필요가 없겠네.' 더 잘해야겠다는 반성보다 반발심이 앞설 수 있습니다. 나름 부모에게 신경 쓰고 있는데 그렇게 비교 당하면 그동안의 노력이 물거품이 되는 것 같아 씁쓸하고 서운한 생각까지 듭니다.

자식끼리의 비교도 삼가야 합니다. 어렸을 때는 부모의 도움과 보호가 절대적으로 필요하므로 부당하다고 생각해도 어느 정도 불이익을 감수합니다. 하지만 성인이 된 자녀는 독립적으로 경제활동에 참여하면서 사회적 위상이 높아졌을 뿐만 아니라 부모와 견주어 물리적인 힘으로도 밀리지 않습니다. 사회에서 당당하게 활동하고 인정받는 성인인데 아무리 부모일지라도 자신을 다른 형제와 비교하고 부족하다고 나무라면 대단히 기분 나쁘고 자존심이 상합니다. 다른 형제들과의 비교는 질투와 경쟁심을 유발해 효도로 이어지기도 하지만 빈도가 잦거나 지나치면 역효과를 내 부모에 대한 반발심이 생겨서 무관심으로 이어질 가능성도 있습니다.

또 다른 사람에게 자식 자랑을 하는 것도 자제하면 좋겠습니다. 노인들은 자식 자랑을 많이 합니다. 부모와 자식이 분리되지 않은 가족집단주의에 갇힌 우리는 자식의 성공과 부모의 성공을 동일시하는 경향이 강합니다. 자식의 성공이 곧 부모의 성공으로 통하는 사회 풍토 속에서 자식의 성공은 부모의 사회적 지위까지 상승시키는 효과를 내기 때문입니다. 그래서 부모들은 서로 자기 자식이 잘났다고 우기며 효를 과장하고 없는 이야기를 만들어내기도 합니다.

그런 과정에서 제대로 효도를 받지 못하거나 내세울 것이 없다고 생각하는 사람들은 기가 죽습니다. 반면 자식 자랑으로 동료 노인들 사이에서 자신의 지위가 상승하는 효과를 확인한 노인은 계속하여 자식 자랑을 하며 다른 노인들에게 자신의 우월적 존재감을 각인시키려 합니다. 그러나 이런 잘난체하는 행동은 노인들 사이에서 같이 어울리기 불편한 사람으로 인식될 위험이 있다는 점을 기억해야 합니다.

부모에게도 자식의 사랑이 중요하다

몸이 쇠약해지는 노인은 점점 자신감을 잃고 수동적이 되며 의존성이 높아져 가족의 관심과 사랑을 절실히 필요로 합니다. 기억력이 자꾸 흐려지고, 작년보다 올해 몸에 힘이 더 없고, 걸을 때 자꾸만 다리가 꼬이고 힘이 빠져 주저앉으려 하면 이렇게 살아서 뭐 하나 하는 슬픈 생각에 우울증도 쉽게 걸립니다. 이때 필요한 것이 자식의 사랑입니다. 나이 든 부모가 가장 보고 싶어 하고 그리워하는 사람은 친구나 친척이 아닌 자식입니다. 바로 그런 맥락에서 요양원에 입소한 노인 중 어깨에 힘주는 사람은 자식이 자주 면회 오는 사람일 가능성이 매우 높습니다. 이렇게 노인에게 자식은 가장 큰 자랑거리입니다.

그러나 유감스럽게도 자식의 사랑은 저절로 오지 않습니다. 부모와 어린 자녀 사이에는 대부분 무조건적인 사랑이 존재하지만 나이 든 부모와 성인 자녀 간에는 꼭 그렇지 않습니다. 만약 친밀한 애정관계가 형성되어 있다면 자식의 입장에서 부모가 젊은 날 가족을 위해 헌신했던 공을 인정하고 좋은 기억을 유지하고 있는 상태일 가능성이 높습니다. 이들은 진심으로 부모가 안락한 노후를 보내기를 바라며 세상을 떠나는 마지막 순간까지 불편한 점을 살피려 애씁니다. 하지만 애정이 밑받침되지 않았거나 억지로 좋은 관계를 유지하려 애를 쓰는 중이라면 한계점에 이를 때가 반드시 오고 심하면 노인 학대로 이어지기도 합니다.

좋은 관계는 한쪽이 노력하는 것만으로는 부족합니다. 자녀도 노력해야 하지만 무엇보다도 부모가 자식을 존중하고 그들의 삶을 방해하지 않으려는 조심성이 필요합니다. 이러한 조심성은 자녀가 어린 시절부터 서로의 감정이 다치지 않도록 배려하는 것부터 시작해야 하며 특히 성인 자녀와는 적당한 거리와 적당한 무관심을 유지하는 것이 좋습니다. 간섭하거나 잔소리하지 말고 웃으며 너그럽게 대해야 합니다.

일하면서 만나는 가족 중에는 효자·효녀상을 주고 싶을 정도로 부모에게 정성을 다하는 사람들이 있습니다. 이들은 부모가 자신을 알아보지 못하는 중증치매환자임에도 불구하고 불평하지 않고 극진하게 돌봅니다. 이들이 가지고 있는 부모에 대한 애정의 끈은 넓고 두터우며 질깁니다. 반면 부모가 젊은 시절 가족 대신 자신의 치장과 외출에 더 신경을 썼거나 애정으로 돌보지 않은 경우는 어쩔 수 없이 필요한 것을 챙겨주면서도 싫은 기색이 역력합니다. 저는 그런 상황을 경험하면서 부모와 자식 간에도 사랑은 쉽게 만들어지지 않는다는 것을 실감합니다.

노인들 중에는 혼자 쓸쓸하게 지내는 사람들이 꽤 있습니다. 이들 중에는 찾아오지 않는 자녀를 그리워하다 그리움이 노여움과 서운함으로 변해 악담을 퍼붓기도 하는데 자식과 사이가 안 좋으면 먹는 것, 입는 것이 아무리 풍족해도 행복하지 않은 경우가 많습니다. 부모와 자식은 혈연으로 연결된 필연적이고 불가분의 관계이기 때문입니다. 보통의 사람들은 가족을 가장 가까운 사람들로서 서로 사랑을 나누는 존재로 인식하므로 그 관계가 건강하지 않으면 불행을 느낄 수밖에 없게 됩니다. 아무리 물질적으로 풍요로워도 사랑하는 사람과 사이가 멀어지는 데서 오는 정신적 공허는 빈자리가 큽니다.

노인들은 흔히 자식을 울타리로 표현합니다. 바람이 불거나 태풍이 칠 때 울타리가 일차로 외부의 충격을 흡수해 집을 보호하듯 부모에게 위기가 닥쳤을 때 자식이 그런 보호막이 되어주기를 희망합니다. 비록 개인 중심의 생활과 효 의식의 약화로 부모-자식 관계가 예전 같지 않다고 해도 노인에게 가족은 여전히 가장 중요한 사람들입니다. 그러므로 부모-자식 관계는 건강해야 하며, 위기가 닥쳐도 무너지지 않도록 튼튼한 관계를 형성하기 위해 부모와 자식 모두의 노력이 필요합니다.

스마트 후손

과거에 노인들이 존경받았던 이유는 뭘까요? 농경사회에서 농사와 절기에 대한 지식을 보유하여 후손들을 가르칠 수 있었으며, 인생의 경험을 바탕으로 조언을 할 수 있고, 인구구성비상 소수로서 희귀한 존재였다는 사실 외에 사회를 지배하던 유교 사상도 한몫을 했습니다. 이 이유 중 지금도 유효한 것이 있는지 알아볼까요. 과학기술의 비약적인 발전으로 4차 산업혁명이 진행되고 있는 이 시점에 메타버스나 NFT 같은 것들을 이해하고 변화된 환경에 살아갈 수 있도록 기술 지도 능력이 있을까요? 자손이 안정된 생활을 할 수 있도록 세계 경제의 흐름과 복잡한 사회 환경을 분석하여 어떤 식으로 자산을 증식하고 금융상품을 활용하면 좋은지 안내할 수 있을까요? 고령사회로 빠르게 진입해 더 빠르게 초고령사회로 들어가고 있는데 여전히 노인이 귀한 존재일까요? 효를 강조하는 유교 문화가 지금도 우리 사회를 지배하는 주류 문화일까요?

이러한 질문에 어느 것 하나 '그렇다'고 시원하게 대답하기 힘듭니다. 그만큼 사회는 빠르게 많이 변했습니다. 사회의 변화로 노인이 어리석어지지는 않았지만 상대적으로 지식과 정보에 취약하여 과거와 같은 지식의 보유자와 전수자의 역할은 더 이상 기대하기 힘들어졌습니다. 따라서 젊은이들의 시각에서는 유감스럽게도 노인이 되었다는 이유로 존경받을 이유가 없어진 셈이며, 이런 기술과 지식의 변화로 노인들이 점점 주변인으로 소외되고 있는 것도 사실입니다.

물론 여기에 반론을 제기할 수 있습니다. 기술의 진보를 따라가지 못한다고, 금융상식이 떨어진다고, 나이 든 사람의 숫자가 많다고 어떻게 인간을 평가 절하하느냐. 평생을 살아온 경험은 그 자체로 값진 것이다. 맞는 말이며 여기에 반론을 제기할 사람은 없습니다. 하지만 기술과 사상의 변화로 인간을 평가하는 기준이 변화한 것은 사실이며 부인할 수 없습니다. 그러니 나이 어린 자녀를 지도하는 부모라면 몰라도 성인이 된 자식을 앞에 앉혀두고 이러니저러니 자신이 살아온 이야기를 하며 훈수를 둔다면 시대에 맞지 않는 행동이 분명합니다. 호랑이 담배 먹던 시절 이야기에 어느 누가 흥미를 내겠습니까.

우리의 후손은 갈수록 똑똑해지고 있습니다. 넘쳐나는 정보 속에서 자신이 원하는 정보를 선별해 가공하고 유용하게 활용할 줄 알며, 생존 능력도 뛰어납니다. 태어난 지 두 돌 된 어린이들이 부모의 휴대전화로 만화 등의 동영상을 보며 자라는 시대이니 앞으로 이들이 또 어떤 기술의 변화를 이루어낼지 기대됩니다. 그러므로 자녀는 나이 든 부모에게 스마트폰을 쓰기 위해 어떻게 앱을 다운로드받을지 묻지 않을 것이며, 모바일뱅킹을 위해 인증서를 설치해달라고 요청하지 않을 것입니다. 대신 상사와의 관계에서 스트레스가 많은데 어떻게 털어버리면 좋은지, 좋은 삶을 살기 위해 어떤 가치관을 가져야 하는지 등에 관해서는 궁금해할 수 있습니다. 그런 문제라면 삶의 연륜이 긴 노인들이 더 식견을 가지고 있으니 그럴 때 간간이 조언을 해주는 것으로 충분하다고 봅니다.

모든 인간관계에는 적당한 거리와 적절한 예절이 필요하며, 이 원칙은 가족에게도 마찬가지로 적용됩니다. 흉허물이 없는 세상 편한 사람들이지만 무례한 언행은 가족에게 상처를 주며 이런 언행은 가족 사이

일지라도 화날 수 있고 용서가 안 될 수 있습니다.

젊은이들은 도와달라고 하지 않았는데 누군가가 자신의 인생에 개입하여 가르치려 들고 참견하는 것을 싫어합니다. 그들이 나빠서가 아니라 그들은 그렇게 교육받았으며 개성 또한 강합니다. 어떤 사람의 인생을 운영하는 방식은 전적으로 그 사람의 권리이며, 실패와 성공 역시 스스로의 힘으로 경험해야 합니다. 그것이 그들을 강하게 만드는 길이기도 하니 부모는 그저 조용히 잘 들어주고, 잘하고 있다고 칭찬하며, 따뜻하게 손을 잡아주는 것으로 충분하다고 봅니다.

자기 결정권, 노년에 더 중요한

노인들 중에는 당당하게 할 말을 하고 사는 사람도 있지만 자식이나 가족의 눈치를 보는 사람도 적지 않습니다.

정 할머니는 자녀를 여럿 두었지만 같이 살고자 하는 사람이 없어서 작은 아파트에서 혼자 삽니다. 할머니는 정신은 좋은 편이지만 걷지를 못하여 요양보호사의 도움을 받고 있습니다. 노인장기요양보험 서비스를 받는 이용자는 서비스를 받는 대신 일정 비율의 본인부담금을 내야 하는데 할머니의 경우는 막내딸이 대신 내주고 있습니다. 할머니는 우울증이 심하고 혼자 밥 차려 먹는 것이 힘들어서 토요일에도 요양보호사가 와주기를 바라지만 돈을 내주는 딸이 비용이 늘어나는 것을 싫어해서 못 쓰고 있습니다. 토요일에도 사람이 필요하다고 말하고 싶지만 그러면 돈을 많이 쓴다고 화를 내거나 요양원에 입소시킬까봐 두려워 말을 못합니다.

할 말 못하는 노인들

본인이 누구를 만나 밥을 사먹고 자녀 학원비로 들어가는 돈은 당연하게 생각하면서도 나이 든 부모를 위해 쓰는 돈은 왠지 아까운 사람들이 있습니다. 이 가정의 경우 한 달에 네 번의 토요일이 있다고 가정하면 월 3만 원 정도의 추가비용으로 홀로 지내는 노부모 집에 요양보호사를 부를 수 있습니다. 요양보호사는 식사를 챙겨주고 집안 정리를 해주며 대화를 나눠 외로움을 경감해주지만 가족은 월 3만 원의 추가비용을 허락하지 않습니다. 걷지를 못해 이미 오래전에 외출을 포기하고 아무도 찾아오지 않아 외로운 노인 중에는 스스로 집안일을 해내지 못하여 타인의 도움이 필수적이건만 가족은 많지 않은 돈에도 민감하여 나이 든 부모의 삶을 외면하기도 합니다.

노후를 충분하게 준비하지 못했거나 준비했어도 다른 사람에게 지나치게 의존하는 사람들은 이미 본인 삶의 결정권을 잃은 것과 마찬가지입니다. 삶의 결정권이란 삶을 스스로 설계하고 살아가면서 부딪치는 다양한 상황에서 자신이 옳다고 생각하는 신념과 가치관에 따라 결정을 하는 권리를 말합니다. 즉 자신이 원하는 방식대로 살아가는 것입니다. 삶의 결정권을 상실하면 본인이 스스로 할 수 있는 것은 많지 않습니다. 매사에 누군가의 결정을 기다려야 하고 누군가가 도움을 주기만을 기다려야 하는 신세가 되어버립니다. 이 할머니의 경우는 집을 소유하고 있고 약간의 예금도 있지만 필요한 돈을 마음대로 쓰지 못하고 자식의 처분만 기다리다가 결국 재산을 모두 빼앗긴 채 요양원 입소를 강요당했습니다.

인간 사이에는 어디나 권력(힘)의 투쟁(다툼)이 존재합니다. 부모와 자식 사이라고 예외가 아닙니다. 둘의 사이가 좋고 애정이 깊으면 협력적·보완적인 관계가 유지되지만 한쪽이 힘을 잃거나 과거에 쌓인 나쁜 감정이 많으면 일방적으로 끌려갈 위험이 있습니다. 나이가 들어간다는 느낌만으로도 왠지 위축되는 노년기에 이런 상황에 처하게 되면 자신감을 잃고 주눅이 들어 눈치를 보게 될 수밖에 없습니다.

노년기에 들어서 삶의 결정권을 쉽게 포기하는 사람들이 있습니다. 노인이 된 자신의 판단력에 스스로 믿음이 안 가거나 매사 결정을 해야 하는 것에 대한 부담을 피하고자 하는 심리가 작동하기도 하고 또 자식이나 가족이 어련히 알아서 잘 해주겠나 하는 믿음이 깔려 있기도 합니다. 삶의 자기 결정권을 스스로 포기하든 아니면 타의에 의해 상실하든 상관없이 한 번 주도적 결정권을 상실하면 그 사람은 삶의 자주성을 다시 회복하기가 쉽지 않아 결국 누군가의 결정에 종속되는 상황으로 내몰립니다.

그런 위험에 빠지지 않기 위해서는 가능하면 끝까지 스스로 자기 결정권을 행사하려는 의지를 내고 그 권리를 잃지 않으려 노력해야 합니다. 우선 경제적으로 노후 준비를 해야 하고 정신적으로도 끝까지 독립성을 유지하고 본인의 삶을 스스로 책임지려는 의식을 가져야 합니다. 그런 노력이 힘에 부치고 귀찮다는 이유로 스스로의 삶을 누군가의 손에 넘기는 순간 우리는 그 사람의 처분에 몸을 맡기는 신세가 된다는 점을 잊지 말아야 합니다. 자기 결정권을 잃어버리면 자신이 원하는 방식대로 살기 힘들고 자존감과 당당함을 잃어 삶의 만족도가 급격하게 저하됩니다.

삶의 소중함과 인간적 삶의 영위라는 맥락에서 학대 문제도 짚어볼 필요가 있습니다. 노인 학대는 언론에 보도되는 것보다 심각합니다. 당하는 노인 대부분이 그런 일을 덮어버리거나 처벌해달라는 말을 하지 않고 오히려 감싸서 잘 드러나지 않을 뿐입니다. 학대 가해자가 거의 가족이다 보니 어떻게든 숨기려 합니다. '우리 아들이 원래 착한 사람인데 오죽하면 그랬겠어. 요즘 스트레스가 많은가봐. 좀 시간이 지나면 옛날로 돌아올 거야.' 막연한 기대 속에 참고 기다립니다. 신고하면 수사기관에서 조사를 받을 것이고, 이후 원망을 어떻게 감당할지 엄두가 나지 않으며, 무엇보다도 가족관계가 영영 끊어질 것을 두려워합니다. 해를 가하는 사람이 타인이면 창피해서, 가족이면 가족이라서 이래저래 피해를 참고 은폐합니다.

대부분의 학대는 가정 내에서 일어납니다. 누구나가 제일 편안한 곳으로 여기는 가정에서 노인학대의 90퍼센트 정도가 발생합니다. 집이란 곳은 문 닫고 들어가면 그 안에서 어떤 일이 발생하는지 알 길이 없습니다. 창피를 주는지, 구타를 하는지, 칼을 들이대는지 아무도 모릅니다. 우리가 가장 편안하다고 생각하는 장소인데 모순되게도 가장 높은 인권 침해가 발생합니다. 아이가 죽고, 아내나 애인이 목 졸리고, 노인이 그렇고.

그런 상황에서 어떻게 대응하면 좋을까요? 부모를 때리던 자식이 어느 한순간 깨우침을 얻고 다시 옛날의 착한 자식으로 돌아올까요? 그동안 참고 기다려줘서 고맙다고 참회하면서 좋은 사람이 될까요? 그럴 가능성은 거의 없다고 봐야 합니다. 왜냐하면 폭력은 한번 길들여지면 끊기 힘든 중독성이 있기 때문입니다. 두 사람의 관계에서 일방적으로 힘을 행사하는 사람은 우월감, 지배력, 쾌감 같은 것을 느낍니다. 가해자는 폭력을 행사하면서 자신의 내면에 쌓인 분노나 증오를 해소하기도 하고 열등감이나 사회부적응 등에서 오는 스트레스를 푸는 기회로 활용하기도 합니다. 간단하게 말해 노인은 가해자가 스트레스와 불만을 해소하기 딱 알맞은 대상일 뿐이라는 뜻입니다. 그런 상황에서 부모-자식 관계는 더 이상 존재하지 않습니다. 그저 가해자와 피해자만 존재합니다.

이럴 때 부모는 자신의 신체와 정신에 가해지는 해를 학대라고 인식하고 그것에서 벗어나려 의식적으로 노력해야 합니다. 먼저 그러지 말라고 단호하게 경고하고, 그래도 계속되면 주위 사람들에게 도움을 요청하거나 수사기관에 알려야 합니다. 그렇게까지 할 필요가 있느냐, 너무 심하다고 생각한다면 폭력은 그렇게 단호한 방식으로만 교정이 가능하다는 점을 알리고 싶습니다. 좀 참으면 어느 날 저절로 갑자기 깨우침을 얻거나 하늘에서 계시를 받아서 짠~ 하고 바뀌는 사람은 없다고 생각해야 합니다.

우리나라 사람들이 잘 못하는 것 중 하나가 거절입니다. 특히 가족 사이에서 거절이나 거부를 어려워합니다. 참는 것이 미덕인 우리 사회에서 남도 아닌 가족의 부탁이나 요구는 거절하기가 더욱 힘들어 대부분은 가능하면 참는 쪽을 택합니다. 어쩌면 거절이나 거부를 하면 그로 인해 가족 간 관계가 나빠지거나 위태로워질 수는 있습니다. 그러나 가족과의 관계도 중요하지만 그것 못지않게 스스로에 대한 보호도 중요하게 생각해야 합니다.

자신을 보호하기 위해서는 자신의 삶에 대한 주인의식을 가지고 스스로의 존엄성을 지키려는 생각이 확고해야 합니다. 인간적인 대우를 받으며 인간적인 삶을 살아갈 권리를 중요하게 생각해야 합니다. 내가 나를 보호하지 않는데 다른 사람이 대신 나를 지켜주기는 힘듭니다. 존엄성은 스스로가 인식하고 보호를 할 때 구현 가능하다는 점을 잊지 않았으면 좋겠습니다.

존엄성에 대한 인식과 자기 보호

앞에서 이야기한 노인 학대를 좀 더 살펴보겠습니다. 통계를 보면, 노인 학대는 70대 이상에서 발생 빈도가 높고, 배우자가 없는 여성에게 더 자주 발생하며, 경제적 대비가 미흡할수록, 학력이 낮을수록 더 위험합니다. 학대의 가해자를 보면 아들, 배우자, 딸, 며느리의 순이며 자녀가 학대를 하면 손자녀도 따라 하는 경향이 있습니다. 배우자가 두 번째로 높은 것은 같이 늙어가면서 한쪽이 아프거나 하여 배우자 수발에 힘이 많이 든다는 반증이기도 하고 부부 사이가 좋지 않아서 그런 결과를 초래하기도 할 것입니다.

노인 학대가 자꾸 심각해지니 정부는 노인보호전문기관을 설치해 학대를 발견하고 상담하며 학대 정도가 심각하고 지속적인 학대가 예상되는 경우 노인을 기존 환경에서 분리해 보호시설에 입소를 의뢰하는 업무를 지정했습니다. 또 노인 학대 상담전화 1577-1389도 개설하여 상담을 받고 있습니다. 그러나 실제 신고하는 수는 아주 적습니다.

우리는 보통 노인 학대라는 단어에 주먹이나 발을 휘두르거나 어떤 도구를 이용해 노인에게 해를 가하거나 감금하는 것을 떠올리지만 훨씬 다양한 유형이 있습니다. 무시하거나 조롱하고 가족 모임에 끼워주지 않는 정서적 학대가 있고, 성적 수치심을 유발하거나 성폭력을 하는 성적 학대도 있습니다. 재산이나 예금을 허락받지 않고 임의로 사용하거나 갈취하는 재정적 학대, 식사나 치료를 제대로 안 챙겨주거나 일상생활을 하는 데 필요한 안경이나 보청기 등을 해주지 않는 방임도 학대에 속합니다. 요양원에 입소시키고 이사를 가 연락을 끊어버리거나 외국 여행을 가자고 꾀어 버리고 오는 유기도 있어요. 학대가 진행되면 노인은 삶에 의욕을 상실해 스스로 죽음을 택하기도 합니다. 학대의 유형이 무엇이 되었든 노인의 자존심을 짓밟고 인간 존엄성을 말살하는 결과로 이어집니다.

노인 학대가 일어나면 대부분 신고하지 않습니다. 기초생활보장수급자인 어느 할머니는 매달 아들이 와서 기초생활수급자에게 지급되는 생계비를 갈취해 가지만 혹시 신고가 들어가 아들이 경찰에 불려 갈까 봐 전전긍긍할 뿐 신고는 꿈도 꾸지 않습니다. 한국인의 가족에 대한 사랑은 거의 맹목적이어서 자신이 상해와 손해를 입어도 가족에게 피해가 가는 것을 원하는 사람은 매우 드뭅니다.

우리 사회에서 노인 학대가 일어나지 않기를 진정으로 바라지만 현실은 그렇지 않은바, 학대를 받지 않기 위한 준비가 필요합니다. 먼저 스스로 자신의 존엄성을 지키려는 자발적 노력과 인간다운 삶에 대한 권리의식을 가져야겠습니다. 만약 누군가로부터 학대를 받는다면 이를 숨기는 대신 적극적으로 벗어나려 애써야 하며 그런 사실을 주위 사람들에게 알리고 전문기관에 상담을 신청해 보호를 받아야 합니다.

우리 속담에 팔은 안으로 굽으며 피는 물보다 진하다는 말이 있습니다. 혈연에 대한 진한 애정을 표현하는 말이지요. 그러나 그런 믿음 속에서 기다린다고 문제가 저절로 해결되는 법은 없으며 시간이 갈수록 더욱 심해질 뿐이라는 걸 명심해야 합니다. 학대를 예방하려면 가족과 다른 사람에 대한 의존성을 줄이고 자립 능력을 기르는 것이 무엇보다도 중요합니다. 가족의 입장에서는 사랑했던 부모일지라도 자꾸 의지하면 어느 순간 참기 힘든 부담으로 변할 수 있거든요. 자식이 나빠서 그러기보다 모든 인간은 한계를 가지고 있고, 그 한계를 넘으면 사소한 자극에도 폭발할 가능성이 있습니다.

일을 하면서 느낀 점은 자식은 부모의 변화를 잘 이해하지 못한다는 것입니다. 자식이 흔히 하는 오해는 부모가 나이 들어서 변했다고 생각하는데, 그것은 그 사람 혼자만의 문제가 아니라 대부분의 사람은 서서히 어떤 식으로든 변화를 합니다. 그리고 유감스럽게도 좋은 쪽보다는 받아들이기 힘든 쪽으로 변화를 많이 해요. 그런데 그렇게 변한 노인은 자신이 달라졌다는 생각을 할까요? 아니오, 전혀 그렇지 않습니다. 자신은 옛날이나 지금이나 똑같다고 생각해요.

그런 상황에서 노인에 대해 공부하지 않은 자식은 그런 변화를 이해하지 못해 우리 부모가 달라졌다고 오해를 합니다. 노인성 변화는 미리 예방하거나 막을 수 있는 변화가 아니니 이해가 필요합니다. 노인이 되면 대부분의 사람들이 신체적·심리적으로 변화를 겪으며 소심해지고 예민해지며 의존성이 늘어납니다. 그러니 이런 변화를 부양에 대한 스트레스로 받아들이지 말고 대신 부모가 나이 들면서 어쩔 수 없이 갖게 되는 결점으로 이해하고 포용하면 좋겠습니다. 이렇게 이해하면 나이 든 부모가 보이는 이상한 행동과 반응에 좀 너그러워져 가족 부양자가 느끼는 스트레스가 줄어들 것입니다. 이런 점을 헤아려 지자체에서는 어르신돌봄가족지원센터를 설립하여 운영하고 있으니 상담과 도움을 받으면 좋습니다.

노인이 되고 싶어서 되는 사람이 어디 있겠습니까? 어쩔 수 없이 나이 들고 나이 들다 보니 어느 결에 그런 사람이 되어 있는 거지요. 그에 대해 우선 가족이 따뜻하게 노인을 품어줘야 하고, 사회적으로는 노인에 대한 부정적인 편견을 예방하는 활동과 함께 국가의 발전에 평생 기여한 공을 인정하고 동등한 사회구성원으로 대우하려는 노력이 따라야 합니다. 노인복지 분야에서 일하고 있는 사람의 입장에서 사람들이 그

런 노인의 변화에 대해 공부하면 참 좋겠다는 생각을 늘 합니다. 이해를
하면 오해가 줄고 오해가 줄면 애정이 유지됩니다.

자신의 거취에 대한 결정권 행사

요양원에는 노인들로 가득합니다. 노인이 요양원에서 생활하기까지
는 몇몇 과정을 거치고 선택을 해야 합니다. 우선 어떤 요양원에 들어갈
지를 결정하고, 입소할 때 계약서를 작성하며, 이용하다가 혹시 퇴소하
고 싶다면 그런 의사를 표현하고 퇴소 절차를 밟습니다. 요양원 입소는
노인의 삶의 방식을 바꾸는 어려운 결정입니다. 주거환경은 정든 집 대
신 요양원이라는 낯선 공간이며, 접촉하는 사람들은 가족이나 이웃 대신
요양원에 소속된 훈련된 전문 인력이고, 개인의 취향이 반영된 생활방
식에서 계획표에 따라 진행되는 일상생활을 따라야 하고, 사생활에서
집단생활로 생활방식이 완전히 바뀝니다.

인간은 평생을 집이라는 공간에서 생활하기에 병원이나 요양원같이
집단생활을 하는 곳을 본능적으로 거부하며 편안하지 않게 느낍니다.
사생활이 보장되지 않고 일정한 규칙에 자신을 맞춰야 하는 부담도 집
니다. 하지만 신체와 정신 기능이 저하되어 독립생활이 불가능하고 가
족의 돌봄을 받기 힘들다면 차선책으로 요양원 입소를 고려할 수밖에
없습니다. 문제는 입소 과정에서 결정을 누가 하느냐입니다. 요양원에
입소하는 주체는 노인이나 결정은 거의 자녀가 합니다. 노인의 입장에
서 보면 삶의 방식을 통째로 바꾸는 어려운 결정임에도 불구하고 결정
권이 자녀에게 넘어가버린 집이 많습니다.

집에서 살던 노인은 언제 요양원 입소를 결정할까요? 신체 기능의 악화로 가족이 전적으로 돌봄에 매달리지 않으면 안 될 때, 치매 등으로 인지 기능이 저하되어 문제행동이 심각할 때, 대소변을 못 가려 이불이나 옷에 용변 실수를 자주 할 때 가족은 요양원 입소를 고민합니다. 이때 부모와 허심탄회하게 요양원 입소 문제를 상의하는 가족이 얼마나 될까요? 많지 않다고 봅니다. 더 이상 돌봄에 자신이 없고 인내의 한계를 넘으면 가족이 나서서 요양원을 알아보고 적당한 곳과 계약한 후 부모를 옮기는 경우가 대부분입니다. 가족에게 왜 부모와 상의하지 않느냐고 물어보면 아마 이렇게 대답할 것입니다. 말하면 충격 받을지 몰라서. 어차피 말해도 무슨 말인지 모를 테니까. 의견을 물어볼 필요가 없어서.

우리는 노후의 삶에 대해 자녀와 이야기를 나누지 않습니다. 아파서 몸을 못 움직이게 되면 그때는 어떻게 살고 싶은지, 누가 돌봐주기를 원하는지, 요양원에 들어가고 싶은지, 어떤 요양원을 원하는지 말하지 않습니다. 꼭 요양원 문제가 아니더라도 나이 들어가며 부딪치는 문제들에 대해 자신의 의사를 적극적으로 표현하기를 주저합니다. 이렇게 부모가 자신의 삶의 결정을 유보하거나 표현하지 않는 사이 부모는 서서히 자신의 삶의 결정권을 잃게 됩니다.

삶의 결정권을 행사한다는 것은 자신이 원하는, 좋아하는, 편안한 방식으로 살아간다는 의미입니다. 우리는 누구나 그럴 권리가 있으며, 노인이라고 그런 권리가 없어지지 않습니다. 그러나 그런 권리의 행사는 오직 자신의 권리를 적극 행사하려는 의지가 있을 때 가능하며, 생각에만 그치지 않고 실천하려는 노력이 따라야 현실에서 이행되어집니다.

요양원 같은 곳은 생활시설입니다. 집에서 하루 24시간을 보내는 것처럼 그곳에서 온종일 먹고 자면서 살아가는 곳이란 의미지요. 집이 우리에게 주는 의미가 크듯 요양원도 어떤 곳을 선택하느냐에 따라 만족도가 다른 만큼 만약 요양원 생활도 괜찮다면 평상시 알아보고 마음에 드는 곳을 가족에게 미리 알리고 분명하게 의사표현을 하는 것이 좋겠습니다.

도와달라고 말하기

우리나라 노인들은 상당수가 불행합니다. 아파서, 외로워서, 돈이 없어서, 자식들을 못 만나서 불행해 하고 절망합니다. 우선 경제적으로 힘듭니다. 그런 이유로 우리나라 노인들은 우리와 국민소득이 비슷한 다른 국가들과 비교해 노년기에 비교할 수 없을 정도로 일자리를 많이 찾습니다. 한국인이 천성적으로 부지런해서 나이 들었어도 놀면서 시간을 보내기가 싫어서 그러는 것이 아니라는 것을 우리는 다 압니다. 누구 못지않게 열심히 일하고 돈을 벌었으나 노인이 된 후에도 여전히 계속 돈을 벌지 않으면 안 되는 상황에 내몰리는 것이지요. 가족 내 환자가 발생해 많은 치료비를 감당하지 못해서, 사업을 시작했다가 실패해서, 치열한 사회에서 자식들이 살아남도록 뒷바라지를 하다 보니 등과 같은 수많은 이유로 노인 중 일부는 젊었을 때 자신의 노후를 미리 준비하지 못해 경제적 궁핍에 시달리고 있습니다.

국가는 이런 경우를 대비해 여러 가지 제도적 장치를 해놓았습니다. 국민기초생활보장제도*와 긴급복지지원제도**가 대표적입니다. 또 국가

---

* 소득이 국가가 정한 일정 기준선에 미달하는 가구를 대상으로 생계, 의료, 주거, 교육 등 기초적인 생활을 영위할 수 있도록 현금 또는 현물을 지원하는 복지제도이다. 1997

는 도움이 필요한 사람들에게 정보를 제공하기 위해 보건복지상담센터***를 설치하여 누구나 편안하게 상담하도록 하고 있으며, 전국의 주민센터를 활용하여 '찾아가는 보건복지 서비스'도 제공하고 있습니다. 사회복지망에서 누락되는 사람이 없도록 이러한 활동을 TV 등의 매체를 통해 홍보도 하지만 여전히 복지사각지대에 놓인 사람들이 적지 않습니다. 약삭빠른 사람들은 정부가 제공하는 각종 혜택을 받기 위해 재산을 처분하거나 다른 사람 명의로 숨겨놓고 그런 혜택을 누리기도 하지만 어떤 사람들은 이런 정보를 아예 모르거나 혜택을 받는 것 자체를 거부하기도 합니다. 다른 누구에게서 도움을 받는 것에 자존심이 허락하지 않거나 부끄럽고 창피한 것으로 생각하기 때문입니다.

자신이 자립적으로 살아갈 수 있으면 다행이지만 우리의 삶은 노력만으로 충분하지 않을 수 있습니다. 조금 살아본 사람들은 너나없이 삶이 마음대로 살아지지 않는다는 것을 뼈저리게 느낍니다. 순탄하게 살다가도 갑자기 생각하지도 않던 위기가 닥치기도 하는 것이 삶이지요. 그럴 때는 자책·원망·은둔하기보다 공적 도움을 알아보기를 권유합니

년 말 외환 위기로 인해 실업과 빈곤 문제가 심각한 상황에서 1999년 9월 국민기초생활보장법이 제정되었고 2000년 10월 1일부터 시행되었다. 이 제도는 과거의 생활보호법의 문제점을 개선하여 전 국민을 대상으로 복지의 사각지대를 해소하는 기초적 사회안전망의 역할을 수행하고 있다.

** 갑작스러운 위기 상황으로 생계유지가 곤란한 저소득층에게 생계, 의료, 주거 지원 등 필요한 복지 서비스를 신속하게 지원해 위기 상황에서 벗어날 수 있도록 돕는 제도이다. 소득 단절, 질병, 화재 등으로 생계유지가 어려운 경우 자산조사를 통해 일정 횟수 범위에서 현금을 지원한다.

*** 129번으로 전화를 하면 긴급복지지원, 복지사각지대, 위기대응상담 등 복지 관련 문제에 대해 상담원과 통화하여 정보를 제공받을 수 있다.

다. 사회에는 개인의 삶을 불안정하게 만드는 요인들이 많습니다. 고용 불안정, 가족 해체, 국내 경기의 악화, 수출 부진 등 이루 헤아릴 수 없는 요인들이 우리의 삶에 타격을 줄 수 있습니다. 삶은 나의 잘못으로 기우뚱거리기도 하지만 때로 아무런 잘못이 없이도 덤터기를 쓰기도 합니다. 어떤 경우이든 삶이 힘에 부치면 도움을 청하는 게 맞습니다.

개인은 우리가 속하는 국가와 세계의 영향에서 자유롭지 않으며, 어느 한 곳에 문제가 생기면 가장 취약한 계층부터 먼저 타격을 받습니다. 삶에 위기가 닥쳤다면 도움 받는 것을 부끄럽게 여기거나 숨지 말고 적극적으로 자신의 어려움을 밝힙시다. 창피해하지 말고 나의 생존권을 보장받을 방법을 찾아보는 것이 현명한 삶의 방식입니다.*

누구에게나 정상적인 삶이 중요하다

나이가 들면 얼굴에 검버섯이 생기고, 몸에서 비듬이 떨어지며, 좋지 않은 몸 냄새가 납니다. 음식을 흘리고 먹으며, 용변을 본 후 물 내리기를 잊어 뒷사람을 당황시키기도 하지요. 거기에 잔소리까지 더해지면 노인은 가족 내에서 기피 대상이 되어 차츰 뒷전으로 밀리는 신세가 됩니다.

가족과 같이 살면서도 어울리지 못하는 노인들이 있습니다. 냉장고 안에 노인만을 위한 식판을 따로 두고 있는 집은 다른 반찬은 손대지 말

---

* 보건복지부 홈페이지(www.mohw.go.kr), 보건복지부가 운영하는 복지포털 '복지로'(www.bokjiro.go.kr), 시·군·구청 홈페이지에서 다양한 보건복지 정보를 제공하고 있으며, 사회복지전담공무원에게 상담을 신청할 수 있다.

라는 경고가 숨어 있고, 노인 방에 TV를 따로 설치하고 거실에 나오는 것을 한사코 말린다면 방에서 혼자 TV를 보면 좋겠다는 강력한 메시지를 보내는 것입니다. 식사 시간에 방으로 따로 음식을 가져다주는 것은 가족들 먹는 데 끼지 말라는 신호라 해석해도 좋을 것입니다. 노인을 슬프고 외롭게 하는 이런 차별은 삶의 의욕을 잃게 하여 우울증에 걸리게 합니다. 이러한 정서적 학대는 몸에 해를 가하지 않아 겉으로 표시가 나지 않으나 대신 마음에 깊은 상처를 줘 몸에 폭력을 가하는 행위 못지않게 나쁜 영향을 끼칩니다. 그런 학대가 지속되면 살아 있을 가치가 없다고 판단해 스스로 목숨을 끊기도 하고요.

인간은 연령을 불문하고 누구나 정상적인 환경을 필요로 합니다. 어린이·청년·어른이 가족 속에 섞여 살아가듯 노인도 가족 속에 섞여 살아야 합니다. 집 안에서 외로운 섬처럼 고립된 그런 삶이 아니라 가족과 함께 어울려 배제되지 않은 일상생활을 하도록 배려해야 합니다. 부모가 귀가 잘 안 들려 엉뚱한 소리를 해도, 음식을 흘리고 먹어도, 같이 거실에서 TV를 보고 같은 식탁에서 밥을 먹는 정상적인 생활 형태가 노인을 기죽이지 않습니다. 노인의 언행이 혹시 마음에 들지 않아도 특별한 배려가 필요한 사람이라는 점을 인식하면 노인을 존중하고 배려하는 따뜻한 마음이 생겨 노인과 사는 것이 불편하지 않습니다.

정상적인 삶을 위해서는 사회활동도 중요합니다. 인간은 사회적 관계를 중시하는지라 늘 다른 사람들과의 교류를 필요로 하며 나이 들었다고 그 욕구와 필요도가 줄지 않습니다. 사회적 관계는 외로움을 경감시키고 자신의 정체성을 유지하는 데 큰 도움이 됩니다. 그러므로 친구들이 있다면 자주 만나도록 하고 만약 몸이 불편해 외출이 힘들면 집으로 초대해 사람들과의 유대관계를 지속하도록 돕는 것이 좋습니다. 건강한 인간관계는 활동 욕구를 불러일으켜 그 사람을 정신적·신체적으로 건강하게 할 뿐만 아니라 넘쳐나는 시간을 소비하는 데 이것만큼 좋은 것이 없습니다. 다른 사람들과 잘 어울리는 사람은 가족에 대한 의존도가 낮아 가족에게 부과되는 부양 부담을 줄이는 효과도 덤으로 얻습니다.

노인의 삶과 인간관계를 정상적으로 유지하는 데 핵심적인 역할을 하는 사람들은 가족입니다. 노인은 가족의 말과 행동에 절대적인 영향을 받는 만큼 가족은 부모와 좋은 관계를 유지하면서 노인이 불안이나 절망감을 느끼지 않고 자신감 있게 살아가도록 격려해주면 좋겠습니다. 가족과 좋은 관계를 유지하면서 가족의 지지를 받는 노인은 그렇지 않은 사람들에 비해 신체 기능과 인지 기능이 오랫동안 좋은 수준으로 유지한다는 통계가 있습니다.

정상적 삶을 논할 때 집을 빼놓을 수 없습니다. 젊을 때는 어느 곳으로 이사를 가든 금세 적응하지요. 그래서 어떤 사람들은 새로운 환경을 경험하고자 세를 얻어서 일부러 이사를 자주 하기도 합니다. 하지만 노인은 젊은이들과 달리 새로운 환경에 놓이면 적응하기까지 긴 시간을 필요로 합니다. 우선 방향에 대한 지남력이 저하되어 지형지물을 익히는 데 시간이 걸리고 새로운 친구를 사귀는 것도 쉽지 않습니다. 그래서 자칫 외롭게 지낼 수 있으므로 노인 중에 이사를 반기는 사람은 드뭅니다.

치매 노인이라면 더욱 위험합니다. 익숙하지 않은 환경에서 집을 못 찾을 수 있고, 지금 사는 집이 내 집이 아니라고 생각해 기억 속의 집을 찾아 밖을 헤맬 수도 있거든요. 노인 중에는 자식들 집을 전전하며 살아가는 사람들이 있습니다. 자식들이 한 집에서 계속 모시는 것을 부담스러워하니 이 자식 집에서 저 자식 집으로 옮겨 다니며 몇 달씩 사는 거예요. 그런데 집마다 구조가 다르고 실내장식이 다르니 노인의 입장에서는 늘 낯선 새 집으로 이사 다니는 기분이 듭니다. 적응에 어려움이 따르겠지요. 옮겨간 집의 환경에 적응해야 하는 부담에다가 미처 위험요소를 파악하지 못하면 사고가 날 확률도 그만큼 높아집니다. 그러니 노인은 자연히 긴장을 하고 불안해하며 인지도 혼란스러워집니다.

노년기에는 가능하면 자신이 이제까지 생활하던 곳에서 사는 것이 좋습니다. 대문을 열고 나가면 늘 다니는 시장이 있고 옆집에 친구가 살고 오랫동안 나를 돌봐주는 의사가 있으며 전화를 하면 가족이 단시간에 달려올 수 있는 곳, 자식을 키우고 직장을 다니던 곳, 희로애락의 삶을 살면서 정이 든 곳, 오랜 시간 살면서 동네 곳곳을 속속들이 알고 있는 '내 동네, 내 집'이 노인에게는 이상적인 삶의 장소입니다. 그런 익숙한 환경에서 살되 저하된 신체적 기능을 고려해 집 안과 밖을 점검하여 걸려서 넘어지거나 다치지 않도록 장애물을 제거하고 신체 기능을 보완할 수 있는 설비나 장치를 설치하여 기능을 보강하면 좋겠습니다. 만약 자식과 부모가 합가를 생각한다면 이와 같은 부모의 약점을 고려하여 가능하면 부모가 살던 곳으로 자식이 이사를 하는 것이 더 좋습니다.

집이란 영원한 고향입니다. 자신이 살던 곳에서 노인은 편안함을 느끼고 불안하지 않습니다. 친구들과 가족의 가시권 안에 들어 있어 유사시 돌봐줄 사람들이 있음에 안심하고요. 또한 집 주위의 위험요소들을 미리 알고 있기에 사고의 위험도 낮습니다. 가능하면 오래 이렇게 익숙한 환경에서 독립적이고 자주적으로 살 수 있도록 가족과 사회의 지원이 필요합니다.

예절, 인간관계의 기본

애, 오늘 나 퇴근 지하철에서 아주 황당한 일 겪었어. 좀 들어볼래.

요즘 회사에 중요한 계약 건이 있어서 우리 부서는 회의를 자주 하고 있고 서류 작업도 많아. 벌써 일주일 넘게 그러고 있어. 그래서 그런지 오늘은 퇴근할 때 무척 피곤하더라고. 노약자석 앞에 서 있었는데 어느 분이 내려서 내 앞에 빈자리가 생겼어. 원래 나는 그 자리에 절대 안 앉는데, 오늘은 너무 피곤해서 잠시 좀 쉴까 하고 앉아버렸어. 마침 노인분이 안 계시고 나중에 비켜드리면 된다고 생각했지. 그저 잠시 쉴 생각이었는데 나도 모르게 깜빡 잠이 들었나봐.

잠결에 큰 소리가 들리고 누가 내 발을 툭툭 치는 느낌을 받았어. 깜짝 놀라 눈을 떠보니 어떤 술 취한 할아버지가 지팡이를 휘두르면서 내게 야단을 치고 있더라고. 젊은 것이 버릇없이 우리가 앉아야 할 자리를 차지하고 천연덕스럽게 잠을 자고 있다는 거였지. 아주 당황스럽더라. 사람들 가득한 전철 안에서 그런 소리 들으면 창피하잖아. 그래서 벌떡 일어나 자리를 양보하고 미안하다고 했어. 잠시 쉬었다 일어나려고 했는데 피곤해서 저절로 잠이 들었다고 말이야. 내 사과에도 불구하고 그 할아버지는 막무가내였어. 안 좋은 일이 있었는데 마치 내게 화풀이라도 하는 것처럼 고래고래 소리를 지르는 거야. 요즘 젊은것들이 다 그렇다느니, 너희 집에는 어른도 없느냐, 네 부모는 자식 교육을 그 모양으로 시켰느냐 하면서 쓸데없는 말까지 하더라. 별것 아닌 일에 왜 우리 부모까지 욕을 먹어야 하냐고. 내가 도저히 참을 수 없는 말이었어.

그렇게까지 할 필요가 있어? 그건 아니잖아. 그래서 나도 대들었지. 이 자리가 할아버지를 위해 예약된 자리냐, 젊은 사람도 피곤하면 잠시 앉을 수 있지 뭘 그런 사소한 것을 이해하지 못하고 화를 내느냐, 그러니까 젊은 사람들이 노인을 싫어하는 거라고 쏘아붙였어. 그러니까 할아버지는 더 노발대발하더라고. 요즘 젊은것들은 위아래를 모르고 버르장머리 없다는 거지. 사실 맨 나중 말은 해서는 안 되는 말이었지만 너무 화가 나서 나도 모르게 그런 말이 나와버린 거야.

그렇게 소란스러워지자 어떤 중년 부인이 나를 한쪽으로 데리고 가 참으라고 달랬고, 나는 그다음 역에서 내려 화를 삭이느라 한참을 의자에 앉아 있었어. 우리 할아버지·할머니는 참 자상하고 예의도 바르서. 친구들이 지하철에서 큰 소리로 동영상을 틀어놓고 보는 노인들, 술 취한 할아버지들에 대해 이야기할 때도 난 우리 할아버지·할머니를 떠올리고 좋게 생각했는데 이제부터는 가까이하지 말아야 할 사람들로 인식이 바뀌었어. 그런 일을 당하니까 너무 싫고 무서워.

노인 혐오, 그들만의 잘못인가

지하철에서 자리를 두고 싸우는 노인과 젊은이, 도서관에서 큰 소리로 통화하는 노인과 다툼을 벌이는 학생, 술 마시고 지팡이를 휘두르는 노인과 외면하는 사람들. 온라인에 이런 동영상이 뜨면 노인을 혐오하는 댓글이 무수하게 달립니다. 오프라인은 어떨까요? 노인이 오면 장사가 안 된다고 싫어하는 상점, 행동이 느리다고 태워주지 않는 택시, 엄마는 몰라도 된다고 무시하는 자식. 노인 차별과 혐오는 사회나 이웃, 가정을 가리지 않습니다.

국가인권위원회가 2018년 실시한 노인종합보고서에 따르면 청년층의 80%가 노인에 대한 부정적 편견을 가지고 있는 것으로 나타났으며, 노인전문기관이 실시한 고령자에 대한 인식 조사에서도 노인에 대한 인식은 나쁘게 나타났습니다. '노인은 권위주의적 성향이 강하다', '노인은 다른 사람에게 잔소리를 많이 한다', '노인은 실력보다 나이, 경력, 직위 등으로 권위를 세우려 한다'는 설문 항목 모두에 70% 정도가 '그렇다'고 응답했습니다. 노인을 직접 경험해보지 않은 상태에서 선입견이나 편견으로 그렇게 대답한 사람이 있다고 하더라도 굉장히 부정적인 반응입니다. 또 노인 회피 현상도 심했습니다. '젊은 사람들은 노인이 자주 가는 곳에 가는 것을 좋아하지 않는다', '젊은 사람은 노인과 이야기하는 것을 좋아하지 않는다'에 모두 50% 이상 동의했으며, 심지어 '노인이 되면 비슷한 연령대의 사람들끼리 같은 지역에 사는 것이 낫다'고 대답한 사람도 절반이 넘었습니다.

최근 일부 사람들이 마음에 들지 않거나 바람직하지 않은 행동을 하는 사람들에게 벌레 충(蟲) 자를 붙여 비하하며 비난하는 경우가 있는데, 노인도 그 대상에 들었습니다. 노인과 비노인 세대 간 갈등 현상이 바람직한가 그렇지 않은가를 따지기 전에 그 비난을 고스란히 젊은 세대에게 돌려야 하는지는 한 번 생각해볼 필요가 있다고 봅니다.

노인들이 환영받지 못하는 이유가 뭘까요? 머리가 희거나 등이 굽어서라기보다 사고방식이 젊은이들과 이질적이기 때문일 것입니다. 현재의 노인 세대에게는 다른 세대에 비해 권위주의, 남성우월주의, 연령우선주의 등이 깊이 각인되어 있습니다. 젊은 사람은 노인에게 대들어서는 안 되고, 남성이 여성보다 우월하며, 노인은 존중받아 마땅한 사람이라는 의식이 강합니다. 왜냐하면 그들이 태어나 성장하고 살아온 사회를 지배하던 사상이자 문화가 그러했기 때문입니다. 반면 지금의 교육은 모든 사람은 평등하며, 누구에게나 동등한 발언권이 주어지고, 상호 인격을 존중하는 수평적 인간관계를 주요한 교육 내용으로 하고 있습니다. 과거와 정면으로 배치되는 내용이지요. 그렇게 교육받은 젊은이들은 부당한 권위에 저항하며 실력을 우선으로 여기고, 사회적 약자는 배려하되 자신의 권리도 적극적으로 표현하는 것을 당연하게 생각합니다. 그러니 자연스럽게 젊은이들은 노인의 사고방식과 그들이 보이는 행태가 마음에 들지 않아 거리를 둡니다.

오래전 일이긴 하지만 제가 어릴 적에는 "에헴, 에헴!"하며 목청을 높이고 다니던 할아버지들이 많았습니다. 갑자기 나타났을 때 상대가 놀랄까봐 얼굴을 보이기 전에 '여기 내가 왔다'는 의미로 미리 인기척을 내는 배려의 소리이기도 했고 사회적으로 남성 노인의 위상을 나타내는 위엄의 소리이기도 했습니다. 노인이 존중받고 공경을 받는 사회에서 할아버지들은 그런 소리를 통해 자신의 존재를 알렸지요. 모두들 알아서 노인을 모시던 시절, 노인의 존재감은 그 소리 하나로 충분했습니다. 가족은 정성을 다해 의식주 수발을 들었고 친족들이 자주 찾아와 인사를 하는 가장 높은 어른이 할아버지들이었습니다.

할아버지들은 사회적 위상도 높았습니다. 굳이 자신의 권리를 주장하지 않아도 사회 내 뿌리 깊은 효 사상, 노인 공경사상으로 그들의 권리를 침해하는 사람이 없었습니다. 여성을 천히 여기고 남성을 중하게 여기는 남존여비사상이 팽배하던 시절, 심지어 자식을 낳아 기르는 어머니들마저 자신과 같이 사회적 지위가 낮은 딸들은 핍박하고 소홀하게 대하면서도 아들만은 어떻게든 잘 키우려고 애를 썼지요. 이런 사회적 풍조는 성차별을 심화시키면서 가부장제라는 왜곡된 권위주의를 고착시켰습니다.

사상이란 사람의 정신을 지배하고 사회를 장악하는지라 여성이 남성과 대등하게 교육을 받는 현재에 이르기까지 이 가부장적 사고는 여전히 사회 안에서 확고하게 자리 잡고 있습니다. 사회적 노력을 통해 여성의 지위가 향상되고 여성의 의식이 높아지면서 가부장제의 잔뿌리는 상당 부분 제거되었으나 중심 뿌리는 여전히 사회 깊이 뿌리를 내리고 사람들의 정신세계를 지배하고 있습니다. 그 결과, 한국의 남성 중 일부는 자신이 사회적으로·가정적으로 귀한 존재라고 생각해요. 그렇다고 제가 지금 남성과 여성 간의 양성평등문제를 다루려는 것은 아닙니다. 사회 전반적으로 개인이 자신에 대해 자존감을 가지고 당당하게 살아가는 것은 삶에 꼭 필요한 요소이지만, 문제는 잘못된 방향으로 경직된 사람들이 있다는 것을 지적하는 것입니다.

흔한 예 중 하나가 대중교통을 이용하면서 자리를 두고 벌이는 다툼입니다. 전철을 타면 가끔 할아버지(할머니가 그러기도 하고요)가 노약자석에 앉아 있는 젊은이에게 지팡이를 휘두르며 야단치는 모습을 볼 때가 있습니다. 요지는 노약자석은 노인을 배려하기 위한 좌석인데 왜 젊은이가 거기에 앉아 있느냐는 것이에요. 그래서 혹자는 노약자석과 분홍색으로 두드러지게 표시한 임산부석이 오히려 세대 간, 여성과 남성 간 갈등을 유발한다는 의견을 내기도 합니다.

문화·정서적으로 여전히 효, 노인 공경사상이 남아 있는 우리나라에서 대부분의 젊은이는 여전히 노인을 존중하고 배려하려는 생각이 강합니다. 사회 분위기가 아직 그렇긴 하지만, 그렇다고 노인들이 나이 들었다는 이유 하나로 타인에게 무조건 양보하고 희생하라고 강요하는 것이 당연하다는 의미는 아닙니다. 노약자 배려석을 원래의 취지대로 비워놓고 해당하는 사람이 앉도록 하는 것이 좋긴 하지만, 승객이 많은 우리나라 실정에서 무조건 비워놓으라는 요구는 현실적으로 무리한 부탁이라고 봅니다. 젊은이들도 피곤합니다. 그들도 종일 상사에 시달리고 업무에 지쳐 피곤한 상태로 대중교통을 이용하는 만큼 그들의 피로도 배려를 받아 마땅합니다. 비어 있는 좌석에 잠시 앉았다 노인이 나타나면 좌석의 의미대로 양보하면 충분하다고 생각합니다. 노인임을 내세워 무조건 양보하라는 주장은 노인은 상대해야 좋을 일이 없으며 기피해야 할 대상이라는 생각을 확산시키고 세대 간 갈등을 심화시키니 젊은이가 왜 노인의 자리를 차지하고 앉아 있느냐고 소리 지르는 대신 그들의 고충도 헤아리는 푸근한 사람이면 좋겠습니다.

세대 간의 갈등은 어느 사회에나 자연스러운 현상이지만 이런 갈등이 사회 전반적으로 퍼져 노인 혐오로 확산하는 것은 경계하고 예방해야 마땅합니다. 그러기 위해서는 비노년 세대를 예의 없고 버릇없는 사람들로 비난하기에 앞서 노인 개개인의 행동이 현재 사회에서 요구되는 기준과 눈높이에 맞는지, 사회 전체에 어떤 영향을 끼치는지 진지하게 고민해봐야겠습니다. 한번 형성된 인식은 쉽게 개선되지 않고 오랜 세월을 지속하며 다음 세대, 또 그다음 세대로 이어져가는 만큼 노인 스스로가 사회의 모범이 되도록 노력할 필요가 있습니다. 거꾸로 비노년 세대는 현재 노인에 대한 차별은 미래의 자신을 차별하는 것이라는 점을 잊지 말아야 합니다. 노인에 대한 부정적 시각이 교정되지 않는다면 훗날 그들이 노인이 되었을 때 그들 역시 같은 편견으로 괴로움을 당하게 되니까요.

사회는 어느 한 세대의 전유물이 아닙니다. 어린이부터 노인에 이르기까지 전 세대가 서로 어울려 살아가는 공간이며, 각 세대는 문화와 역사를 공유하는 동시대의 사람들입니다. 모든 세대는 상호의존적이고 그 중 어느 한 세대가 없어서도 안 됩니다. 만약 어느 한 세대에 취약점이 있다면 다른 세대가 보완하며 이해하는 것이 사회구성원으로서의 바른 도리라고 생각합니다.

사람을 부리다

수술을 받거나 몸의 기력이 쇠해 다른 사람의 도움을 받아야 할 때가 있습니다. 이때 가족이 돌보지 못하면 어쩔 수 없이 외부인에게 도움을 요청하는데, 간병인이나 요양보호사 또는 가사도우미가 그런 분야의 직업입니다. 그런 사람들이 노인의 집에 오면 노인이나 가족은 가족을 대신하여 부모를 돌봐주는 데 대부분 고마워하며 친근한 관계로 발전하기도 하지만, 노인 중에는 마치 주인과 하인의 관계로 생각하고 권위를 행사하는 사람들이 있습니다. 돈을 들여 쓰는 사람이므로 본인에게 주도권이 있어 그래도 된다고 생각하는 것이지요. 한마디로 '너, 나 때문에 돈 벌고 있잖아'라고 생각하며 함부로 대합니다. 그런 의식이 근저를 이루면 노인은 자신을 돌보는 이를 무시하며 인격적 대우 등의 배려를 하지 않습니다. 상전도 그런 상전이 없어요. 이런 행태는 주로 외부인이 대상이 되나 가족이 그런 수모를 당하기도 합니다. '나는 아픈 사람이니까 당연히 너희가 돌봐주어야 해'라는 의식이 작용하고 재산이 많은 경우에 더 심해지는 경향이 있습니다.

네이버의 국어사전에서는 '부리다'의 뜻을 "마소나 다른 사람을 시켜 일을 하게 하다"로 풀이합니다. 말이나 소 또는 사람을 시켜 필요한 일을 하게 한다는 뜻이에요. 제게 이 단어는 채찍을 든 주인의 감시하에 사람·말·소가 모두 동등한 지위에서 등에 어깨끈을 메고 무거운 수레를 끌고 가는 그림이 연상됩니다. 요즈음은 사람을 대상으로 '부리다' 단어를 잘 쓰지 않습니다. 인권이나 인간존중·인간존엄성 같은 가치가 배제되어 있기 때문이지요. 사람에게 이 단어를 적용시키기에는 매우 비인간적이라는 느낌을 떨치기 힘듭니다.

노인들과 교류하면서 안타까운 점은 자신의 언행을 객관적으로 생각하지 않는 사람들이 있다는 것입니다. '내가 이 말을 할 때 상대는 기분이 어떨까', '어떻게 표현해야 좀 더 좋은 관계가 될까'에 대한 고민이 적습니다. 또한 별 생각 없이 나오는 대로 말하고 무조건 이해해주기를 바라는 사람이 적지 않습니다. 상대는 이러한 태도에 마음에 상처를 입지만 막상 그렇게 말한 당사자는 자신의 잘못을 전혀 인지하지도 인정하지도 않습니다.

사람에게 일을 시키거나 일을 주는 입장이 일을 받는 사람보다 결정권과 영향력이 더 큰 것은 맞지만, 그렇다고 그 기회를 이용해 이런 식의 권력을 행사하는 것은 인간존중의 개념은 아예 안중에 없는 소인배적이고 이기적인 행동이라고밖에 볼 수 없습니다. 모든 인간은 일을 주건 받건 상관없이 기본적으로 서로 인격을 존중하고 적절하게 대우를 하는 기본 예의를 갖추어야 하잖아요.

이런 태도는 타인과의 관계에만 국한되지 않습니다. 가족 사이에서도 발생하는데, 무시당하지 않겠다는 심리가 작용해서 그러기도 합니다. 아무도 무시하거나 경시하는 가족이 없는데도 혼자 그렇게 생각하며 방어적 전략으로 권위를 내세우기도 합니다. 그런 노인은 자신의 입장만을 생각할 뿐 자신의 언행으로 가족이 받는 상처는 헤아리지 못합니다. 그러면 가족 사이에서도 불편한 존재가 되어 가족활동에서 배제되기 쉽습니다.

인간 사이에서는 말이 비수가 되기도 하고 솜사탕이 되기도 합니다. 고마워요, 수고했어요, 고생했어요 하는 말은 인간관계를 더욱 돈독하게 하며 자발적 동기를 부여하여 좀 더 친절하게 한 가지라도 더 해주려고 하는 마음을 이끌어냅니다. 반면 하인 대하듯 질책하면 상대는 마음에 상처를 입고 떠나가게 되어 있어요. 권위는 부릴 때 오는 것이 아니라 존중할 때 생기며 그리고 덤으로 사랑까지 따라온다는 점을 기억하면 좋겠습니다.

나이 들면 모두 똑같아질까

노인이 되어가는 과정과 관련된 재미난 말이 있습니다. 몇 살이 되면 배운 사람이나 못 배운 사람이 똑같아지고, 또 몇 살이 되면 예쁜 사람이나 안 예쁜 사람이 똑같아지고 … 죽은 사람이나 산 사람이 똑같아진다는 말입니다. 많은 사람이 그 이야기에 공감을 하며 박장대소를 하던 우스갯소리입니다. 이 이야기는 그저 웃자고 한 말이므로 맞고 틀리고를 따지는 것은 무의미하지만 그래도 굳이 답을 내자면 저는 '그렇지 않다'에 한 표를 던집니다.

인간은 나이 들어가면서 어떤 평균치에 가까워지는 경향이 있습니다. 외모가 평균적인 노인의 모습과 비슷해지고, 노인 특유의 감정과 사고 방식을 하는 경향을 보이고, 밖에 나가기보다 TV를 틀어놓고 집에서 무료하게 시간을 보내는 어떤 평균치의 모습이 늘어납니다. 그러다 보니 그런 유머도 나온 것 같은데, 의식이 깨인 사람과 그렇지 않은 사람은 분명히 다르며 삶의 질과 만족도에서도 큰 차이가 납니다.

노인을 만나면 눈동자가 회색빛으로 멍한 사람이 있는가 하면 여전히 반짝거리는 사람이 있습니다. 눈동자가 흐릿한 사람은 날짜에 대한 개념이 없고 오늘이나 내일이 같으며 삶에 희망이 없습니다. 새로운 것에 호기심은 더욱 없습니다. 이미 나이가 많아서 무엇을 새로 하기엔 너무 늦었다고 생각하고 지레 포기를 해요. 반면 눈빛이 살아 있는 사람들은 세상사에 관심이 많고, 오늘 하루를 힘차게 보내려는 의지가 있으며, 대화도 좋아합니다. 이들은 또래에 비해 건강하며 새로운 도전을 거부하지 않습니다. 삶을 대하는 자세가 확연하게 다르니 활동량이 다르고 행복감도 차이가 납니다.

에릭슨은 생애주기별로 과제를 제시합니다. 인간은 태어나서 청소년기를 거쳐 어른이 되어 노인으로 살다 세상을 떠날 때까지 각각의 생애주기별로 해내야 하는 일들, 즉 과업이 주어진다고 합니다. 어렸을 적에는 적당한 교육을 받으며 바르게 성장해야 하고, 성인기에는 경제활동을 하며 사회적 관계망을 형성하고 가족을 이루어 그에 대한 책임을 집니다. 그러다가 노년기에 이르면 노인이 된 자신의 신체적 변화에 적응하고 가족 안에서 과거와는 다른 새로운 역할을 수행하게 됩니다. 이때 에릭슨이 노년기의 발달과업으로 강조한 것이 '통합'입니다.

통합이란 자신의 지난 삶을 흑과 백, 성공과 실패와 같이 극단적으로 양분하지 않고 삶에는 여러 요소가 혼합되어 영향을 주므로 인생 역시 성공과 실패가 섞여 있을 수밖에 없음을 인정하고 받아들이는 것입니다. 젊은 시절에는 실패를 받아들이기 힘듭니다. 성공해야 하고, 인정받아야 하며, 물질적으로도 풍요로워야 한다고 생각합니다. 그러나 살아보면 성공도 있지만 실패도 있고, 인정도 받지만 무시를 받을 때도 있습니다. 모든 이의 삶이 그러하다는 것을 깨달으면 자신의 삶 역시 성공과 실패로 나눌 이유가 없습니다. 이제까지 열심히 살아온 것 자체에 의미를 두고 스스로의 가치를 확인하면 되는 것입니다. '내 삶을 뒤돌아보니 실패는 좀 있었지만 누군들 안 그러겠어. 이 정도면 잘 살아온 거야'라고 긍정적으로 생각하면 자신이 걸어온 길이 만족스러우므로 활기찬 노후를 보낼 힘이 납니다. 반대로 '나는 왜 이런 거야. 남들은 다 잘사는데 나는 이루어놓은 게 하나도 없는 실패한 인생이야'라고 생각하면 그 사람은 절망에 빠져 세상을 원망하며 불행한 노후를 살게 됩니다.

  우리나라 사람들은 노년에 대해 관심이 없다 보니 노인이 되어 어떤 마음가짐으로 삶을 대할지, 어떤 태도로 다른 사람을 상대할지 같은 문제에 고민이 적습니다. 그저 평생 살아왔던 생활방식 그대로, 평소 가지고 있던 사고방식 그대로 노인이 됩니다. 삶에 대한 성찰이 없으니 반성이나 잘못에 대한 교정의 노력도 따르지 않겠지요. 그 결과 노인은 종종 아름답지 않은 사람이 됩니다. 어떻게 살든 상관없다고 생각하면 어쩔 수 없지만 자신의 노후가 아름답기를 원한다면 지난날에 대한 불만보다는 현재 상태를 받아들이고 그 상태에서 어떻게 주위 사람들과 좋은 관계를 유지하며 아름답고 편안한 삶을 살 수 있을지 고민하는 것이 건설적이며 현명한 삶의 방식이라고 생각합니다.

삶의 성찰이란 삶의 방향과 목적에 대한 성찰뿐만 아니라 과거 삶에 대한 반성도 필요합니다. 이 두 가지는 말은 쉽지만 실천하기는 어려우며, 때로는 잊고 싶은 자신의 과거를 직면해야 하는 부담도 집니다. 그러나 고통 없는 성장은 없습니다. 자신의 노년을 스스로 책임지고 아름답게 살려는 의식이 확고할 때 그는 똑같은 노인이 아닙니다.

웃는 얼굴이 아름답다

노인을 돌보는 가족 중에는 부모와 부딪쳐서 힘들어하는 사람들이 있습니다. 돈이 들어가고 돌보는 데 시간을 뺏겨서 그런다기보다는 돌봐줘도 고마워하지 않고 이기적이라는 이유 때문입니다. 그런데 그들은 원래 그런 사람이 아니었습니다. 젊었을 적에는 다른 사람들과 잘 어울렸던 반듯하고 마음씨 좋은 사람들이었는데 본인도 모르게 어느 사이 변해버린 것입니다. 실제로 인간은 나이가 들어가면서 감정 변화가 심하고 쉽게 화를 내며, 한 번 분노하면 잘 풀지 못합니다. 또 서운함이 커지고 배려심은 적어집니다. 다른 사람의 입장보다 본인 몸을 더 중요시하고 본인 불편한 것을 최우선으로 생각합니다. 그리고 돌봐주는 사람에게 고맙다는 인사도 잘 못합니다. 정신적 퇴행을 하는 겁니다.

정신적 퇴행은 노년기 정신적 변화의 특징 중 하나입니다. 모든 것을 자기중심적으로 판단하는 경향이 강해지고 다른 사람의 어려움에 대한 공감능력이 떨어지며 작은 일에도 서운해 합니다. 어떤 문제가 생기면 원인을 합리적으로 분석하기보다 남 탓으로 돌리거나 원망하며 고집을 부리기도 합니다. 그래서 나이 들면 아이가 된다는 말을 듣게 됩니다.

노인을 돌보는 요양보호사가 여름철에 가족과 휴가를 가게 되면 일을 며칠 빠지게 되니 노인과 미리 상의를 합니다. 그러면 '그동안 나 때문에 고생했으니 잘 놀고 와'라고 다정하게 말하는 사람도 있으나, '너는 좋겠다. 두 다리가 성해서 놀러 갈 수 있으니'라고 내뱉는 사람도 있습니다. 마음대로 걷지 못하여 외출이 힘든 노인에게 휴가는 꿈속에서나 그려봄직한 일이기에 부러워할 수 있으나 그렇다 하더라도 그런 식의 말은 누가 들어도 예의에 어긋나고 기분 나쁜 말이 분명합니다. 하지만 당사자는 본인의 말이 상대에게 어떤 감정을 불러일으키고 어떤 영향을 줄지까지 깊게 생각을 못합니다. 그저 저 사람은 잘 걸어서 가족과 행복하게 여행을 가는데 나는 꼼짝없이 집에 갇혀서 지낸다는 억울함만 가득할 뿐입니다.

이렇게 자신의 문제에만 집중하는 사람은 모든 것을 제치고 내 일을 우선적으로 봐줘야 한다고 생각합니다. 물론 이런 현상은 보통 사람들에게도 가끔 일어납니다. 어떤 문제에 부딪히면 자신의 문제가 세상에서 가장 심각한 것 같고 자신이 가장 불행한 사람으로 느껴지는 경우가 있잖아요. 차이는 보통 사람은 문제가 해결되면 다시 본래의 사고방식으로 돌아가지만 노인은 그 자리에 머무르며 비슷한 형태의 반응을 되풀이합니다. 그런 자기중심적인 사고는 필연적으로 다른 사람들과의 마찰을 불러일으켜 사람 사이가 나빠지게 되며 노인은 속 좁고 고마워할 줄 모르는 이기적인 사람으로 각인됩니다.

비슷한 맥락에서 가족이 힘들어하는 것 중 하나가 부모가 아프다고 늘 불평하는 것입니다. 나이 들면 몸의 마디마디가 쑤신다는 말이 있을 정도로 온갖 통증에 시달리는 사람들이 많습니다. 평생 몸을 반듯하게 지탱해준 척추에 협착이 일어나거나 사고 등으로 골절되기도 하여 쇠

핀을 박은 사람들이 있고, 사고를 당하지 않았다 할지라도 여러 이유로 허리 통증을 갖게 됩니다. 무거운 짐을 나르고 온갖 일을 해내던 손과 다리 역시 관절염으로 붓거나 물이 차며 변형되어 시리고 아프지요. 그뿐인가요. 감각기관의 퇴화로 눈의 시력은 희미하고, 코는 냄새를 못 맡으며, 입안은 따갑고, 귀는 잘 들리지 않으며, 엎친 데 덮친 격으로 몸은 점점 무기력해져 갑니다. 또 몸의 대사와 혈액 순환에 문제가 생기면서 고혈압, 당뇨병 등의 만성질환이 생기니 원치 않은 약을 먹게 되며 입맛이 떨어집니다.

그러다 보니 '아프다', '입맛 없다'는 말을 입에 달고 사는 사람들이 많습니다. 그런 말들은 노인의 현재 상황을 나타내는 솔직한 표현이지만 문제는 지속적으로 반복되면 가족에게 부담을 준다는 것입니다. 자식은 아픈 부모를 병원으로 모시고 다니고, 입맛 없는 부모를 위해 외식을 하거나 새로운 반찬을 해주어도 불평은 끊이지 않습니다. 평상시는 그럭저럭 참고 살다가 가족 얼굴을 보면 갑자기 앓는 소리를 내는 사람들이 있는데, 본인이 고통 속에 있다는 것을 알아달라는 표현이지만 듣는 사람의 입장에서는 여간 불편한 것이 아닙니다.

저는 한때 독일 대학에서 공부를 해볼까 생각하던 시기가 있었습니다. 대학 공부에 앞서 어떤 주립 어학원에서 독일어 공부를 했는데, 어학원은 겨울방학에 홈스테이 기회를 제공했어요. 그런데 원래 가기로 했던 가정이 여행을 가버리는 바람에 그들이 돌아올 때까지 잠시 어떤 노부부 가정에 머무르게 되었는데, 이후 저는 이 부부와 오랜 기간 편지를 주고받으며 인연을 이어갔습니다.

노부부는 제1차·제2차 세계대전 이야기가 나오자, 전쟁은 대부분의 독일 시민의 의지와 상관없이 발발했으나 결과적으로 많은 사상자와 이웃 국가들에게 피해를 입힌 것에 아주 미안해했습니다. 전쟁 기간 중 서민의 삶이 피폐하고 힘든 건 독일도 마찬가지였다고 합니다. 어려운 여건 속에서도 부부는 자식들을 훌륭하게 독립시켰으며, 부부가 함께한 덕에 어려움을 극복했다고 서로에게 고마워하면서 정원 가꾸는 데 많은 시간을 할애하며 평온하게 지냈습니다.

할아버지가 돌아가시고 할머니가 80대 중반에 이르러 보낸 편지에는 이런 문구가 자주 등장합니다. "아침에 눈을 뜨면 내가 하루를 다시 시작할 수 있음에 감사한다. 온몸은 여기저기 크고 작은 통증으로 안 아픈 곳이 없으나, 그래도 정원을 가꿀 수 있으며 남에게 의지하지 않고 집안일을 할 수 있어 얼마나 다행인지 모른다. 신이 허락하는 날까지 주어진 하루하루에 그저 감사할 뿐이다."

당시 아직 젊어 노인이나 노후에 대해 생각해보지 않았던 상태였지만 할머니의 편지는 늘 감동적이었습니다. 할머니는 전신에 통증이 있었지만 편지에 '아파 죽겠다', '밥맛이 없어 힘들다'는 표현을 쓴 적이 없으며, 매 순간을 온전히 받아들이고 만족하며 행복해했습니다. 할머니에게는 세상에 대한 욕망을 내려놓은 후의 평온, 신체적 불편에도 불구하고 삶을 계속할 수 있음을 축복으로 받아들이는 여유, 주어진 삶을 수용하는 겸손, 다름을 인정하고 받아들이는 온화함, 연륜에서 나오는 지혜가 있었습니다. 그러면서도 독립성과 주체성을 잃지 않으려는 당당함, 자신을 둘러싼 모든 것에 대한 감사가 있었습니다.

온화한 마음으로 주어진 하루하루를 감사하게 받아들이며 평온하게 일상을 살아가는 모습이 진정 노후의 행복이라고 생각합니다. 할머니는 세상을 떠난 지 오래지만 할머니의 향기는 지금도 내 가슴에 가득합니다.

좋은 습관은 사랑받는 첫걸음

심 할머니는 80세가 넘었는데, 아파트에서 혼자 살고 있습니다. 치매가 심하여 사람을 처음 만나면 "올해 나이가 몇이유? 아이는 있소?"를 내리 다섯 번쯤 물어봅니다. 단기기억 문제로 지금 막 한 말을 기억 못하기 때문이에요. 할머니는 예의 바른 분이기는 하지만 목욕시키기는 대단히 힘듭니다. 물을 싫어해 기분이 좋다가도 목욕 소리만 나오면 아프다고 자리에 누워버리거나 몸이 안 좋다고 꾀를 부립니다.

윤 할머니 역시 치매 환자인데, 딸 가족과 함께 삽니다. 딸은 어머니에 대한 사랑이 각별해 식사는 물론 TV 보기 등 일상생활을 함께합니다. 할머니는 걷는 데는 별 어려움이 없지만 인지 기능이 저하되어 월요일부터 금요일까지 주야간보호센터를 다니고 있습니다. 딸은 일주일에 한 번은 거르지 않고 꼭 목욕을 시키는데 그 덕분에 목욕을 거부하지 않고 순하게 받아들입니다.

두 가지 예를 들었는데, 치매 환자의 경우 후자는 열 명에 두세 명 정도에 불과합니다. 인지 기능에 문제가 생기면 무엇보다도 위생 관념이 가장 먼저 저하되어 목욕이나 씻기를 아주 싫어하고 옷도 안 갈아입으려 합니다. 잘 씻어도 몸에서는 이런저런 냄새가 나는데 씻지 않으면 가까이 가기가 힘들지요. 게다가 노인 피부는 건조해서 비듬이 심하게 일어나기도 합니다. 그런 노인의 방은 흰 가루가 날리며, 심지어 잠시 앉았던 자리에도 흔적이 남습니다.

노인의 몸과 노인이 쓰는 방에서는 독특한 냄새가 납니다. 오래된 책에서 나는 냄새 같기도 하고 오랫동안 환기하지 않은 방에서 나는 것 같기도 한 특이한 냄새가 납니다. '노인 냄새'라 불리는 이것은 우리 몸 피지 속의 지방산이 빨리 배출되지 못해 산화·부패하면서 만들어진다고 합니다. 이 물질은 40대 이후부터 서서히 만들어져 노년기로 갈수록 양이 많아지는데, 나이 들수록 신진대사가 원활하지 않아 냄새가 심해집니다. 그래서 의사들은 자주 그리고 꼼꼼하게 씻으라고 조언을 해요.

씻는 문제가 꼭 병에 걸린 환자나 고령의 노인에게만 해당되지는 않지요. 더 젊은 사람들 중에서도 반찬 냄새, 담배 냄새가 지독하고 머리는 헝클어져 있으며 지저분한 옷을 입고 있는 사람들이 있습니다. 몸에서 나는 냄새는 옷에 배고 그가 사용하는 방과 집 안까지 냄새를 퍼뜨립니다. 이렇게 생활공간에 냄새가 한번 배면 자주 환기를 하고 청소를 깨끗이 해도 잘 없어지지 않습니다. 요양원에 가면 머리 아픈 냄새가 나는 곳이 있어요. 기저귀를 착용하는 노인들에게서 나는 냄새가 공간에 밴 것입니다. 요양원 측에서 매일 락스 등으로 철저하게 소독과 청소를 해도 이미 밴 냄새는 잘 제거되지 않습니다.

노인이 냄새 문제에 무심한 이유는 우리의 감각기관 중 코가 가장 먼저 퇴화하기도 하고 또 가장 적응을 잘하는 기관이라는 데 이유가 있습니다. 특이한 냄새를 맡으면 처음에는 이상하지만 곧 더 이상 같은 냄새에 예민하게 반응하지 않지요. 애완동물을 키우는 사람들이 자신의 집에서 나는 동물의 냄새를 잘 맡지 못하는 것도 그렇다고 볼 수 있지요. 이것이 어쩌면 동거 가족에게는 좋은 점이 될 수는 있을지 모릅니다. 노인과 같이 살면서 매일 이런 냄새에 예민하게 반응하면 힘들 수 있으니까요. 냄새를 풍기는 당사자인 노인은 후각이 저하되어 냄새를 잘 맡지 못하며, 특히 자신에게서 나는 냄새는 더욱 알지 못합니다.

인지 기능이 저하된 노인은 훈련이 필요해요. 아무리 기억력이 나빠졌어도 규칙적으로 반복하면 그런 훈련이 단기기억력에 쌓여 습관으로 형성됩니다. 그러나 보통 노인보다 익숙해질 때까지 시간은 걸리는 것은 감안해야겠지요. 그런 맥락에서 인지 기능에 문제가 없는 사람도 후일을 위해 평소 좋은 습관을 유지하려는 의식적 노력이 필요하다고 생각합니다. 삶은 습관의 연속입니다. 평소 몸을 청결하게 하는 것을 당연하게 여기고 규칙적으로 목욕하고 샤워하는 사람은 혹여 인지 기능에 문제가 생겨도 평소 습관이 남아 있어 씻는 것을 거부하지 않습니다.

인간은 누구나 타인의 사랑과 관심을 필요로 하고 타인과 교류하며 살기를 원합니다. 몸 관리를 제대로 안 해 역겨운 냄새가 난다면 누가 가까이 오겠습니까. 흉허물 없는 가족이라도 냄새 때문에 피할 수 있어요. 매일 샤워를 하고 깨끗하게 옷을 갈아입는 좋은 습관은 자신의 건강을 지키는 길이고 타인으로부터 사랑을 받고 타인과 좋은 관계를 맺는 가장 쉬운 방법이기도 합니다. 나이 들면 아무리 깔끔하게 몸 관리를 해도 젊을 때처럼 상쾌한 느낌을 주기 어렵다는 점을 잊지 않았으면 좋겠습니다.

가족 간에도 예절이 필요하다

술에 취해 몸을 가누지 못하는 사람도, 늦은 밤 학원에서 공부를 끝낸 학생들도 향하는 곳은 모두 같습니다. 집. 집은 우리가 마땅히 속하는 곳이며 그곳에는 따뜻하게 맞아주는 가족이 있지요. 우리는 가족을 언제나 포근하게 기댈 수 있고 무조건 사랑해주는 사람들로 믿습니다. 그러다 보니 그들을 함부로 대하는 경향도 있습니다. 서로 잘 아는 사람이고 편한 사람이므로 어떤 흉허물도 이해할 것이라는 믿음이 깔려 있기 때문이지요. 화를 내거나 짜증을 부려도 다른 사람은 몰라도 가족은 이해할 것이라 믿습니다.

가족을 들여다보면 상처가 난 집들이 꽤 있습니다. 삶을 살다 보면 어쩔 수 없이 크고 작은 상처를 받게 마련입니다. 그럴 때 보통은 타인으로부터 받은 아픔은 비교적 쉽게 털어버리고 그만큼 빨리 회복하지만 가족으로부터 받은 상처는 마음에 깊은 자국을 남기고 극복도 어렵습니다. 타인은 안 봐도 되지만 평생을 봐야 하는 가족에게는 냉정하고 단호한 결정을 내리기도 힘듭니다. 그래서 심리상담소나 정신과 의원에는 가족 문제를 들고 오는 사람들로 넘쳐납니다. 극단적인 경우는 더 이상 상처받지 않으려 아예 스스로 가족관계를 단절하기도 합니다.

노인이 된 부모가 흔히 하는 잘못 중 하나는 부모의 지위에 대한 집착을 꼽을 수 있습니다. 잠시 다니러 간 자식 집에서 눈에 거슬리는 것을 참지 못하고 잔소리를 하거나 음식의 간을 제대로 못 맞춘다고 짜증을 냅니다. 자식 나이가 오륙십이 넘어섰는데도 여전히 가르치려 하고 훈계하려 듭니다. 이들의 공통적 생각은 부모니까 이 정도의 불평은 해도 되고, 부모니까 충고를 하는 것이며, 부모니까 잘못을 지적한다는 것입니다. 그런 생각에 사로잡혀 있으므로 너는 자식이니까 내 말을 들어야 하고, 자식이니까 순종해야 하며, 자식이니까 모셔야 하는 것 등을 모두 당연하다고 여깁니다.

도로 폭이 좁은 곳은 일방통행 도로로 지정하는데 가끔 모르고 들어온 차로 오도 가도 못할 때가 있습니다. 운전자들은 서로 상대방에게 먼저 차를 빼라고 소리 지르고 심하면 멱살잡이도 일어납니다. 부모와 자식 사이도 그런 것 같습니다. 서로 존중하고 수평적으로 교류하면 양방향 소통이 원활하지만 어떤 문제로 막히면 일방통행 도로의 두 운전자처럼 서로 얼굴을 붉히고 싸움이 일어납니다.

가족은 집이라는 제한된 공간 속에서 하나의 집단으로 살아가므로 긴밀한 상호작용이 일어납니다. 두 사람 사이에 문제가 전 가족의 문제로 비화할 수 있고, 한 사람의 문제가 전체 가족의 생존을 위협할 수도 있지요. 그러므로 친밀함 속에서도 어느 인간 집단보다 더욱 예절을 갖춘 대화와 서로에 대한 조심성이 있어야 합니다. 감정이 상하지 않도록 조심하고 상대의 입장을 배려하는 마음가짐이 중요합니다. 가족이므로 함부로 대해도 좋은 것이 아니라 가족이므로 더욱 아끼고 배려해야 합니다. 그러므로 혹시 자신이 다른 가족에게 스트레스를 주고 있지는 않은지, 무리한 요구를 하는 것은 아닌지, 예의에 벗어나지는 않은지 자주 점검해볼 필요가 있습니다. 그리고 다른 사람들에게는 웃으며 화목하게 지내라고 충고하면서 막상 본인은 명령하고 간섭하는 권위주의적 태도를 취하고 있지는 않은지도 생각해봐야 합니다.

돈, 무시하면 무시당하기 쉬운

부유한 할아버지가 있었습니다. 할머니는 오래전에 세상을 떠났고 아들이 둘 있습니다. 큰아들은 아버지의 재산을 믿고 평생 취업을 하지 않았으며 나중에는 아버지를 돌본다는 핑계로 아예 아버지 집에 들어와 살게 됩니다. 그런 장남이 불안했던 할아버지는 똑똑하게 앞가림하는 차남에게 살고 있는 작은 아파트 한 채를 남기고 빌딩을 포함한 전 재산을 증여했습니다. 물론 다짐을 받았지요. 나중에 생활비를 주고, 혹시 아프면 병원비도 대주기로요. 이후 차남은 할아버지가 60대 중반부터 매달 50만 원씩 송금했으나 폐암으로 항암치료를 받는 의료비는 모르는 척 했습니다. 화가 난 할아버지는 재산반환소송을 했지만 불행하게도 재판 도중 사망했습니다.

노인들 사이에서는 재산을 미리 주어야 하느냐 말아야 하느냐로 논쟁이 분분합니다. 가짜 금반지라도 끼고 있어야 유리하다는 사람들과 나이 들었으니 미리 물려주는 것이 자식이 편하게 사는 길이며 세금을 줄이는 방법이라는 의견이 팽팽합니다. 또 자식이 재산을 미리 물려달라고 압박하기도 합니다. 이래저래 노인은 어찌해야 좋을지 헷갈립니다.

노후 절벽이라고?

인구사회학적 측면에서 우리 사회의 미래 거울과 같은 일본에서는 아무 문제없이 잘살던 중년들이 노년에 들어 빈곤의 나락으로 떨어진 사람들이 많아지고 있어 그 위험을 경고하는 책들이 많이 출판되고 있습니다. 노후 대비가 없던 사람은 물론이고 그런 위험의 조짐이 전혀 없던 중산층조차 그렇게 된다는 것입니다. 후지타 다카노리의 『2020 하류노인이 온다』, 아카기 도모히로의 『98%의 미래, 중년 파산』 등이 그러한 책이지요. 이들은 정상적인 삶을 살았다 할지라도 노년에 들어서 고령, 질병, 이혼, 자녀, 간병 등의 다양한 이유로 갑자기 하류노인, 즉 빈곤노인의 늪으로 떨어지는 사람들이 무수히 많다고 사례를 보여주며 노후의 빈곤을 경고합니다. 우리보다 연금수령액이 많고 보유자산도 양호한 일본에서 그런 문제가 발생한다는 것이 믿어지나요?

우리나라에는 노인 빈곤을 대표하는 거리 풍경이 있습니다. 폐지 줍는 노인. 재활용품 중 폐지는 인기가 있어 내놓자마자 사라집니다. 등이 굽고 야윈 노인들이 곳곳에서 모은 폐지를 손수레에 싣고 고물상으로 향하는데, 이들이 폐지를 수거하는 목적은 생활비를 벌려는 것이며, 절반 정도가 1인 가구이고, 70대가 많으며, 한 달에 20만 원 미만의 돈을 버는 것으로 나타납니다. 그 숫자가 전국적으로 170만 명 이상이고요. 노인 빈곤이 이들만의 문제일까요?

우리나라의 고령화율, 즉 전체 인구 중 65세 이상이 차지하는 비율은 17% 가까이 됩니다. 1955~1963년, 우리나라 인구구조에서 출생률이 가장 높은 구간, 이른바 베이비붐 시대에 태어난 사람들이 2020년부터 노인으로 분류되기 시작하니 앞으로 고령화율은 급격하게 높아질 것입니다. 2020년 국민연금공단의 발표에 따르면, 이들 중 국민연금 수급자는 남녀를 합해 절반에 약간 못 미치며 이들의 연금수급액은 월평균 50만 원선입니다. 구체적으로 보면 수급권자 중 남성이 61%, 여성이 32%이며, 평균금액은 남성이 62만 원, 여성이 34만 원 수준입니다. 거꾸로 풀이하면 남성의 39%, 여성의 68%는 국민연금을 전혀 받지 못한다는 뜻이고, 생활비가 없어 연금을 앞당겨 수령하는 조기수령자도 6만 명에 달합니다. 이제부터 노인층으로 유입되는 거대한 인구의 노후 대비 취약성을 단적으로 보여주는 통계입니다. 다행히 2021년부터는 연금 수급자 수가 많이 늘고 수령액도 상향 추세를 보이고 있지만, 여전히 필요 소득에는 크게 못 미치고 있습니다.

우리나라는 노후 대비에 대한 의식이 낮고 실제 준비도 허술하니 빈곤자의 양산은 시간문제라고 볼 수 있습니다. 현재 중산층으로 분류되는 사람 10명 중 6명 정도가 은퇴 후 빈곤층이 될 것이라는 어느 투자회사의 분석도 있습니다. 현재도 노인 빈곤율이 OECD 국가 중 1위인데 전체 인구의 15% 이상을 차지하는 베이비부머가 은퇴를 본격적으로 시작하면 어떻게 될지 국가도 당사자들도 걱정이 많습니다.

노후 소득 준비도 문제지만 개인이 지고 있는 빚도 상당합니다. 사회는 개인에게 빚을 권하며, 노인이라고 예외가 아닙니다. 조사에 따르면 노인 중 상당수가 빚을 지고 있으며 도저히 상환능력이 안 되어 개인파산을 신청하는 사람도 있습니다. 미국과 유럽은 중장년층 시기에 가계부채 비율이 높아졌다가 노년층에 진입할수록 낮은데, 우리나라는 그와 반대의 현상을 보입니다. 한국은행이 2019년에 발간한 「금융안정보고서」에 따르면, 가계대출은 30대 이하 6천만 원대, 40~50대 9천만 원대, 60대 8천만 원대로 나타나, 연령이 높아져도 빚은 줄지 않는 모양새입니다. 더욱이 전체 대출 중 60대 이상이 18% 이상을 점하여 비율도 높은 편입니다. 문제는 일정 소득이 있다고 하더라도 생계비·병원비의 지출이 많고 나이가 들어갈수록 소득은 줄어들어 빚을 갚기는 더욱 요원해진다는 점입니다. 대학생 때의 학자금 대출부터 시작해서 결혼하면서 전세자금 대출, 이후 집을 사면서 주택 구입자금 대출, 자녀 교육비에 노후 생활비까지 살아가는 동안 내내 빚이 따라다니는 형국입니다. 치밀하게 계산하고 대비하지 않으면 평생 빚의 늪에 빠지기 십상입니다.

소득 문제는 남성보다 여성에게 더 위협적입니다. 여성은 기대수명이 남성보다 6년 이상 더 길고 남편과 3~5년 나이 차이가 나는 점을 감안하면 거의 10년 정도 혼자 살아가야 합니다. 우리나라는 남성이 돈을 벌고 여성은 전업주부로 사는 비율이 높은 만큼 주 소득원인 남편이 사망하면 남은 아내가 빈곤해질 확률은 당연히 높아지게 됩니다. 그 결과 부부 가정보다 여성 혼자 있는 가정이 훨씬 더 빈곤합니다. 지금은 그렇지 않지만 국민연금은 초기에 가입 기준을 엄격하게 해 남편이 국민연금에 가입되어 있으면 아내에게 가입의 기회를 허락하지 않았으며, 사회 전반적으로 연금에 대한 인식도 낮아서 개인연금 등으로 준비를 한 사람의 수가 적어서 더 문제를 키웠습니다. 이혼 후 연금을 분할하는 분할연금은 국민연금과 공무원연금 등의 특수직역연금이 모두 인정하지만 조건에 맞는 사람만이 가능합니다.

우리가 인정하지 않는 것 중 하나는 대한민국이 세계에서 10위권을 넘나드는 외환보유국이고 세계에서도 상위권에 드는 잘사는 나라라는 사실입니다. 국가의 위상은 그러하나 개인은 실감하지 못합니다. 개인적 삶의 질은 분명 과거에 비해 절대적 기준에서 개선된 것은 분명하나 상대적 빈곤은 심하여 부유한 나라의 국민임을 체감하지 못하는 거지요.

국가는 과거에 비해 비약적으로 성장하고 부유해졌으나 노력의 과실은 유감스럽게도 그 과정에 참여하여 땀 흘린 개인에게 고루 분배되지 않았고 소득 격차는 시간이 갈수록 커져만 가고 있습니다. 충분히 준비한 사람은 자랑스러운 대한민국을 느끼지만 당장 먹고 살 길이 막연한 사람들은 대한민국이 그렇게 부자 나라라는 것에 의문을 던지며 힘든 노후의 삶을 매일 온몸으로 느끼고 있습니다.

현재 우리나라 노인 빈곤율의 통계를 보면 노인 10가구 중 6~7가구는 중위소득의 절반도 되지 않으며 정부에서 주는 기초연금에 의지해 사는 사람들도 적지 않습니다. 이와 같이 노후 대비가 충분하지 않다 보니 퇴직한 후 제2의 일자리를 찾는 고령자가 갈수록 늘고 있습니다. 이들 중에는 무언가 일할 거리를 찾아서 생산적으로 시간을 보내고자 하는 사람도 있지만 그보다는 생계비를 벌려는 사람이 훨씬 더 많습니다. 이들이 종사하는 분야는 아파트 경비, 편의점, 건물 청소, 주유소, 배달 등의 단순 업무가 많은데 자리를 두고 경쟁도 치열하다고 합니다.

퇴직 후 소득대체율을 보면 국민연금과 각종 소득을 모두 합해도 퇴직 전 소득의 40%를 조금 넘는 선에 불과해 모자란 생활비를 위해 일하지 않으면 안 되는 상황입니다. 덧붙여 자영업자 비율도 높은데, 재취업이 힘드니 어쩔 수 없이 자영업으로 몰립니다. 경제 전문가들은 자영업 진출의 위험을 계속 경고하지만 투자에 나서는 퇴직자를 막을 수는 없으며, 고령층의 폐업률은 유감스럽게도 다른 세대와 비교할 수 없이 높습니다.

젊은 시절에는 노년기가 실감 나지 않습니다. 자신과는 상관없는 무엇인가로 막연하게 인식하며 지금 잘 벌고 있으면 미래에도 지금 수준으로 살 것이라고 상상합니다. 그러나 수많은 연구에서도 보았듯 중산층이 노년기에 빈곤층으로 전락하는 비중이 적지 않습니다. 운이 좋아 안정적 소득을 확보했다 하더라도 수십 년에 달하는 긴 노년기를 살아가면서 어떤 위험에 처할지 아무도 모릅니다. 덧붙여 혹시 국민연금을 기대하고 있다면 퇴직연령과 국민연금 수급 시기 사이에 공백이 있으며, 기초연금을 염두에 두고 있다면 국민연금과 기초연금 사이에도 공백이 있다는 점을 계산에 두어야 합니다.

사정이 이렇다 보니 보유자산을 이용해 노후를 보내려는 움직임도 늘고 있습니다. 대표적인 예가 소유한 집을 담보로 주택연금에 가입하여 매월 생활비를 조달받는 것입니다. 7만 명 이상이 가입했고 100세 이상도 있다 합니다. 이 대목에서 잠시 생각해볼 것은, 만약 이렇게 자신의 노후를 위해 자산을 끝까지 지켜야 할 입장이라면 그것을 자식을 포함한 이해관계자들에게 미리 명확하게 밝혀두어야 한다는 점입니다. 부모와 자식을 분리하는 않는 문화에서 자란 우리 중에는 부모가 축적한 재산을 마치 본인의 것인 양 마땅히 상속받아야 하는 것처럼 권리를 주장하는 경우도 적지 않거든요. 그러니 만약 집을 담보로 주택연금을 받을 생각이라면 자식이 부모 재산에 욕심을 내지 않도록 미리 확실하게 선을 긋는 것이 좋습니다.

한편 이러한 추세에도 불구하고 자식에 대한 사랑이 하염없는 한국의 부모들은 재산 상속에 대한 꿈을 포기하지 않기도 합니다. 어떤 연구소가 2018년에 상속에 관한 의식조사를 했는데, 재산이 많든 적든 부모의 60% 이상이 자식에게 재산을 상속해주고 싶어 했습니다. 이유로는 생활기반을 마련해주고 싶어서가 가장 높게 나타나 자녀의 재정적 자립을 돕고 싶다고 했습니다. 반대로 자녀들을 대상으로 상속을 원하는지 물었더니 결과는 뜻밖에도 20대가 가장 높은 반응을 보였다 합니다. 젊어서 돈을 벌 기회가 많은 시기인데도 고용이 불안정한 사회 상황이 영향을 주는 것 같습니다. 재산을 상속받고 싶어 하는 자식의 희망과 물려주고자 하는 부모의 염원이 맞물리면 부모는 어떻게든 하나 있는 집을 팔지 않고 지키려 허리띠를 졸라맵니다. 그러나 과연 이런 결정이 현명한지 충분히 숙고해야겠습니다.

어느 나라에 비교할 수 없이 평생 열심히 일을 했는데 그것도 부족해 나이 들어서까지 일감을 찾아 나서는 우리나라 사람들. 이러한 현실은 사람의 심리에 큰 영향을 끼칩니다. 세상에 대해 분노할 수 있고, 그런 분노는 가족을 향해 분출될 수 있으며 범죄로 이어지기도 합니다. 그러므로 충분하게 경제적 대비를 하는 것이 불행과 파국을 막는 길이라고 봅니다.

돈은 눈이 없지만 우리는 눈에 불을 켜고 돈을 찾아다닙니다. 돈은 가지고 있어도 늘 부족하며, 주는 사람은 뺏기는 기분이 들어 싫고 받는 사람은 감질이 납니다. 각자 처한 상황이 다르므로 뭐라 말할 수는 없으나 한 가지 분명한 것은 어떤 결정을 하든지 본인이 쓸 돈은 충분히 꼭 남겨 두어야 합니다.

우리의 신체는 나이 들어감에 따라 기능이 쇠퇴하고 잠재했던 질병이 출현하면서 점점 하향 곡선을 그리는데 반해, 의료비는 나이 들수록 증가하며 최종적으로는 우리 생애 가장 많은 지출이 일어나는 시점에 도달합니다. 나이에 따른 신체 기능 저하와 지출이 반비례 형태인 거지요. 그러니 지금 건강하다고 해서 언제까지 그런 상태를 유지할지 장담할 수 없으며, 또 어떤 이유로 예상하지 못한 지출이 일어날지 알 수 없다고 봐야 합니다. 집을 직접 지어본 사람들은 이구동성으로 예상보다 돈이 훨씬 많이 들었다고 합니다. 노년기 지출도 그런 것 같습니다. 생활비와 의료비 등을 어림잡아 계산해놓지만 예기치 못한 일은 늘 일어나게 되어 있어서 미리 충분하게 대비를 해놔야겠습니다.

부모의 바람 중 하나는 자식과 좋은 관계로 살다가 아름답게 이별하는 것입니다. 그러기 위해서는 재산을 어떻게 관리할지에 대한 고민이 있어야 합니다. 자신이 보유한 자산과 채무에 대해 확실한 입장을 밝히고 해줄 수 있는 것과 해줄 수 없는 것을 분명하게 구분해야 합니다. 만약 끝까지 지키고 싶다면 어떤 경우에도 재산에 대한 소유권과 사용권은 부모에게 있음을 분명하게 선언하고 선을 그어야 부모 재산을 욕심내지 않고 자립할 생각을 합니다. 좋은 마음에서 재산을 미리 물려주고 나중에 생활이 어려워져 자식에게 손을 벌리면 그때 자식이 생활비를 대줄 형편일지 아니면 그사이 마음이 변했을지 어떻게 알겠습니까. 재산을 두고 소송이라도 벌어지면 부모-자식 사이가 남보다 못하게 될 것 역시 뻔합니다. 그러니 우리가 떠난 후 자식에게 좋은 기억을 남기기 위해서라도 현명한 판단이 필요합니다.

돈은 좋아하나 돈 교육은 시키지 않는다

제가 이제까지 받은 장기간의 교육을 회상해보면 그중 돈에 대한 교육은 없었습니다. 우리 삶에서 돈이 왜 중요하며, 돈은 어떤 기능을 하는지, 왜 돈을 모아야 하는지, 돈이 없으면 어떤 결과를 초래하는지 제대로 알려준 교과나 사람이 없었습니다.

저는 충청도 산촌 태생인데, 당시 같은 마을 사람 중에서 탄광으로 돈을 번 사람이 두어 명 있었습니다. 아버지 역시 그런 사람 중 하나가 될 꿈을 꾸고 여러 번 탄광에 투자했으나 번번이 실패하여 엄청난 빚을 지게 되었는데, 바로 그 무렵 제가 대학에 진학하게 되었습니다. 후일 들은 이야기는 부모가 돈을 앞에 두고 빚을 갚을 것인가 딸을 대학에 보낼 것인가를 심각하게 고민했다고 합니다. 딸은 중학교 졸업이면 충분하다고 생각하던 그 시절, 저의 부모는 교육만이 자식의 앞길을 열어준다고 과감한 결정을 내렸고 그 대가로 빚을 갚느라 길고 힘든 시간을 보내셨습니다. 저의 부모는 자식 셋에게 모두 대학 공부를 시켰는데 우리 중 어느 누구와도 두 분이 우리의 교육비를 어떻게 조달하는지, 집안의 경제 사정이 어떤지 세세하게 밝힌 적은 없었습니다. 물론 자녀들이 돈 걱정하지 않고 편안한 마음으로 공부에 전념하도록 한 배려였지요.

대학에 입학해 교양과목으로 경제학개론을 들었으나 수요와 공급, 케인스 같은 단어만 남았을 뿐 실물경제를 움직여 우리 삶에 직접 영향을 끼치는 돈의 정체에 대해서는 듣지 못했습니다.

우리나라에는 기본적인 경제교육·금융교육이 행해지지 않고 있습니다. 기업은 이윤 추구를, 개인은 자산 증식을 목적으로 하는 자본주의 사회에 살고 있으면서도 돈에 대해 어떤 태도를 취해야 하는지, 소비와 저축의 균형을 어떻게 맞추는지, 투자 방법에는 어떤 것들이 있는지 공식적으로 교육을 시키지 않습니다. 가정에서도 학교에서도 어린 시절부터 체계적으로 돈에 대한 개념을 정립시켜주는 교육은 존재하지 않습니다.

어린이와 청소년을 위한 교육은 돈벌이보다 학문의 연마와 청렴에 더 큰 가치를 두지요. 물론 학문과 연구는 중요하며 청렴과 결백은 도덕의 근간을 이루므로 사회정의를 위해서도 우리가 꼭 지켜야만 하는 중요한 가치입니다. 하지만 현실세계를 살아가려면 돈에 대한 공부도 적당하게 이루어져야 합니다. 이러다 보니 어느 개인이 잘 살고 못 살고는 순전히 그 사람의 운명으로 귀결됩니다. 이런 문제를 빨리 인식한 사람은 재산을 축적해 노후에 여유롭게 살아가는 것이고 대비하지 않아 비참해진 사람은 그 사람의 책임으로 간단하게 마침표를 찍어버립니다. 어려서부터 교육을 해서 돈 관리의 중요성을 깨우쳐주었으면 얼마든지 스스로를 책임지는 능력을 배양할 수 있는데도 말이에요.

돈에 대한 공부를 하지 않은 부모는 막연하게 '돈이 중요해', '돈을 벌어야 해'라고 말합니다. 자녀들에게 왜 돈이 중요한지, 어떤 방식으로 돈을 모으는 것이 바람직한지, 돈이 없으면 우리의 삶에 어떤 영향이 오는지 구체적이고 체계적으로 가르치지 않은 채 말이에요. 왜? 자신이 교육을 받은 적이 없기 때문입니다. 교육을 받은 적이 없다는 것은 정확한 개념이 정립되어 있지 않다는 의미이기도 합니다. 그 결과 설득력 있는 설명 대신 그저 돈이 중요하다고 부르짖을 뿐이지요. 자녀의 입장에서 보면 학교에서는 돈을 안 가르치는데 돈만 밝히는 부모가 속물스럽기만 합니다.

돈을 제대로 안다는 것은 돈에 대한 올바른 가치를 부여한다는 의미이기도 합니다. 돈의 의미와 가치를 올바르게 형성한 사람은 수단과 방법을 가리지 않고 남을 짓밟는 것도 개의치 않고 돈을 모으는 대신 정당한 방법으로 모아 자신의 삶을 책임지고 나아가 좋은 곳에 쓰려는 마음을 냅니다. 어려운 이웃을 위해 기부하거나 재산의 일부를 사회에 환원하는 고귀한 '노블레스 오블리주'를 실천합니다.

결론적으로 실물경제에 대한 교육의 부재는 본인 노후 준비의 필요성에 대한 인식 부족으로 이어져 노후 준비에 소홀할 수밖에 없습니다. 경제력이 뒷받침되지 않는 노후는 다른 사람 눈치를 봐야 하므로 슬프고 비참합니다. 돈이 없음은 불편이 아니라 불행임을 인정해야 합니다. 지금이라도 각 가정과 학교는 체계적이고 구체적인 경제교육을 행해야 한다고 주장합니다. 이것은 작게는 개인의 삶의 보장이며, 크게는 국가의 부담을 줄이는 길입니다.

받는 돈은 똑같은데 왜 다르지

여기 A와 B라는 두 사람이 있습니다. 이들은 1년에 각각 1,200만 원의 수입이 있습니다. A는 매달 연금으로 일정하게 100만 원을 받고, B는 자식들이 주는 용돈에 기타 수입을 합쳐 어떤 달은 120만 원, 70만 원, 90만 원 등으로 들쭉날쭉하나 1년으로 치면 총액은 같습니다. 같지만 다른 소득이 이 두 사람의 삶의 방식과 태도에 어떤 영향을 끼칠까요?

A는 매월 일정한 수입이 있으므로 월 생활계획을 세울 것입니다. 아파트 관리비 15만 원, 생활비 60만 원, 공과금 10만 원, 약값 5만 원, 비상금 5만 원 그리고 남는 5만 원은 손자가 오면 용돈으로 줘야겠다고 떼어놓습니다. 매월 일정한 소득을 확보한 A는 심리적으로 안정적이며 때로 친구들에게 밥을 사기도 하여 인기가 좋습니다. 혹시 이번 달에 지출이 많아도 다음 달에 다시 100만 원이 들어오니 별 걱정을 안 합니다.

B는 불안합니다. 수입이 일정하지 않으므로 혹시 끊기면 어떡하나 불안감을 떨치기 힘듭니다. B는 가계부를 들여다보며 교제비, 외식비, 여가문화비 등과 같이 생존과 직접 관련 없는 지출 항목 중에서 뭘 줄일지를 고민합니다. 그러고도 마음이 놓이지 않으면 병원 가기를 미루고 꼭 만나야 할 사람도 피합니다. 어떻게든 돈을 아끼려고 아등바등하다 보니 결국 자신도 모르는 사이 점점 사람과의 교류가 끊기면서 괴팍하고

외로운 사람으로 변해갑니다.

매월 일정한 수입이 있고 없음에 따라 모든 사람을 두 극단적 유형으로 분류하기는 어려우나 분명 소득은 사람의 심리에 큰 영향을 끼칩니다. 젊은이와 달리 노인은 매달 들어오는 돈이 수입의 전부인 경우가 많습니다. 매월 일정한 수입이 있으면 그에 맞춰 월 단위의 계획을 세워 생활하며 다음 달에도 비슷한 수입이 생기므로 크게 걱정하지 않습니다. 생활이 안정되므로 불안할 이유가 없어 마음이 여유롭고 심리 상태가 안정적입니다. 반면 매월 수입이 다르면 수입이 줄거나 끊길 수 있다는 불안감에 자연히 지출을 줄이려고 노력합니다. 가뜩이나 생활반경이 좁아지고 인간관계도 축소되는 노년기에 지출을 줄이고자 사람을 안 만나거나 병원비나 약값 등 써야 할 돈을 안 쓰면 건강과 사람을 모두 잃는 지름길을 제 발로 들어선 것과 같습니다.

국가는 개인이 어떤 사정으로 빈곤하게 되었을 경우를 대비해 이런저런 소득 지원 장치를 해놓고 있으나 대원칙은 개인이 스스로의 삶을 책임지는 것입니다. 개인의 삶은 당사자의 책임이므로 국가는 개인의 삶에 어지간해서는 개입하지 않으려 합니다. 아무리 노력해도 도저히 자립이 어려운 사람들에게만 제한적으로 선별 지원을 합니다. 아직까지는 국가의 재정 상황이 여유로워 사회복지 예산을 매년 증액하고 있으나 언제까지 현 수준을 유지할지 알 수 없습니다. 심각한 저출산으로 세수 감소가 확실시 되는 미래의 어느 시점에 국가 부도를 막기 위해 노인복지 예산을 대폭 삭감할지 어떻게 알겠습니까. 그러므로 단기적으로도 중장기적으로도 스스로에 대한 경제적 대비는 필수적이며 특히 안정적인 고정수입의 확보에 최대의 관심을 두어야 하겠습니다.

바로 그와 같은 이유에서 저는 노후 소득의 기본을 국민연금으로 봅니다. 우리 중에는 국민연금을 우습게 보는 사람이 많습니다. 수령액이 적어서 의미가 없다는 겁니다. 국민연금의 수령액이 낮은 것은 부인할 수 없는 사실입니다. 수급자의 평균 가입 기간이 완전노령연금을 지급받는 기준인 20년을 못 채우는 사람이 많다 보니 실질소득대체율이 25% 선에 머물러 절대 액수가 적습니다. 선진국과 우리나라 학계는 평균소득자 가구를 기준으로 노년에 접어들기 전 생애 평균소득의 70%를 적정 노후 소득으로 제시하는데, 이 기준에 아주 크게 밑도는 수준이지요.

그럼에도 불구하고 매달 일정하게 받는 연금은 대단히 중요합니다. 예를 들어 젊은 시절의 50만 원은 어쩌면 좋은 옷 한 벌, 국내 여행, 좋은 뷔페 레스토랑에서 가족 회식 한 번의 비용에 해당할 수 있습니다. 소득이 있을 때 50만 원은 마음만 먹으면 한 번 호기롭게 쓸 수 있는 액수이지만 수입원이 제한적인 노인에게 50만 원은 젊은 시절의 100만 원보다 훨씬 가치가 있습니다.

공무원연금, 군인연금, 사립학교교직원연금과 같이 특수한 직종에 종사하는 사람들을 가입 대상으로 하는 특수직역연금은 은퇴 후 삶을 일정 수준 이상으로 보장해줍니다. 하지만 일반 국민을 대상으로 하는 국민연금은 소득대체율(생애 평균소득 대비 노후 연금수령액의 비율)이 40년간 불입한 사람을 기준으로 해도 40%에 불과해 절대적 액수가 적습니다. 하지만 국민연금은 노후의 생활안정에 목적을 두고 만들어진 사회보장 장치입니다. 국민이 빈곤에 빠지지 말도록 국가가 운영하는 제도이고 소득이 낮은 사람에게 유리하게 설계되어 있습니다. 그러므로 다른 건 몰라도 최소 국민연금은 꼭 가입해야 한다고 생각합니다.

금융 전문가들은 생애주기에 따라서 자산 포트폴리오를 다르게 구성해야 한다고 조언합니다. 노년기의 위험을 줄이기 위해서는 새로 부채를 지거나 변동성 높은 투자보다 일정 금액의 안정적 수입을 확보하는 것이 가장 중요하다고 강조합니다. 그리고 노후 준비는 겹겹이 준비하는 것이 좋습니다. 국민연금을 기초로 하고 그 위에 능력과 여건이 되는 대로 퇴직연금, 개인연금, 저축, 증권, 임대수익 등을 차곡차곡 샌드위치처럼 쌓는 것입니다. 두툼한 샌드위치가 먹음직스럽고 맛도 좋듯 두툼한 노후 대비 샌드위치도 우리의 노후 삶에 풍부한 영양분을 공급할 것입니다.

말 나온 김에 퇴직연금제도를 잠깐 살펴보겠습니다. 퇴직연금은 국민연금만으로 부족한 노후 대비를 위해 근로소득자를 대상으로 2005년에 도입하여 이후 현행 체계로 변경되었습니다. 근로자가 재직하는 동안 기업이 퇴직급여 재원을 외부의 금융기관에 적립하여 퇴직 후 연금을 받도록 하고 있으나 중도인출이 문제가 되고 있습니다. 국가는 중도인출이 가능한 경우를 몇 가지로 엄격하게 제한하고 있으나 당장 돈이 필요한 사람들은 여러 이유를 들어 중간에 인출을 합니다. 퇴직까지 잘 버티어 퇴직연금을 수령한다 해도 연금 방식 대신 일시금으로 신청하는 경우가 많은데, 소득이 낮을수록 중도인출과 일시금 수령이 많다고 합니다.

모아놓은 재산이 넉넉하지 않다면 매월 생활비를 위해 꼭 연금 형식으로 수급을 해야 하는데 유감스럽게도 당장 필요한 돈 때문에 노후를 희생해버립니다. 우선 찾아서 쓰고 나중에 모은다고 마음먹지만 돈 쓸 일은 늘 생기는지라 자칫하면 때를 영영 놓칠 수 있습니다. 노후 소득을 준비하기 위해 도입한 제도지만 노후 준비에 대한 인식 부족과 당장 필요한 자금의 압박에 굴복하여 원래의 목적에 맞게 운영되지 못하는 부분이 안타깝습니다.

오래 살면 생기는 일

몸이 불편해 집에서 살기 어려운 노인은 요양원에 입소합니다. 2008년 7월 노인장기요양보험이 제5 사회보험으로 도입되기 전까지는 이용자가 요양원 비용을 전액 자비로 부담했으나 제도가 도입된 후에는 매월 60~70만 원대로 비용이 낮아졌습니다. 요양원에 입소하는 노인들은 주로 70대 이후의 고령으로 재산을 자식들에게 이미 나눠준 사람들이 많고 자녀가 이용료를 대신 내주기도 합니다.

요양원에 입소를 결정할 즈음에는 건강 상태가 악화되어 일반인의 눈에는 오래 못 살 것으로 보입니다. '우리 어머니가 기력이 없으신데 앞으로 3년 정도 사시려나' 생각했는데, 적응을 잘하면 10년 넘게 살기도 합니다. 간호사와 요양보호사로부터 전문적 돌봄을 받고, 영양사의 지도로 조리되는 균형 잡힌 음식을 섭취하며, 노래교실 등의 여가 프로그램을 하면서 원기를 회복하는 것이지요. 그러면 슬슬 가족 간에 갈등이 생겨납니다. 특히 형제간에.

최 할머니는 남편이 세상을 뜨자 큰 집을 처분하여 자식들에게 나눠주고 작은 아파트로 옮겼습니다. 장남은 제사를 지내므로 차남보다 더 챙겨주었습니다. 그러다 할머니가 뇌출혈로 거동이 불편해지자 자식들은 어머니가 길어야 5년 정도 사실 것으로 예상하고 어머니가 예금해둔 돈에 아들 둘이 매달 이용료를 똑같이 나눠 내기로 하고 요양원에 입소시켰습니다. 입소할 당시에는 건강 상태가 불안했는데 어머니가 요양원 생활에 잘 적응하면서 살이 많이 오르고 사는 재미를 찾았습니다.

입소한 지 5년을 넘어 7년째에 접어들었습니다. 그사이 어머니 저축은 고갈되었고 자식들은 모두 현직에서 은퇴했습니다. 연금생활자 신분으로 매달 일정액을 부담하려니 동생 부부의 불만이 커졌습니다. 형은 나보다 재산을 더 많이 물려받았는데 왜 내는 돈은 똑같으냐며 형에게 대들기도 여러 번 했습니다. 전에는 두 부부가 어머니를 모시고 일 년에 한 번씩 여행을 가고 제사에 참석하는 등 사이가 좋았으나 이런 불만 속에 몇 차례 다툼이 있다 보니 서로 등을 돌리게 되었습니다.

부모 봉양이 형제간 불화의 원인이 되고 만 것입니다. 이런 유형의 문제는 다반사로 발생하고 있습니다. 부모의 생활비, 요양원비, 병원비, 간병 등 부모와 관련된 다양한 이유로 가족 간 갈등이 늘고 있습니다. 모든 부모는 자신이 세상을 떠난 후에도 자식들이 서로 도우며 우애 있게 살기를 바라지만 이런 소박한 바람조차 실현은 쉽지 않습니다.

이런 종류의 분열과 불화를 자식에게 지워주지 않으려면 미리 노후에 대한 대비가 필요합니다. 내 노후를 내 손으로 준비하여 자식의 짐을 덜어주는 지혜가 필요합니다. 그렇게 되면 자식은 부모를 만나러 올 때 부담이 없으니 자주 올 것이고, 부모의 바람대로 형제간의 우애는 굳건할 것입니다. 대비하지 않는 노년은 노인을 빈곤과 절망에 빠트릴 뿐만 아니라 자식들 사이도 갈라놓습니다.

어느 생명보험회사의 은퇴연구소가 2018년에 발표한 '고령자 의료소비 실태 및 인식조사' 보고서를 볼까요. 이 연구소는 최근 5년 이내 의료비로 1,000만 원 이상을 지출한 65세 이상 가구를 대상으로 조사를 진행했습니다. 조사해보니 지출 가구의 절반이 자녀가 의료비를 대신 내주었으며, 자녀는 그 돈을 조달하기 위해 절반 정도가 예금 같은 금융자산을 헐었다 합니다. 어떤 자녀는 생활비를 아끼거나 빚을 내기도 했고요. 부모의 평균 투병 기간은 6년 정도이고, 의료비는 평균 3천만 원 이상이었습니다. 투병 기간이 길수록 병원비·약값 같은 직접 의료비 지출보다 간병비, 보조기구 구입비 같은 간접 의료비 지출의 증가세가 두드러졌으며, 부양자는 생각보다 의료비 지출 부담이 컸다고 했습니다.

여기서 말하는 의료비의 평균값은 말 그대로 조사 대상 전체를 평균한 결과이니 어떤 사람은 1천만 원 미만에 그쳤을 수도 있지만 또 어떤 사람은 1억 원 넘는 돈을 지출했을 수도 있습니다. 우리는 누구나 큰 병에 안 걸리고 큰 수술 받을 일이 없기를 바라지만 그런 위험을 피해가리라는 보장이 없으니 말기 노년의 지출 대비를 어떻게 할지 진지하게 고민해야겠습니다.

부모가 의료비를 스스로 지불하지 않고 자녀에게 의존하면 자녀의 가계경제에 악영향을 주며, 실제로 50대 이후 빈곤층으로 전락하는 사람의 상당수가 가족의 간병비 지출이 하나의 원인이기도 합니다. 위 조사에서도 아픈 부모를 봉양하던 자녀 10명 중 8명이 부모 부양으로 가계소득이 저하되었다고 응답했습니다. 자녀가 부담하는 의료비 폭탄은 가계 상황을 악화시키기도 하지만 부양 부담의 스트레스로 작용하여 좋아야 할 부모-자식 사이가 나빠지는 요인이 됩니다. 또 의료비를 누가, 어떻게 부담할지의 문제로 자녀들 간에 다툼이 일어 형제 사이가 남보다 못하게 될 수도 있습니다. 다행히 자식의 도움을 받지 않는 사람일지라도 과다한 의료비 지출이 발생하면 감당이 안 돼 빈곤 노인이 되기도 하고요.

의료비는 60대 이후 급증하여 70·80대로 갈수록 가파르게 상승하는 구조이며, 사망 시점에 가까울수록 돈을 더 많이 씁니다. 인생 최대의 지출이 이 시점에서 발생합니다. 교육비나 결혼비용 같은 것은 예상할 수 있는 것이어서 미리 대비를 해놓지만 질병은 어느 날, 어떻게 병원에 가게 될지 아무도 모르며 비용이 어떻게 될지는 더욱 알 수 없어 가계를 불안하게 합니다.

　우리는 누구나 자식을 사랑합니다. 자식을 사랑하는 방법으로 정신적으로 격려하고 사랑을 나누는 것도 좋지만 경제적 부담을 주지 않는 것도 그것 못지않게 중요한 실천방법이라고 생각합니다. 그러기 위해서는 자신의 삶에 드는 비용을 자식에게 전가하지 말고 스스로 힘으로 끝까지 책임지는 의식이 중요합니다. 경제적 준비는 타인에 대한 의존성을 줄여 존엄하게 사는 길이며, 생명을 지키는 힘이고, 가족 사이의 정을 흔들리지 않게 잡아줍니다.

　노년기는 여러 이유로 당당함을 잃기 쉬운 시기입니다. 그러나 스스로를 책임지면 우리는 끝까지 당당할 수 있습니다. 자식의 입장에서는 자신에게 부과되는 부담이 없으므로 더 자주 보러 오고 부모를 노후 삶의 표본으로 삼아 존경할 것입니다.

대화, 상처 대신 다정하게

남편과는 진즉 사별하고 혼자 사는 강 할머니. 늘 TV를 틀어놓고 있습니다. 연속극에 심취하여 웃고 울기도 하지만 건강 프로그램도 빼놓지 않고 봅니다. 혼자 사는데 아파서 드러누워 있으면 누가 돌봐줄까 걱정하여 동네 건강체험실에 다니면서 원적외선 치료기, 이온수기, 황토 매트 등 별별 물건을 사 집안 곳곳이 그득합니다. 건강식품도 빠질 수 없지요. 건강식품을 파는 강사가 말하는 온갖 건강 정보에 귀 기울이며 가능하면 자식에게 의지하지 않고 건강하게 살려고 애를 씁니다.

할머니에겐 아들이 둘 있는데, 두 아들이 번갈아서 들러 밥을 사주고 용돈을 주고 갑니다. 처음에는 아들과 며느리가 같이 왔으나 지금은 가끔 아들만 왔다 갑니다. 아들 부부가 어머니에게 효도하려고 고깃집에 가면 "사람들 말이 식당에서는 한우라고 비싸게 팔지만 실제로는 젖소고기를 갖다 판단다. 이것도 그런 것 아니냐? 어째 질기다"라고, 설렁탕집에 가면 "설렁탕집에서는 뽀얀 국물을 내려고 커피 크림을 넣는대. 여기도 그런 것 같아. 집에서는 아무리 끓여도 이런 국물이 안 나와"라고, 조기 튀김이 나오면 "생선을 기름에 튀기면 안 좋다는데 왜 이렇게 튀기는지 모르겠다. 쪄서 내놓으면 좀 좋아"라고 불평을 합니다.

며느리는 평소 자주 찾지 못하는 죄송스러운 마음에서 시어머니를 식당으로 모시고 가는데 번번이 그런 말을 들으니 불편하기 그지없어요. 돈과 시간을 들이건만 돌아오는 소리가 곱지 않으니 며느리는 빠지고 아들만 오는데 그나마 횟수가 점점 줄어들고 있습니다.

대화에 서툰 사람들

우리나라 사람 중에는 의사소통에 문제가 있거나 감정 표현에 서툰 사람들이 많습니다. 무슨 말만 하면 가족과 자꾸 부딪치는 사람, 좋은 관계를 맺고 싶은 열망은 있으나 이상하게도 상대에게 계속 마음에 상처를 주는 사람들이 있어요. 그러면 보통은 만나보았자 좋을 일이 없는 사람으로 간주되어 인간관계가 옅어집니다. 우리나라 사람 중에서 특히 노인 세대는 의사소통에 충분한 훈련을 받지 못했으며 의사소통이 인간관계의 형성에 결정적 요소이자 인간관계의 질을 좌우하는 것이라는 인식도 별로 없습니다.

의사소통의 기본인 대화를 가장 잘 배울 수 있는 곳은 가정과 학교입니다. 그중 가정은 가족이라는 편안한 사람들로 구성된 집단으로서 태어나서 첫 단어를 배우는 곳이며, 희로애락의 감정을 자연스럽게 익히고 표현하는 곳입니다. 혈연으로 연결되고 생활을 같이하므로 다른 어떤 인간 그룹보다도 친밀하고 허심탄회하게 대화를 나눌 수 있어서 주장을 펼치고 타협을 이끌어내는 훈련을 하기에 이만한 곳이 없습니다. 그럼 보통의 가정에서 얼마나 대화가 이루어지는지 볼까요?

가정 내에서 대화를 나눌 수 있는 가장 좋은 때는 식사 시간입니다. 가족이 모두 모여서 맛있는 음식을 앞에 두니 마음이 여유로워 대화할 기분이 저절로 날 겁니다. 하지만 현실의 우리는 30분을 넘겨 식사를 하는 가정이 드물고 또 같이 모이기도 쉽지 않습니다. 가족 구성원들이 집에 도착하는 시간이 다 다르다 보니 혼자서 또는 가족의 일부만 모여 밥을 먹는 경우가 많고 혹시 같이 먹는다 할지라도 대화보다는 밥 먹기에 전념합니다. 조용히 먹는 것이 식탁 예절이라고 생각하는 집은 밥 먹는 동안 이야기하지 말라고 자주 주의를 줍니다. 사람들에게 식사 시간이 어느 정도냐고 물어보면 20분이라는 대답이 많으며, 어떤 사람은 5분이면 충분하다고 합니다. 그러니 충분한 대화가 될 리 없지요. 그저 묻는 말에 짧게 대답하는 정도가 대부분이라고 봐도 틀린 말은 아닐 것 같습니다. 밥을 먹고 난 후에는? 가족의 일부는 텔레비전 앞으로 옮겨가고 학생들은 제 방으로 가서 공부할 준비를 합니다.

가정 내 대화의 부실과 부재는 부부간, 부모-자식 간 오해를 낳고 이해하지 못하는 사이가 되게 합니다. 자신의 부모와 대화다운 대화를 나눈 경험이 없는 사람은 자신이 이룬 가족과 적절하게 교류하지 못할 가능성이 있습니다. 대화를 나누기에 어떤 주제가 좋을지, 어떤 방식으로 이야기를 전개할지 훈련받은 적이 없기 때문입니다. 대화란 의견을 주고받으며 서로 존중하고 타협점을 찾아가는 과정인데, 가정에서 이런 기본 훈련이 충분하지 않으니 부모라는 이름으로 자식의 말을 무시하거나 일방적으로 지시를 전달하고 윽박지르기도 합니다. 그런 식으로 대화 아닌 대화를 하다 보면 감정이 나빠져 서로 대립각을 세우게 되며, 그런 대화 방식은 더 나아가 큰소리치는 사람이 이기고 힘 있는 자의 주장이 통하는 사회를 만듭니다.

학교에서는 또 어떨까요? 주입식 교육을 받은 우리 중 제대로 토론을 하거나 자신의 의견을 논리적으로 전개할 수 있는 사람이 얼마나 될까요? 요즘은 학교에서 학생들에게 의견을 발표하도록 장려하고 토론의 기회를 주지만 그건 학생 수가 줄어든 최근의 일입니다.

아이들이 어릴 때 잠시 외국에서 학교에 다닌 적이 있었습니다. 그때 학습 진행 방식을 보니 교사가 일방적으로 지식을 전달하는 주입식이 아니라 과제를 주고 학생들이 준비하여 친구들 앞에서 발표하는 수업이 많았습니다. 어릴 때부터 자연스럽게 자신의 주장을 펼치고 친구들의 반박을 수용하고 다시 대응하는 과정을 몸에 익히더라고요. 그런 과정을 통해 다른 사람의 의견을 경청하는 법을 배우며, 다른 사람이 말하는 동안 기다려주는 인내도 학습하고, 상대에게 거부감을 주지 않고 자신의 의견을 주장하는 방법도 훈련합니다. 자신의 감정을 건강하게 표현하고 원하는 것을 합리적으로 얻어내는 방법과 기술을 자연스럽게 익히고 훈련하는 것 같아서 부러웠습니다.

상대적으로 이런 훈련이 부족한 우리나라 사람들은 한 개인으로 보자면 나무랄 데 없이 말을 잘하지만 가족이나 타인과의 관계에서는 대화 예절이 부족하거나 감정 표현에 서툰 경우가 많습니다. 심지어 우리 중 일부는 그런 것이 왜 필요한지조차 고민하지 않습니다. 필요성을 모르니 중요함에 대한 인식이 있을 리 없습니다. 잘못된 대화로 가족관계에 문제가 생기면 근본 원인을 찾지 못한 채 하찮은 말에 까칠한 반응을 보이는 가족을 못마땅해 하며 그저 '내가 자식을 잘못 키웠나보다'라고 한탄합니다.

우리는 또한 감정 표현에도 서툴러서 고마워, 사랑해, 미안해 등 인간이 다른 인간과 건강한 관계를 위해 꼭 사용해야 할 필수 단어의 사용에도 매우 인색합니다. 그런 단어들을 나약함을 드러내는 것으로 잘못 인식하기도 하고 평소 쓰지 않는 낯선 말이어서 입 밖으로 꺼내기를 쑥스러워합니다. 사람들에게 가족에게 그런 말을 하느냐고 물어보면 10명에 2~3명 정도만 그렇다고 대답합니다.

돈, 시간, 에너지 등과 같이 값진 자원을 투자하는 소중한 사람들과 좋은 관계를 유지하며 사랑받는 첫 번째의 길이 감정 표현입니다. 굳이 말해야 알아? 말 안 해도 알아달라는 것은 지나치게 소극적 태도입니다. 아무리 다정하고 친근한 사이라도 말하지 않고 표현하지 않으면 상대의 감정을 알기 힘들며 갈등이나 오해가 발생할 위험은 그만큼 높아집니다.

우리의 감정과 정서를 건강하게 표현해야 하는 이유는 또 있습니다. 선행연구들을 보면 감정과 정서의 표현 능력이 높은 사람은 긍정적인 대인관계를 갖는 것으로 나타납니다. 진영선의 『노년』에는 표현을 잘 하는 사람은 표현을 못하는 사람에 비해 다른 사람에게서 사랑을 더 받고, 눈에 더 잘 띄며, 타인의 정서에도 많은 영향을 끼치고, 타인으로부터 사회적 지지를 더 많이 받는다는 연구결과가 들어 있습니다. 좋은 인간관계를 위해 적절한 감정 표현이 중요함을 잘 뒷받침해주고 있습니다.

기분 좋은 말, 인간관계의 윤활제

인간은 가족·친구·사회에서 수많은 사람과 소통하며 살아갑니다. 다른 사람들과 의사소통을 하는 방법에는 태도, 얼굴표정, 자세 등의 비언어적 의사소통 방법이 있지만 말을 이용한 언어적 의사소통이 기본입니다. 말은 인간과 인간이 서로 소통하게 하고 이해하게 하는 중요한 기능을 하고 인간을 인간답게 만드는 탁월한 도구입니다.

우리나라 속담에는 말과 관련된 속담이 많습니다. '웃는 얼굴에 침 못 뱉는다', '가는 말이 고와야 오는 말이 곱다', '말 한마디에 천 냥 빚 갚는 다', '아 해 다르고 어 해 다르다' 등은 좋은 말을 하여 사람 사이를 좋게 하라는 뜻이고, '혀 아래 도끼 들었다', '모난 돌이 정 맞는다', '말 많은 집 은 장맛도 쓰다' 등은 말조심하라는 경고지요. 우리의 조상들이 이런 경 구들을 만든 것은 말의 중요성을 깨닫고 경각심을 주고자 함이었을 겁 니다.

말은 상대를 판단하는 중요한 기준 중 하나입니다. 친절하고 상냥한 말은 인간관계를 부드럽게 하고, 바르고 온화한 말은 사람의 인품을 높 입니다.

가족은 한 집에서 동고동락하면서 가식이 없이 민낯을 보는지라 세 상에서 가장 편안한 사이여서 예의 없이 함부로 말을 하여 상처를 주는 수가 있습니다. 가족 간이니 무슨 말을 해도 괜찮을 것이라고 제멋대로 전제하고 특히 부모는 자식에게 하고 싶은 말이 있으면 거리낌 없이 해 도 된다고 생각합니다. 그러나 아무리 가족이라도 참을 수 있는 한계가 있고 견디기 힘든 말이 있습니다.

윤 할머니는 당뇨로 고생하는 할아버지와 사는 부부 단독가구입니 다. 할아버지는 당뇨가 심해 오른쪽 엄지발가락을 절단하고 피부 괴사로 여러 번 병원에 입원했지만 할머니는 불평하지 않고 최선을 다해 남편 을 수발하고 있습니다.

할머니는 평생 미용실을 운영하여 손님들을 상대해서 그런지 대화에 능합니다. 다른 사람의 말을 잘 받아주고 재미있어서 친구도 많습니다. 어느 날, 할머니와 이야기를 나누는 도중 아들로부터 문자가 왔습니다. 할머니는 답문을 적은 뒤 내게 보여주며 말했습니다. "나는 아들·며느리나 손자에게 문자를 보낼 때는 뒤에 꼭 하트를 찍어서 보내요. 하트 찍어서 보내면 애들이 참 좋아해요. 손자는 할머니 최고라 하고. 하트 찍는 것 별것 아니잖아요.”

할머니는 가족과의 대화를 재치 있게 하고 계십니다. 가족에 대한 사랑을 말로 문자로 항상 표현하고 자녀를 배려하고 응원하는 다정한 말투를 쓰고 있습니다. 그 덕분에 자녀들로부터 존경과 사랑을 받고 있으며 자녀들은 행여 어머니에게 무슨 일이 생길까봐 자주 연락하고 심지어 손자들까지 자주 들러 놀고 가니 무척 행복한 분입니다.

반면 정성껏 돌봐주어도 불평불만이 끊이지 않는 사람이 있습니다. 노인의 입장에서는 몸이 제대로 기능을 하지 못해 짜증이 나고 몸이 아프니 살맛이 안 나서 그런 것이지만, 가족의 입장에서 보면 열심히 돌봐줘도 그런 반응을 보이는 것은 분명 힘 빠지는 일이에요. 부모를 돌보는 사람들과 이야기를 해보면 부모를 돌보느라 잠을 제대로 못 자고 몸이 고단한 것은 참을 만한데 감정을 상하게 하는 말은 받아들이기 힘들다고 합니다. 몸이 아무리 힘들어도 고맙다·미안하다는 말을 들으면 피로가 풀리고 더 잘 해드리지 못해 오히려 미안해진다는 것입니다. 그와 반대로 열심히 해도 부모가 불평하고 투덜거리면 더 잘 해드려야지 하는 마음보다는 서운함이 앞선다고 합니다. 결론적으로 인간관계는 육체적 피로보다 정신적 피로가 더 강한 피로감을 유발하니 서로의 감정을 다치지 않게 하려는 조심성이 정말 중요하다는 것을 알 수 있습니다.

노인과 대화를 하면 투박하다는 느낌을 많이 받습니다. 주고받는 대화의 방식보다 일방적으로 본인 이야기만 쏟아내는 사람이 많고, 전화를 하면 본인 할 말만 하고 전화를 뚝 끊어버리기도 합니다. 또 어떤 사람은 같은 이야기를 하염없이 되풀이하여 진절머리를 내게 합니다. 가뜩이나 잘 웃지 않아서 화난 사람처럼 보이는데 말까지 그런 식으로 하면 참 난감합니다. 실제로 노인이 되면 희로애락의 감정에 둔해지며 얼굴표정이 굳고 부드럽지 않게 됩니다. 그러다 보니 본마음은 그게 아닌데 억울하게 오해를 사는 경우가 종종 있습니다. 이런 오해를 막기 위해서라도 가족에게 자주 고맙다·미안하다·고생한다고 다정하게 말하면 좋겠습니다. 기분 좋은 말은 가족의 유대관계를 강화하고 존경받게 합니다. 아름다운 말은 인간관계의 윤활제임을 잊지 말고 아프다고 찡그리기보다 웃는 모습이 훨씬 더 값지다는 것을 기억하면 좋겠습니다.

절대적으로 옳은 생각은 드물다

우리는 지금 지식과 정보의 홍수 속에서 살고 있습니다. 지식을 손쉽게 접할 수 있고 얻을 수 있는 정보도 아주 풍부해요. 공학이나 의학 분야의 고도로 전문적인 것부터 얼룩이나 녹을 지우는 소소한 상식에 이르기까지 스마트폰 하나로 대부분의 궁금증을 쉽게 해결할 수 있습니다. 지식과 기술의 발전 속도가 빠르다 보니 출판사들이 백과사전 내기를 포기한 지도 오래되었습니다. 다르게 풀어보자면, 혹시 내가 보유한 정보와 지식이 지금 최고의 수준이라 할지라도 곧 새로운 지식과 정보의 출현으로 더 이상 첨단 반열에 들지 않을 날이 멀지 않다는 말이기도 합니다.

사람 중에는 자신만이 옳다고 주장하는 사람들이 있습니다. 내 경험, 내 지식이 최고라는 생각에 사로잡혀 다른 사람의 말을 귓등으로도 안 들으려고 해요. 다른 사람이 아무리 말리고 틀린다 해도 자신의 생각이 백 번 옳다고 여기며 상대의 의견을 무시합니다. 노인의 이런 고집스러운 태도는 타인보다 특히 가족에게 더 완고한 경향이 있습니다.

많은 사람이 교육을 받지 못하여 문해율이 낮고 상당수 대중이 무지했던 시절, 사회·과학이 발달하지 않아 구전으로 농경 정보가 구전되던 사회에서는 어떤 사람이 죽을 때까지 그 분야의 최고 전문가로 남을 수 있을지도 모릅니다. 하지만 인간이 우주여행을 하고 미지의 행성을 개척하는 지금, 어제까지 진리처럼 보였던 지식은 다른 새로운 이론이나 연구에 의해 개념을 달리하거나 잘못된 것으로 판정받기도 하며 기술과 과학은 하루가 다르게 발전 속도를 높이고 있습니다. 이러한 환경에서 '내 생각만이 옳소'라고 고집한다면 결국 다른 사람과 어울리지 못하는 융통성 없는 고집불통의 노인이 되어버립니다.

우리는 대부분 자신의 미숙을 인정하면서 스스로를 개선하고 보충해나갑니다. 자신이 저지른 어떤 잘못을 인정하고 반성하면서 다시 같은 잘못을 반복하지 않으려 노력하다가 좀 더 나은 사람이 되며, 자신이 보유한 지식이 부족하다고 인정할 때 새로운 지식을 배우려 노력하며 전문가로서의 역량을 강화해나갑니다. 그러므로 자신의 주장을 고수하고 다른 사람을 윽박지르는 대신 세상에 대해 열린 자세로 살아가면 좋겠습니다. 자신의 생각이 옳고 자신의 판단이 정확하다고 자신만의 세상에 갇히면 외로운 삶의 길에 들어서는 겁니다.

배우는 사람은 덜 늙습니다. 배우려는 자세가 된 사람은 젊은이의 말에 귀 기울일 줄 알고, 그런 태도는 다른 세대와 잘 어울리게 해줍니다. 또 이런 사람은 누구나 좋아합니다. 자신이 부족하다는 것을 인정하기에 겸손하고 진지합니다. '내가 알고 있는 것이 틀릴 수도 있고 다른 사람이 더 많이 알 수도 있지' 하는 열린 마음으로 세상과 소통하면 좋겠습니다.

감정 조절이 중요한 이유

어느 연령대나 인간에게 정신적 안정은 대단히 중요합니다. 가족 및 주위 사람들과 좋은 인간관계를 맺고 인정을 받을 때 사람은 편안하고 안정되며 행복을 느껴 삶의 만족도가 높아져요. 특히 노년기에 이런 만족감은 다른 사람들과 어울려 조화롭게 살도록 하며 후회 없이 생을 마무리할 수 있는 여유를 줍니다.

어린이들을 보면 부모가 잘 돌봐줄 때 자신이 사랑받고 있음을 확신하면서 그런 신뢰와 애정을 기반으로 다른 사람과의 인간관계를 확대해 나갑니다. 청소년 시기는 친구들과 좋은 관계를 맺고, 성인이 되어서는 사회에서 만나는 사람들과 또 우호적인 관계를 쌓아가지요. 노인 역시 가족에서 시작하여 친척들 외에 친구들이 있고 또 다른 계기로 알게 된 사람들이 있습니다. 노년기 행복의 핵심은 이 사람들과 좋은 관계를 유지하는 것이고, 이들과 좋은 관계를 유지하려면 안정된 정서가 무엇보다도 중요합니다.

학자들의 연구들을 보면 노인은 감정 조절 능력이 우수할수록, 사회적 지지가 두터울수록 삶의 만족이 높은 것으로 나타납니다. 이 말을 거꾸로 풀어보면, 삶의 만족도를 높이기 위해서는 자신의 감정을 잘 조절할 수 있어야 하고, 친구나 지인들과 좋은 관계를 유지하여 이들로부터 인정과 관심을 받아야 한다는 의미입니다.

감정 조절이란 분노·서운함 같은 부정적 감정을 조절하고 내적으로 통제하여 심리가 안정적 상태를 유지한다는 의미입니다. 부정적 감정일지라도 경우에 따라서는 솔직하게 표현하는 것이 필요합니다. 그래야 상대가 잘못을 인정하고 다시 같은 행동을 되풀이하지 않을 테니까요.

여기서는 무조건 참으라는 것이 아니라 그렇지 않아도 되는 상황에서 부적절하게 또는 과도하게 감정을 드러내는 것은 문제라고 지적하는 겁니다.

노인은 감정 조절에 실패할 때가 많습니다. 그렇지 않았던 사람인데 나이 들어가면서 기질이 변하는 경우가 많아요. 전에는 아무렇지 않게 넘겼을 상황에서 예민하게 반응하고 화를 내거나 상대는 별 의미가 없이 한 말을 무시하는 것으로 의심합니다. 그러면서 가족과 자꾸 부딪칩니다. 노인은 가족이나 세상이 자신을 알아주지 않고 대우받지 못하는 데서 오는 서운함을 일상생활에 투영하여 해석하려 합니다. 다른 사람들도 살다 보면 그런 감정을 느낄 때가 있지만 보통은 며칠 지나면 풀립니다. 그 일이 아니어도 다른 일이 생기고 신경 쓸 것이 많아 잊어버리지요.

그러나 노인은 생활반경이 좁아져 자신의 주위에 일어날 일들이 많지 않으니 무엇인가 발생하면 그 문제의 중요성에 상관없이 그 한 가지에 집중하고 예민해집니다. 사소한 일에 집착하며 계속 물어보고 몇 날 며칠을 그 문제에 사로잡혀요. 그리고 서운한 마음이 들면 혹시 자신을 쓸모없는 노인으로 생각해서 그런 건 아닌지 의심도 합니다. 상대의 입장에서 보면 황당한 일이지만 노인은 대단히 진지해요.

어느 연령대나 사람과의 관계에서 감정 조절은 선택이 아닌 필수입니다. 자꾸 화를 내고 노여워하는 사람을 좋아하기는 힘들잖아요. 노화나 질병으로 심리적으로 예민해지고 감정 기복이 심해지는 노년기는 자칫 감정 조절에 어려움을 겪을 수 있으므로 노인이 심리적으로 안정되도록 주위 사람들의 도움이 필요하며 또 노인 스스로도 그렇기 위해 노력해야 합니다. 고마운 사람들에게 자주 감사와 사랑을 표현해서 좋은 인간관계를 유지하려 노력하고 억눌린 감정이 있다면 건강하게 해소하는 방법을 찾아야 합니다. 취미나 교육 또는 자원봉사 등 좋아하는 프로그램 등에 참여하는 것도 부정적 감정을 해소할 수 있는 좋은 기회입니다. 외부 활동을 통해 즐거움을 느끼면 관심이 분산됨으로써 가족이나 가까운 주위 사람들을 향한 불만이 누그러지는 효과가 있거든요. 복지관에서는 노인들을 대상으로 다양한 교양, 취미, 교육 프로그램을 운영하며, 독서나 일기 쓰기 등의 지적 활동은 긴장과 스트레스를 줄이고 치매를 예방하는 것으로 알려져 있습니다.

존중받는 노인은 순하고 편안하다

사회복지가 추구하는 최고의 가치는 인간 존엄성입니다. 인간 존엄성이란 인간은 그가 보유한 능력의 여부를 떠나 이 세상에 존재하는 자체로 귀하여 존중받고 정당하게 대우받을 권리가 있다는 의미입니다. 인간 존엄성은 타인이 나를 존중해주는 것이 필수적이지만, 그에 못지않게 스스로를 아끼고 자랑스럽게 생각하는 자존감도 중요합니다. 자존감이 정립되어 있어야 자기 발전을 꾀하며, 스스로의 행위에 책임을 지면서 타인과의 관계가 원활해집니다.

이러한 자기애(自己愛)나 자존감은 인간이 심리·정서적으로 안정된 상태에서 잘 정립되고 확고해져요. 경제적으로 궁핍하고 폭력이 일어나는 불안한 환경에 처해 있거나 다른 사람들로부터 멸시와 비난을 받는 사람은 소속감을 느끼기 힘들며 평등하고 우호적인 인간관계를 맺는 데 어려움이 생기지요. 자존감을 갖지 못하면 매사에 자신이 없고 눈치를 보며 열등감에 시달립니다. 그러한 심리적 위축은 활동의 위축으로 이어져 결국 정신과 신체의 건강에 악영향을 끼치기 마련입니다. 타인으로부터 존중받고자 하며 관심과 사랑을 필요로 하는 것은 유명한 학자들의 이론을 빌리지 않아도 인간이라면 누구나 공통적으로 갖는 욕구이고 인간 존엄성을 지키는 길이며 노인이라고 예외가 아닙니다.

노인을 돌보는 가족은 노인이 다양한 애로점을 가지고 있다는 점을 이해하고 노인의 의사를 존중하고 부족한 기능을 보충해주면 좋겠습니다. 혹시 나이 든 부모가 과거와 달리 엉뚱하고 이상한 행동을 보인다면 짜증을 내기에 앞서 혹시 본인 의사와 상관없이 진행되는 인지 기능의 장애에서 기인한 것은 아닌지 점검해보면 좋겠습니다. '노인은 다 그래', '노인이 되니 어쩔 수 없네'와 같은 편견을 갖지 말고 부모가 지금 보이는 상황을 극복할 방법을 찾아보기를 권합니다.

인지 기능에 이상이 생겨 치매에 걸리면 다양한 문제행동을 합니다. 용변 실수를 하고, 가족을 못 알아보기도 하며, 밤낮이 바뀌기도 하고, 집을 나가기도 해요. 그런데도 가족과 더불어 잘 사는 사람들이 있습니다. 이들의 특징은 온화하다는 것입니다. 비록 여러 가지 문제행동으로 가족이 힘들기는 하지만 잘 웃고 가족을 잘 따르며 평온한 기분을 유지하는 시간이 많아 가족이 견딜 만합니다. 반면 용변은 가리나 까다롭고 불평하며 욕을 하는 사람은 가족과 오래 살지 못하고 요양원에 들어가는 경우가 많습니다. 돌봐주고 싶은 마음은 있으나 노인이 자꾸 상처를 주고 불안감을 조성하면 가족이 그런 상황을 받아들이기 힘들기 때문이에요.

긍정적 기분을 유지하면 기억력 향상에도 도움이 된다는 연구는 많습니다. 그 점을 감안하여 가능하면 노인이 스트레스를 받지 않도록 배려하고 지금 그대로의 상태를 인정하고 수용하면서 도움을 제공하면 아무리 인지 기능이 저하되어 있어도 노인은 가족이 자신을 돌보며 사랑한다는 것을 믿어 의심치 않습니다. 그러한 믿음을 기반으로 노인은 가족에게 강한 소속감을 느끼고 안정되고 평안한 마음으로 살아갈 힘을 얻습니다. 어떤 경우에도 가족이 자신을 돌봐주고 보호해줄 것이라는 믿음 속에 어려움이 있어도 견디며 가족에게 협조하려는 적극적 태도를 보일 것이고 이는 곧 일상생활 전반에 만족감으로 이어집니다.

어떤 식으로든 인간관계는 중요하다

우리는 노년기에 대한 준비로 우선 건강과 경제적 대비를 꼽습니다. 그러기 위해서 어떤 음식을 먹고 어떤 생활습관을 갖아야 하는지에 관한 의사들의 조언을 머릿속에 새기고 있으며 노후 생활자금을 모으려 노력합니다. 그런데 우리가 별로 중요하게 생각하지 않으나 돈만큼 소중한 것이 있으니 그건 바로 인간관계입니다. 인간은 늘 다른 사람들과의 교류를 필요로 합니다. 개인적 인간관계의 기본 단위라 할 수 있는 가족은 물론 타인의 범주에 드는 친구, 이웃, 일이나 활동을 함께하는 동료나 지인들과의 인간관계가 바로 그것입니다.

인구 통계를 보면 노인 부부와 독거노인의 합이 전체 노인인구의 70 퍼센트 정도이니 자녀와 동거하는 비율의 두 배가 훨씬 넘으며, 이런 추세는 장래 더욱 심화될 것이 분명합니다. 자의든 타의든 노인들은 타인과 연관된 환경에 점점 많이 노출되고 있으며, 그러한 이유로 노인 개인에게 타인의 의미는 과거 어느 때보다 높아지고 있습니다.

노령과 질병은 정상적인 인간관계를 변형시킵니다. 직장에서 은퇴하면서 친했던 직장동료가 멀어지고, 시간이 지남에 따라 친구와 친척들을 자주 만나지 못하게 되어 결국 가족만 남는 경우가 많습니다. 그런데 전체 노인의 70퍼센트가 자녀와 떨어져 사는 현실을 감안하면 인간관계에서 고립된 노인이 상당할 것이라는 추측을 쉽게 해볼 수 있습니다.

　인간은 늘 가족 및 타인과의 교류를 필요로 하고 사람들 속에 속하고자 하며, 다른 사람들로부터 인정과 관심을 필요로 합니다. 먹고 지내기가 풍족해도 다른 사람과 교류가 끊어지면 사회로부터 격리되고 단절된 느낌을 받거든요. 질병으로 외출이 힘든 우리나라 노인의 상당수가 우울증 약을 복용하고 있다는 사실이 이 점을 증명합니다. 더욱이 혼자 살아가야 하는 독거노인이라면 타인과의 관계가 생존과 직결된다 할 만큼 중요해집니다.

　혹시 가족이 멀리 있다 할지라도 타인과 원만하게 교류하고 그들로부터 인정받으면 삶을 적극적으로 살아갈 용기를 얻을 뿐만 아니라 가족이 채워주지 못하는 부분을 타인 속에서 발견하고 안정을 찾습니다. 예를 들어서 혼자 살다가 낙상을 해서 골절이 되거나 아프다고 생각해보세요. 그때는 누군가에게 발견되는 것이 중요합니다. 이때 이웃을 사귀어 놓았으면 그 사람들의 도움으로 병원에 가거나 가족에게 연락해 조치를 취할 수 있을 겁니다. 타인이 가족의 빈자리를 보충해주는 거예요.

　만약 이때 다른 사람과의 교류가 없다면 어떻게 될까요? 어쩌면 움직이지 못하고 혼자 누워 있다가 고독사로 이어질지 어떻게 알겠습니까. 하지만 교류하는 사람들이 있으면 이들이 가족이나 보호자의 역할을 해줄 것입니다. 그러므로 독거노인에게는 다른 사람과의 관계가 생존을 위해서 아주 필수적인 요인입니다. 또 가까운 누군가로부터 이해받는다는 느낌은 심리적 안정감을 부여해서 좋고요.

우리는 누구나 가족과 더불어 아름답게 살고자 합니다. 그런 바람대로 삶이 잘 풀리면 좋지만, 그렇지 않다고 할지라도 은둔하여 고립되는 선택은 하지 말아야겠습니다. 외로움은 육체적·경제적 고통을 가중시켜요. 똑같은 상황이어도 외로우면 더 아프고 고통도 더 크게 다가옵니다. 세상에 혼자 버려진 듯한 느낌이 고통을 뼛속 깊이 파고들게 하거든요. 이것이 바로 나이 들어서도 사람을 좋아해야 할 이유입니다.

행복, 누구나 꿈꾸지만

　우리나라 노인은 행복한 사람이 더 많을까요, 불행한 사람들이 더 많을까요? 답은 유감스럽게도 '불행하다고 느끼는 사람이 훨씬 더 많다'입니다. 제가 직업상 만나는 노인들을 보더라도 압도적 다수가 행복하지 않습니다. 이들을 만나면 대부분은 외롭고 힘들다고 하소연하며 우울증 약을 먹는 사람도 많습니다. 이는 건강보험심사평가원 자료를 보아도 그렇습니다. 전체 우울증 환자 가운데 노년층이 20퍼센트 이상을 차지하며 신경안정제를 처방받는 사람의 숫자도 어마어마하여 OECD 평균의 3배 이상이며 OECD 1위를 기록하고 있습니다.

　저는 언젠가 우리가 돌보는 노인 중 평소 행복하고 편안하다고 느끼는 사람이 얼마나 될까를 통계로 내본 적이 있습니다. 그랬더니 노인 10명 중 7명 이상이 이런저런 불만으로 자신이 행복하지 않다고 생각하며 우울해 했습니다. 솔직하게 표현하지 않는 사람의 숫자를 감안하면 어쩌면 그 수치는 더 올라갈지도 몰라요. 불행의 이유는 많습니다. 쓸 돈이 적어서, 아파서, 외로워서, 고생한 걸 몰라줘서, 늙었다고 무시해서…

　나이 들면 불행한 것이 당연할까요? 행복해질 수는 없는 건가요?

행복한가요

보통의 노인들은 다른 세대와 달리 네 가지의 고통을 가지고 있습니다. 이른바 노인의 사고(四苦)인데, 소득이 줄거나 끊기는 데서 오는 빈곤의 고통, 건강이 나빠지면서 찾아오는 질병의 고통, 마땅히 할 일이 없으며 일을 하고자 해도 일감을 주는 이 없는 무위(無爲)의 고통, 말 붙여주는 사람이 없어 외로운 고독의 고통이 그것입니다. 일부 소수를 제외한 우리나라 노인의 대부분은 이런 고통에 매일을 힘겹게 보내고 있습니다.

행복과 불행은 대단히 주관적이지만 그럼에도 불구하고 우리는 이를 객관화하여 평가할 수 있습니다. 2017년 생명보험사회공헌위원회가 일본, 미국, 독일, 영국 등과 우리나라를 비교한 행복수명국제비교에 따르면 우리나라는 건강, 경제, 사회적 활동, 인간관계의 전 영역에서 하위로 나타났습니다. 행복을 가늠하는 지표들에서 모두 낮은 점수를 받은 것이에요. 이 연구만 그런 것이 아니라 이후의 연구에서도 결과는 다르지 않습니다.

대부분의 사람이 노후 준비를 제대로 못한 상태에서 엉겁결에 노인이 되다 보니 불행은 어쩌면 당연한 결과일지도 모릅니다. 더 큰 문제는 노년기가 언제까지 이어질지 알 수 없다는 것입니다. 앞으로 얼마나 더 오래 살게 될지, 상황이 나빠지지는 않을지 걱정 속에서 불안과 우울함을 떨치지 못합니다.

우리나라의 노인들을 슬프고 우울하게 만드는 요인 중 중요한 하나는 사회의 변화입니다. 인간을 다른 동물과 구분하여 상위의 존재로 만들던 중요한 덕목, 인간으로서 마땅히 따라야 할 미풍양속으로 생각하던 노인 공경사상이 어느새 홀연히 사라져버렸습니다. 이제 효도는 행하면 좋지만 행하지 않아도 비난할 수 없는 것으로 변했어요. 그뿐 아니라 가족의 의미와 가치도 점점 축소되고 있습니다.

사람들에게 가족에 대한 부양 중에서 누가 가장 부담스럽냐고 물어보면 대부분 부모라고 대답합니다. 자식은 힘들어도 부양하는 것을 당연하다고 생각하는데 반해 부모 부양에는 고민을 한다는 말입니다. 의식조사를 보면 누가 부모 봉양해야 하느냐는 질문에 자녀 세대의 70퍼센트 이상이 부모 자신의 책임이라고 대답하고 있습니다. 우리도 먹고살기 힘든데 어떻게 부모까지 책임지느냐는 것이에요.

이에 부모 세대는 자신들은 부모에게 의무와 책임을 다했으나 자식들로부터 대접받지 못한다고 억울해하고 있습니다. 가부장적인 사회에서 성장하여 전통적 가치관에 따라 부모를 봉양하고 형제를 도우며 살아왔는데 대가가 이것뿐이냐며 슬퍼합니다. 부모를 봉양했으므로 자신의 노후는 마땅히 자식들의 책임이어야 하는데 아무것도 준비하지 못한 상태에서 어떻게 스스로를 책임지냐며 힘들어합니다.

이런 세태를 반영하여 현재 노인 가구 중 스스로 생활비를 조달하는 가구가 70퍼센트 정도에 달합니다. 자녀나 친척으로부터 생활비 도움을 받는 가구의 수는 10년 전에 세 집에 한 집 꼴이었는데 지금은 다섯 집에서 한 집으로 감소했어요. 그 결과 평생 일을 한 것도 모자라 부족한 생활비를 벌고자 노인이 되어서도 일을 하고 있으며, 그 숫자는 700만 명 이상으로 나타납니다. 10년 전과 비교해 270만 명이 늘었으며 증가 추세는 앞으로도 계속될 것으로 보입니다.

유감스럽게도 이런 사회의 변화는 막을 방법이 없습니다. 어느 시대나 사상·생각·가치관의 변화는 있었으며, 그런 변화를 통해 사회는 전진과 후퇴를 거듭하면서 새로운 시대로 진입하고 발전해갑니다. 변화를 거스를 수 없다면 적응하는 것이 살아남는 길입니다.

부모들도 이러한 사회 변화를 어쩔 수 없이 인정하고 적응하려 노력하지만 한편으로는 서러워합니다. 자신을 희생자라고 여기기 때문이에요. 모든 것을 바쳐 가족을 부양하는 문화에서 어찌 보면 당연한 결과이기도 하지요. 이제까지 개인보다 가족의 발전에 더 많은 가치를 두었고 희생을 불사하고서라도 가족을 지켜왔고, 가족이 나이고 내가 곧 가족이었습니다.

개인의 문제건 가족의 문제건 모든 것을 늘 가족 차원에서 풀어나가다 보니 개인은 가족으로부터 심리적으로 독립하지 못했고 가족과 내가 서로 다른 삶의 주체임을 인정하기 힘듭니다. 공동의 삶도 있지만 희생하기 힘든 개인의 삶도 있다는 것을 인정하기 힘들어 합니다. 소중하게 생각하고 공을 들인 가족으로부터 희생의 대가를 받지 못했다는 생각에 사로잡혀서 그저 괘씸하고 서운할 뿐입니다. 그래서 한국의 노인은 있는 사람은 있는 사람대로 행복하지 않으며 없는 사람은 없어서 더욱 불행합니다.

이렇게 우리의 노인들은 경제적으로도 심리적으로도 준비하지 못한 채 노년기에 접어듭니다. 사회는 젊고 유능한 사람을 환영하는데 몸은 늙고 병들어 가고 있으며, 돈을 쓰라고 유혹하는 세상에서 쓸 돈은 넉넉하지 않고, 집에 있는 시간이 길어짐에 따라 외롭고 쓸쓸함이 더해갑니다.

미리 준비하고 받아들이는 사람이 유리하다

인간은 인생의 1/4을 성장하는 데 보내고, 나머지 3/4은 늙어가는 데 보낸다 합니다. 20대 초반이나 그 이전의 사람이 아닌 이상 나머지는 이미 노화의 과정에 들어선 셈이지요. 세상사가 대부분 시작과 끝을 잘 맺어야 하듯 인생 역시 잘 살다가 아름답게 죽는 것이 중요합니다. 하지만 우리나라 정서상 늙음이나 죽음은 쇠퇴나 종말, 모든 것의 끝의 의미로서 사랑받지 못하는 주제라 우리 대부분은 그것에 대해 알고자 하지 않습니다. 어쩌다 그런 단어가 나올라치면 마치 대단한 부정이라도 타는 것처럼 도리질을 하며 외면하고 또 젊은이들은 늙음을 자신과 전혀 상관없는 것으로 여기기도 합니다.

하지만 그런다고 나이 들지 않을 사람이 있나요? 누구나 예외 없이 늙고 병들어 괴로워하다 세상을 떠나는 것을. 그러니 우리는 누구나 노인의 길에 관심을 가질 필요가 있으며 다른 세상사처럼 이 역시 미리 준비하는 사람이 유리합니다.

우리나라 사람들은 대부분 특별한 준비 없이 노인이 되어가며 노년에 대해 공부할 생각을 하지 않습니다. 그저 막연하게 자신은 노인이 되어도 여전히 건강하고 특별한 애로사항 없이 잘 살 것이라 기대하고 만약 무슨 문제가 생기면 그때 가서 해결책을 구해도 늦지 않다고 생각해요. 하지만 문제가 발생하여 대책을 세우려면 이미 늦어 허둥거릴 수 있습니다.

노년의 길에는 수많은 위험 요소가 잠복해 있습니다. 갑자기 소득이 줄어 경제적으로 곤란해질 수 있고, 건강이 나빠질 수 있으며, 인간관계의 단절로 외로움에 사무칠 수도 있습니다. 또 주체할 수 없이 넘쳐나는 시간을 어떻게 써야 할지 몰라 고민할 수도 있어요. 어떤 문제가 되었든 본격적으로 노인이 되기 전 이런 것들에 대해 알아보고 대비와 준비를 하는 것이 현명합니다.

늙음에 대한 대비는 경제적인 준비 외에 자신의 노화를 자연스럽게 받아들이는 마음의 준비도 필요하고, 자신의 역할과 가족관계를 새롭게 정립할 필요도 있으며, 여가시간을 어떻게 보낼지 구체적으로 계획을 세우고 정보를 모으는 등 세세한 준비를 필요로 합니다. 그렇게 다양한 상황을 가정하고 준비하다 보면 자연스럽게 늙어가는 것에 대한 거부감이 줄어듭니다. 그러면 준비하지 않은 사람에 비해 훨씬 무난하게 노년기에 적응하게 됩니다.

노화는 아주 서서히 진행되기 때문에 우리는 대부분 그 변화를 잘 느끼지 못합니다. 그러다 이전과 달리 눈이 어두운 곳에 빨리 적응하지 못해 넘어진다든지, 전날 마신 술로 다음날 일어나기 힘들고, 똑같은 일을 하고도 피로감을 떨쳐버리지 못하면 '내가 나이 들어가나'라고 잠시 생각에 잠기다가 금세 잊어버립니다. 우리가 몸의 노화를 심각하게 받아들이지 않는 동안에도 노화는 지속적으로 한 치의 후퇴 없이 착착 진행됩니다.

인간이 노년기에 접어들면 소위 노인의 특성이라 불리는 변화를 겪습니다. 흰머리나 주름같이 겉으로 드러나는 신체적 변화 외에 기억력과 인지적 통제 기능이 저하되고 심지어 성격이 변하기도 합니다. 뇌의 기능 변화로 인해 그럴 수 있고 질병으로 그런 변화를 겪기도 해요. 아니면 질병의 요인이 없어도 자신이 처한 상황에 적응하기 위해 변하기도 합니다. 또 특별한 문제가 없다 할지라도 직업에서 물러나거나 과거에 비해 사회활동이 위축되면 삶에 적극성을 잃고 시야가 좁아져 소극적이 되면서 사고방식이 변할 수 있어요. 아무튼 그런 과정에 있다 보면 사람은 점점 자신감을 잃고 불확실한 자신의 미래를 불안하게 여겨 다른 가족에 대한 의존성이 높아지거나 심하면 집착하기도 합니다.

다소의 차이가 있지만 어떤 형태가 되었든 노년기에는 누구나 변화를 겪습니다. 그러나 이는 하나도 이상한 일이 아니에요. 인간은 전 생애에 걸쳐 늘 변화하기 때문입니다. 노년기에 나타나는 변화 양상은 전 생애에 걸친 변화의 일부분이지 노인이 되었다고 그 사람만이 특별하게 겪는 이상한 변화는 아니므로 노년기의 변화를 자연스러운 현상으로 받아들여야 합니다.

아기로 태어나 청소년기와 청년기·장년기를 거쳐 노년기로 이어지는 삶의 사이클 속에서 노인이 된 사람은 자신의 신체적 변화에 잘 적응하고 가족 안에서 과거와는 다른 새로운 역할을 해내게 됩니다. 부모의 역할 외에 조부모의 역할이 추가되고 남은 삶을 의미 있게 보내는 과제가 노년기의 과업으로 주어지는 거지요.

이렇게 삶의 각 단계에서 자신이 처한 환경에 적응하고 해내야 하는 과업들을 달성하기 위해 노력하다 보면 우리는 늘 과거와는 조금씩 다른 사람으로 변화하고 진화하기 마련입니다. 그러므로 긍정적이든 부정적이든 노인의 변화는 당연하며 이러한 변화는 인간의 삶에서 지극히 자연스러운 과정으로 인정하고 수용하는 자세가 필요합니다.

그러나 현실의 우리는 이와 같은 노화에 대한 이해와 정신적 준비보다 노화를 막거나 늦추기 위해 안간힘을 쓰는 편입니다. 운동을 하고, 영양가 있는 음식을 먹으며, 항노화라는 주제의 정보를 수집하는 데 열을 올려요. 물론 그러한 노력은 중요합니다. 가능하면 활기차고 건강하게 삶을 이어가야 하니까요. 그러나 그 못지않게 중요한 것이 노화에 대한 인정이라고 봅니다. 이 세상에 노화를 반길 사람은 없겠지만 아무리 애를 써도 다시 젊은 시절로 되돌아갈 수는 없다는 비가역성은 인정해야 한다고 봅니다. 노화에 저항하기보다 일단 자신의 몸이 노화한다는 사실을 수용하고 그다음에 노화를 지연시킬 수 있는 것들을 찾는 것이 훨씬 지혜롭다고 생각합니다.

노화에 대한 인식이 없이 젊게 살기 위해 노력하는 것과 노화를 인정하고 젊게 살려 노력하는 것이 무엇이 다르냐고 묻고 싶으신가요? 살다가 어느 순간 내 몸이 전과 같지 않다고 느끼는 순간이 왔을 때 사전 인식이 없다면 그 상황을 받아들이기 어려울 거예요. 젊게 살려고 운동을 하고 영양가 있는 음식을 먹었는데 효과 없이 몸이 나를 배신했다고 느낄 수 있거든요. 기대와 현실 사이의 격차에 실망하고 화가 날 수 있다는 뜻이에요. 그러면 자기 자신을 미워할지도 모릅니다. 실제로 노인 중에는 병 주머니가 되었다며 자신을 미워하고 꾸짖는 사람들이 있습니다. 반대로 몸이 노화되어가고 있다는 것을 인정하고 있다면 몸이 보이는 기능 저하를 자연스럽게 받아들이게 되어 별 저항이나 불만 없이 일상생활을 이어갑니다. 이런 사람들은 기능이 저하된 자신의 몸을 원망하지 않고 그래도 이 정도면 다행이라고 생각합니다. 너무 다르지요?

노화의 인정은 체념이나 포기와는 다른 개념입니다. 체념이나 포기는 그 자리에서 멈추며 더 이상 앞으로 나아가지 못하는 것이지만, 인정은 사실을 수용하면서 다른 좋은 방법을 찾아 발전해가려는 노력의 과정이므로 효과가 좋습니다. 똑같은 상황인데 인식의 차이로 누구는 밝고 누구는 짜증을 내는 것입니다.

몸이 나이 들어가고 능력이 쇠퇴한다는 사실은 마음 아프지만 그래도 인정을 하면 우리는 대비하려는 의지를 내며 본격적으로 알아보고 준비에 들어간다는 것이 중요한 포인트입니다. 능력의 유한성과 한계점을 인정하면 자신이 처한 상황에서 무엇을 할 수 있고 할 수 없는지를 점검하며 약점을 효과적으로 극복할 방법을 찾기 마련이거든요. 이것이 바로 지혜로움이지요.

그러므로 이는 삶에 대한 항복이 아니라 현재 삶의 단계에서 약점을 극복하려는 적극적인 노력이며, 다른 새로운 효과적 방식을 찾는 진지한 탐구가 되는 것입니다. 헛된 욕구를 버리고 대신 가능한 목표를 설정하고 추구함에 따라 실현 가능성이 높아지며, 유한한 자원을 효과적으로 사용하기에 경제적이기도 합니다. 그러기 위해서는 합리적 사고와 냉정한 분석을 필요로 하는데, 삶의 연륜으로 지혜를 쌓은 자에게는 그리 어려운 일이 아니라고 봅니다.

나이 들어 불행한 것은 당연한가

젊은이들이 노인에 대해 갖는 선입견 중 하나는 불평불만이 많다는 것인데, 실제로 노인 중에는 잔소리를 하거나 참견을 하는 사람이 많습니다. 잃는 게 많아지고 힘을 못 쓰는 데서 오는 불만이 작용해서 그러기도 하고, 다른 사람들에게 무시당하지 않으려는 심리도 작용하고, 인생을 미리 살아본 사람으로서 가르치려는 욕구도 상당합니다. 그나마 기댈 곳은 가족인데 가족도 예전처럼 마냥 만만하지 않으니 소외감에 불만도 쌓이지요.

인간의 욕구는 무한해서 과연 이 세상에서 자신의 삶에 만족하는 사람이 몇이나 될까 궁금할 때가 있습니다. 그래서 깨친 자들은 우리에게 감사의 마음을 느낄 것을 권유합니다. 고민과 번민 대신 자신이 가진 좋은 점을 떠올리면 부정적인 생각이 감소되고 삶의 만족도가 올라간다고 충고해요.

저는 불평불만을 말랑말랑한 커다란 혹이라고 생각합니다. 이 혹은 아주 부드럽고 유연해서 아무리 많이 담아도 결코 터지는 법이 없어요. 밤을 새워 그 안에 불평·불만·불안·걱정·염려를 담고 또 담아도 주머니는 항상 입을 벌리고 더 넣어 주기만을 기다립니다. 아무리 담아도 결코 넘치지 않고 한없이 몸집을 불리며 우리에게 착 달라붙어서 온몸을 누르며 영양분을 뺏어갑니다. 건강을 뺏어가고 스트레스를 주며, 사랑과 화목 대신 불평과 고독을 줍니다. 그렇게 무거운 혹을 매일 끌고 다니다 보면 자신도 모르는 사이에 불평불만자로 낙인 찍혀 쓸쓸한 고독의 길로 들어가게 됩니다.

노년기는 다른 무엇보다 먼저 이 혹을 떼버려야 합니다. 그러기 위해서는 내가 처한 환경이 어떠하든, 수입이 어떻든 현실을 받아들이고 인정해야 합니다. 현실 개선을 포기하고 살라는 말이 아니라 현실을 있는 그대로, 잘 살면 잘 사는 대로 못 살면 못 사는 대로 자신의 처지를 받아들인다는 말입니다. 불만이란 대부분 현실을 외면할 때, 다른 사람과 나를 비교할 때 생깁니다. 나는 왜 이렇게 살아 다른 사람은 다 잘 사는데 식으로 말이에요. 힘들 수 있지만 현실을 수용하면 어느 정도 마음이 편안해져요. 이루지 못할 헛된 욕망들을 내려놓게 되거든요.

저는 이것을 가지치기라고 생각합니다. 우리의 머릿속에 세워진 나무에서 이런 쓸데없는 욕망의 가지들을 쳐내는 거예요. 부스스하고 어지러웠던 나무를 깔끔하게 정돈된 아름다운 나무로 품격을 높이는 거예요. 그러면 주위를 둘러볼 마음의 여유가 생기고 심리 상태는 안정되어 고마운 것들이 눈에 들어옵니다. 젊은 시절에는 욕망 대비 현실 인정에서 욕망이 한 수 위로 강력해 현실 인정이 어렵지만 나이가 들면 마음먹기에 따라 어느 정도 가능해지는 장점이 있습니다.

아무리 작은 것이어도 불평하고 집착하면 고민과 괴로움으로 이어져 마음의 병이 되고, 계속 붙잡고 있으면 생각에 생각이 더해져 무성한 가지를 치며 우리를 짓누릅니다. 어쩌면 가지가 뻗어 나와 우리의 목을 조를지도 몰라요. 불만을 한다고 더 나아지는 것은 없습니다. 그러니 불만 대신 현재 상태를 있는 그대로 인정해 보세요. 그런 후 안정된 마음으로 불만족한 부분들을 점검하고 그중 행하기 가장 쉬운 것부터 한 가지씩 개선해나가면 좋겠습니다.

저는 웃고 고마운 마음을 내는 것에 점수를 후하게 주고 있습니다. 이런 행위에는 돈이 들지 않으며, 웃으면 내가 행복하고 주위 사람들이 좋아합니다. 어떤 식으로 세상을 보느냐는 마음먹기에 달려 있으며, 그에 따라 우리는 행복하기도 또 불행하기도 합니다. 자신의 환경이 너무나 절망적이어서 좋은 것을 떠올리려고 해도 건질 것이 없다고 생각하는 사람이라면 희망을 떠올려보세요. 늘 마음속에 희망을 품고 '나는 잘 될 거야'라고 자기 자신에게 주문을 걸면 시간은 좀 걸려도 분명 극복하는 날이 옵니다. 인간에 대한 짝사랑은 실망으로 이어질 수 있지만 희망은 아무리 짝사랑해도 우리를 거부하지 않으며 시간은 좀 걸려도 언젠가는 꼭 선물을 안겨줍니다.

우리가 인정하기는 싫지만 불행도 우리 삶의 일부입니다. 늘 행복을 느끼는 사람은 없어요. 행복은 삶의 과정에서 잠깐 나타났다가 사라지는 반딧불과 같은 것이며, 내 행복이 작고 다른 사람의 행복이 더 크다고 생각하는 것도 터무니없습니다. 마음을 편안하게 가지면 상대적으로 불행은 크기가 줄어듭니다. 행복하기를 원하는가, 불행하기를 원하는가? 그 판단은 당신의 몫입니다.

돈도 무섭지만 외로움은 더 무섭다

노년기에 접어들면 많은 사람이 지출을 줄일 방법을 찾습니다. 일에서 은퇴하여 소득이 끊기거나 일을 계속한다 해도 과거에 비해 수입이 큰 폭으로 줄어드는 경우가 대부분이기 때문에 당연한 반응이라 볼 수 있지요.

그런데 아파트 관리비나 전화요금, 식비 등은 생활을 유지하는 데 필수적인 고정경비이기 때문에 좀처럼 줄이기가 힘들잖아요. 그래서 사람들은 그 외의 지출 항목에서 줄일 것을 찾는데 먼저 고민하는 것이 그동안 만나던 사람들입니다. 누군가를 만나면 회비나 식비 등의 경비가 든다는 것을 알기 때문에 만나지 않아도 좋은 사람이 누구인지를 가려내고자 하는 거지요.

직장에서 은퇴하면서 과거 직장 동료나 거래처 사람들과 만날 일이 없어지면서 자연스럽게 사회적 관계가 축소되는데 이것도 부족해서 자발적으로 인간관계를 더 줄이려고 하는 거예요. 그 결과 과거 활발하게 사회활동을 했던 사람 중에서도 은퇴 이후 사람들과의 관계를 끊고 집에만 머무는 경우가 있습니다.

인간은 군집생활을 하는 사회적 특성을 가지고 있습니다. 혼자가 아니라 사회에 속하여 사회를 구성하는 일원으로서 살아가는 속성이 있다는 의미입니다. 그러려면 타인과의 관계가 필수적입니다. 보통의 인간은 평생 타인과의 관계 속에서 일정 역할을 행하며, 인정받고, 사회적 위상을 정립하며 살아가기 때문에 노인이 된다고 인간관계의 의미가 축소되지는 않습니다. 본인을 포함해 가까운 사람들이 아프거나 세상을 떠나 만날 사람이 줄어들기 때문에 오히려 현 상태를 유지하거나 확대하려고 노력해야 하는 시기가 노년기입니다. 이렇게 가뜩이나 인간관계가 축소되는 노년기에 사람을 멀리한다는 것은 고독의 섬으로 이어지는 지름길을 제 발로 들어가는 꼴입니다.

학자들의 연구를 보면 사람을 만나지 않는 노인은 인지 기능 장애를 겪는다는 결과가 아주 많습니다. 거꾸로 풀이하면 노인이 되어서도 계속하여 사람 만나기를 좋아하는 사람들은 인지 기능 장애가 적다는 뜻입니다. 타인과 좋은 관계를 유지하고 친구가 많은 사람은 외롭지 않으며 혹시 가족이 가까이 없다 할지라도 가족의 빈자리를 그들이 대신해 주기 때문에 소외감도 덜 느낍니다. 반면 노인 중에는 신체적으로 건강하지만 외출을 꺼리고 집에만 있는 사람들이 있는데, 이들은 대부분 가족에게 집착하며 간섭하고 다툼을 일으키다 사이가 나빠지고 인지 기능 장애로 발전하는 경우가 흔합니다.

제가 일하는 사무실의 인근 공원에는 햇살이 적당한 시점에 휠체어를 타거나 보행보조기를 미는 노인들이 모이는 장소가 있습니다. 노인들은 형님·아우라고 나이순으로 서열을 매기고 붕어빵이나 고구마 같은 간식을 나눠 먹으며 정을 나눕니다. 과거에 자신이 얼마나 잘나가던 사람인지를 과시하기도 하지만 서로 든든한 동지 역할도 해요. 팔운동을 평소 10번 하던 사람이 5번만 하면 나머지를 마저 채우도록 응원하며, 혹시 그룹 중 한 사람이 안 보이면 아픈 것은 아닌지 안부 전화를 합니다. 그렇게 모이는 노인들의 얼굴은 밝고 병을 이기려는 의지도 강하며 무엇보다도 인지 장애가 적습니다. 다른 사람들과 잘 어울리는 노인들은 또래 평균에 비해 건강하며 이렇게 밝게 사는 사람들은 면역력도 강하다고 수많은 연구와 조사가 증명을 해주고 있습니다.

반면 나이가 들면서 외부인을 싫어하고 어울리지 않으려는 사람도 있습니다. 극도의 배타성으로 가족 외는 얼굴조차 보려 하지 않는데, 이들의 특징은 활동이 집 안으로 국한되어 있으며 가족에게 집착하고 우울증이 심하거나 치매 등의 정신신경질환 보유자가 많으니 결국 저의 경험을 보더라도 인간은 다른 사람과 교류가 필수적이라는 결론을 내릴 수밖에 없습니다.

그러나 노인 중에는 충분히 재산을 가지고 있음에도 불구하고 큰 병이 나거나 지출이 많을 경우를 대비해서 생계비까지 줄이는 사람들도 있습니다. 부식비를 줄이고자 김치만 먹고 사는 사람, 난방비를 줄이고자 겨울에 전기장판 한 장으로 버티는 사람, 수도료를 아끼고자 물을 안 쓰는 사람 등 각양각색의 모습으로 비정상에 가까울 만큼 돈 쓰기를 무서워하고 안 쓰는 사람들이 있어요. 젊었을 적엔 지출이 생기면 경제활동을 통해 복구할 수 있지만 노년기는 지출만 있을 뿐이므로 손실을 회복하기 힘들다는 생각에 사로잡혀 있어서 그러는 거지요. 그런 상황에서 사람을 만나 밥값을 낸다는 것은 상상하기도 힘든 일인 겁니다. 그렇게 사람과의 교류를 끊고 자발적으로 고립의 길을 택하면 결국 그 사람은 이해하기 힘든 괴팍한 노인으로 변해갑니다.

외로움은 아무리 적응하려 노력해도 익숙해지기 힘들며, 익숙해졌다 생각해도 문득문득 외롭다는 생각을 떨치기 힘듭니다. 외로움 속에서 살아가는 것은 돈이 없는 것 이상의 고통이며, 외로움은 세상에서 혼자 버려진 듯한 슬픔을 안겨줍니다. 그러므로 나이 들면서 증가하는 외로움에 대응하여 친구나 이웃과 좋은 관계를 유지하는 것에 더 많이 신경을 쓰는 것이 마땅합니다. 젊을 때는 귀찮을 정도로 밖에 나갈 일이 많지만 나이 들어서는 밖에 나갈 일이 적어질 뿐만 아니라 오라는 곳도 줄어듭니다. 그러므로 사람들과 교류할 기회를 적극 찾는 것이 좋습니다. 특히 독거노인의 경우는 경제적 상황이 양호하더라도 다른 사람과의 교류가 없으면 사회성이 떨어지고 상황판단 능력이 약해져 범죄의 대상이 되기도 한다는 점도 염두에 두어야 합니다.

외로움이 깊으면 육체적·경제적 고통을 훨씬 더 절실하게 느낍니다. 외롭다고 느끼면 우리의 심리 상태가 똑같은 상황을 더 아프게 받아들이거든요. 반대로 풀어보자면, 주위에 친한 사람들이 있으면 고통이 있어도 덜 아프게 느끼고 더 안정적입니다. 애정, 사랑, 우정, 믿음 같은 감정이 육체적·경제적 고통을 참아낼 힘을 주기 때문입니다. 정서적 지지가 고통이나 결핍을 제거하지는 못하지만 그래도 어느 정도 보완하는 심리적 효과를 내니 사람들과의 관계를 잘 유지하면 좋겠습니다.

고독하고 싶지 않다, 고독사는 더욱 싫다

혼자 사는 노인들이 가장 두려워하는 것이 무엇이라고 생각하시나요? 고독사입니다. 아무도 없이 혼자 죽음을 맞이하고 이후 누군가에게 발견되기까지 며칠이고 몇 달이고 방치되면 어쩌나 하는 두려움이 아주 큽니다. 고독사는 실제로 자주 발생하고 있는 사회문제이지요. 고독사는 혈연관계가 중시되고 아직 '효' 개념이 따뜻한 온기를 잃지 않은 우리나라에서도 더 이상 낯설지 않습니다.

고독사는 단절된 삶을 살다가 혼자서 죽음을 맞는 경우를 일컫지만, 행정용어로는 무연고자 사망이라고 합니다. 무연고자 사망은 공식적으로 통계에 잡힌 숫자가 연간 2,000명 수준이나 실제는 더 많을 것이 분명하며, 남성이 여성보다 5배 이상 많습니다. 남성이 여성보다 외부와의 접촉을 끊은 은둔형이 더 많다는 뜻이겠지요. 전체 무연고자 사망 중 노인의 비율은 40퍼센트 정도이며, 다른 연령층보다 노인의 무연고자 사망 상승률이 더 가파릅니다. 참고로 현재 65세 이상에서 1인 가구가 35퍼센트 정도인데, 이 비율이 앞으로 더욱 증가할 것으로 예상되니 그만큼 고독사의 위험도 높아진다고 볼 수 있습니다.

고독사라고 원래 가족이 없던 사람들은 아닙니다. 가족·친척들이 있으나 왕래가 없거나 친구도 만나지 않고 심지어 이웃과도 교류하지 않은 채 혼자 외톨이로 지내다 죽음을 맞는 경우가 많아요. 대부분 가족과의 단절로 발생하는데, 가족이 붕괴되면서 서로 인연이 끊기는 데 원인이 있다고 봅니다.

가족이 서로 인연을 끊어버리는 무연사회는 사회 현상의 하나이지만, 자발적으로 가족을 버리는 사람은 드물 테니 본인의 의지와 상관없이 가족과 멀어졌을 가능성이 크겠지요. 가족을 포함한 모든 인간관계에는 비용이 발생하고 좋은 관계를 유지하기 위한 노력도 해야 하므로 이를 부담으로 느껴 스스로 멀리하다가 끊어지는 자발적 고독도 있을 테고요. 아니면 가치관이나 추구하는 생활방식이 맞지 않아 그럴 수도 있습니다.

보통 남성과 여성의 대인관계에는 차이가 있습니다. 여성은 몸을 움직일 수 있는 한 이웃이나 누군가를 만나려 노력하는 경우가 많은 반면 남성은 자존심을 내세우는 칩거형이 많습니다. 한때 남부럽지 않은 가정을 가졌고 또 사회생활도 잘했는데 그런 악조건에서 산다는 것을 부끄럽게 생각해 인간관계를 단절합니다. 그런 남성 중에는 알코올에 중독되어 있는 사람들의 비율도 높습니다.

노년기는 여성보다 남성에게 불리한 점이 많습니다. 우선 가사 운영 능력이 낮습니다. 독거 남성의 집을 가보면 발 디딜 틈이 없을 정도로 어지럽혀졌으며 먼지, 쓰레기, 약봉지 등이 사방에 굴러다니고 악취가 심합니다. 스스로 반찬 준비를 못하므로 가까운 편의점에서 삼각김밥 같은 간단한 음식으로 허기를 때우므로 체력이 고갈되어 각종 질병에 시달리며 삶에 의미를 상실한 채 대단히 무기력한 경우가 많습니다.

더 큰 문제는 이들이 노인 사회의 아웃사이더, 즉 주변인으로 전락한다는 점입니다. 노인들 세상에는 그들 나름의 커뮤니티가 존재합니다. 노인들은 경로당이나 정자·공원 등을 중심으로 모이고 운동하며 정보를 공유하는 그들만의 만남과 사교의 장이 있습니다. 그러나 은둔형 독거 남성은 외부와 차단된 채 혼자 집에 있으므로 주류 커뮤니티에 속하는 동료 노인들과 교류할 기회를 얻지 못해 모든 면에서 소외됩니다. 주변인으로의 전락은 국가나 지자체에서 시행하는 각종 지원이나 서비스 등에 관한 정보를 제때 얻지 못할 가능성을 의미하여 결과적으로 삶이 더욱 힘들고 불행해지는 결과로 이어질 수 있는 위험이 있습니다.

고독사와는 별도로 우리나라는 하루 평균 약 40명 정도가 자살을 하는데, 그중 가장 많은 연령대가 노인이며 노인 중에서도 80세 이상 남성 자살률이 전체 평균보다 6배나 높다는 점도 같은 맥락에서 생각해봐야겠습니다.

과거 국가가 사회복지를 행하기 전에는 가족이 복지 기능을 담당했어요. 가족 중 누군가에게 문제가 생기면 나머지 가족이 나서서 그 사람이 자립할 때까지 돕고 보호했지요. 지금은 국가가 사회보장제도를 통해 국민의 최저생활을 보장하지만 얼마 전까지만 해도 개인을 보호하던 것은 가족이었으며, 외부의 도움이 없이 가족이라는 집단이 자체적으로 문제를 해결했습니다. 그러나 가치관과 사회 환경의 변화로 가족이 과거와 같은 보호 기능을 제대로 해내지 못하고 가족이 붕괴하면서 이때 떨어져 나간 사람 중 일부가 고독사로 이어지게 됩니다. 또 이들은 죽음 이후에도 쓸쓸하여 유족이 장례를 거부하기도 합니다.

가족체계가 삶의 중압감을 더는 방향으로 개편되다 보니 노인 인구의 70퍼센트 정도가 혼자 살거나 부부만 거주하고 있습니다. 그나마 부부가 같이 살면 서로 의지할 수 있으나 한 사람이 먼저 세상을 떠나면 남은 사람의 고독사 위험은 자연히 높아집니다. 국가는 고독사를 예방하고자 노인의 안부를 확인하는 사회 서비스를 확대하고 있습니다. 그에 앞서 본인 스스로 가족과 좋은 관계를 유지하여 고독사의 위험을 줄이고, 만약 가족과 멀어져서 살거나 자주 만나지 못한다면 이웃과 사귀고 관공서에 알려서 적절한 도움을 받으면 좋겠습니다.

무엇이 행복인가

우리는 모두 행복을 추구하지만 행복이 무엇인지 정의하기는 쉽지 않습니다. 그러나 어떤 상황에 닥쳐 평소보다 월등하게 높은 수준의 만족감, 기쁨, 짜릿함, 편안함, 충만감 등의 기분 좋은 감정에 휩싸일 때 우리는 행복하다고 느낍니다. 어떨 때 그런 느낌을 가질까요? 사랑하는 사람과의 결혼? 로또 당첨? 큰 집으로의 이사? 승진? 공통점은 손에 넣기 힘들고, 값비싸며, 자주 일어나지 않는 그 무엇들이네요. 어떤 것이 되었든 소망하는 것을 성취되면 우리는 행복을 느낍니다.

행복이 무엇인가에 대해 간결하고 쉽게 정리한 책이 있습니다. 서은 국은 『행복의 기원』에서 우리가 행복을 잘못 해석하고 있다고 지적합니다. 그는 과학적으로 보면 행복은 삶의 목적이 아니라 삶을 살아가는 과정에 순간순간 느끼는 감정이라고 정의합니다. 힘든 삶 가운데 잠깐 느끼는 좋은 감정이 행복으로, 이러한 감정을 통해 인간은 위로를 얻기도 하고, 어려운 무엇인가를 얻기 위해 도전을 하며, 성취감이나 만족감 같은 감정을 느끼려 용기를 내는 원동력이 되기도 한다는 것입니다. 그러므로 행복은 존재의 목적이 아니라 생존을 위한 수단이라고 규정합니다.

우리 한번 달콤한 상상 속으로 들어가 볼까요? 오랫동안 꿈꾸었던 일이 드디어 이루어졌습니다. 사랑하는 사람과 결혼을 하고 큰 집으로 이사를 가게 되었습니다. 꿈이 이루어졌으니 가슴이 두근거리고 두 발이 공중에 붕 뜬 느낌이 들 겁니다. 그런데 유감스럽게도 일생일대의 소망을 이루어졌건만 행복의 감정은 그리 오래가지 않습니다. 어느 순간 콩닥거리던 가슴은 진정되고 다시 평범한 일상에 묻힙니다. 결론적으로 행복은 계속 내 곁에 붙잡아둘 수 있는 실체가 있는 것이 아니라 힘든 삶의 여정 속에서 잠시 고통을 잊게 하는 진통제 같은 것으로 봐야겠습니다.

진통제가 되었든 아니든 인간에게는 행복한 감정이 소중합니다. 세상을 다 얻은 느낌, 사랑받는 느낌, 편안함, 안정감, 그 무엇이 되었든 행복한 감정은 얼어붙은 마음을 녹이고, 만족을 주며, 위기를 극복할 용기를 줍니다. 행복한 감정을 느끼는 사람은 또래에 비해 더 건강하고, 사회적으로도 더 성공하며, 인간관계도 풍부하다는 연구 결과도 있으니 정신건강에 좋은 것이 확실합니다.

행복이 삶의 목적이면 어떻고 수단이면 어떻겠습니까. 우리는 누구나 행복하게 살 권리가 있으므로 그런 감정을 느끼려 노력해야겠지요. 단 지나치게 높은 기준은 피해야겠습니다. 옛말에 '위를 보지 말고 아래를 보라'는 말이 있습니다. 잘났다고 으스대는 사람들과 자신을 비교하면 한없이 초라해집니다. 위를 쳐다보면 끝이 없고, 쳐다볼수록 비참해지기도 하거니와 소중한 자신의 인생을 굳이 다른 사람들과 비교할 필요가 없다고 봅니다.

비교는 항상 상대적 박탈감을 불러일으킵니다. 이 감정은 모든 것을 삼켜버리는 블랙홀과 같지요. 이 블랙홀은 우리의 자존감을 무너뜨리고 우리의 삶도 쓸어버리며 박탈감이 깊어지면 이제까지 헛산 것 같아 자신을 쓸모없는 존재로 치부해버리기도 합니다. 이런 패배감에 빠지지 않으려면 다른 사람들은 다른 사람들대로 잘 살아왔고 나는 나대로 잘 살아왔다는 확고한 믿음이 필요합니다. 그렇지 않은가요? 험난한 세상에서 이제까지 삶을 운영해온 것만으로 이미 우리의 능력을 충분히 입증한 것 아닌가요? 주어진 환경에서 최선을 다했으므로 그 자체로 우리는 모두 당당해질 권리가 있습니다.

덧붙여 또 한 가지, 경쟁심을 내려놓으면 좋겠습니다. 우리의 삶은 평생 무언가를 이루기 위해 살아가는 것 같습니다. 돈을 벌기 위해, 자식을 좋은 대학에 보내기 위해, 출세하기 위해서. 그렇게 우리의 삶에는 늘 목표가 따라다닙니다. 그러자니 피곤하며 스트레스가 가득해요. 다른 사람은 재산을 어느 정도 불렸나 곁눈질을 하고, 어떤 차를 타는지 궁금해합니다. 그러다 일에서 물러나면 재미있게 살 거라며 멋진 노후를 꿈꿉니다. 여행을 가야지. 기타를 배워볼까. 춤을 추면 재미있다는데. 잊어버린 영어를 배우는 것도 좋겠어.

드디어 직장이라는 경쟁 사회를 떠나 재미있게 살고자 꿈을 부풀립니다. 그런데 앗차! 인생 2라운드 경쟁이 우리를 기다리고 있는 줄 몰랐네요. 우리는 친구들의 SNS를 들여다보며 그들이 어떤 맛집을 가고, 어디를 여행하며, 어떤 명품을 언박싱 하는지 관찰합니다. 그들이 살아가는 모습을 추적하며 누가 더 재미있고 우아하게 사는지 자신도 모르는 사이 다시 경쟁에 휘말려버립니다.

왜 우리는 늘 다른 사람의 시선을 의식하고 다른 사람에게 자랑할 거리를 찾을까요? 평생 그렇게 살아왔으니 이제 그만해도 되지 않을까요? 자신을 경쟁에서 구하면 더 편안해지지 않을까요?

체면과 겉모습은 다른 사람에게 보여주기 위한 목적이 큽니다. 사회의 구성원으로 전혀 무신경할 수는 없으나 정도가 지나치면 소모적일 수밖에 없어요. 기껏 직장이라는 경쟁에서 탈출했는데 자발적으로 제2의 경쟁에 들어갈 필요는 없다고 봅니다. 다들 각자의 멋대로 살아가는 법이니 남들은 남들의 방식대로, 나는 나의 방식으로 살아가면 된다고 생각합니다. 거기에 절대 우위가 있을 리 없고 절대 정석도 없습니다. 몸에 맞는 옷이 편안하듯 자신에게 맞고 재미를 느끼는 활동이라면 무엇이든 의미와 가치가 있습니다. 돈을 많이 들이고 안 들이고를 따질 이유가 없으며, 멋있어 보이거나 그렇지 않거나 역시 중요하지 않습니다.

한편 노인 중에는 유난히 어떤 일에 서두르고 집착하는 사람들이 있는데, 이유는 남들과의 경쟁심 외에 시간이 얼마 남지 않았다는 긴장감도 한몫을 합니다. 거기에다 노년기에는 인생을 살아오면서 후회되거나 하고 싶었으나 하지 못했던 것을 꼭 해내야 한다는 숙제 의식도 더해지고요. 연령이 많다는 생각에 시간이 얼마 남지 않았다고 촉박해 하거나 죽기 전에 해봐야 한다고 집착하는 경우도 있습니다. 그러다 보면 즐거워야 할 여가활동이 오히려 스트레스를 줄 수 있으니 다른 사람의 눈을 의식하지 말고 좋아하는 활동을 편안하게 하면 좋겠습니다.

노년기에 원하는 무엇인가를 이루려는 노력은 아주 중요합니다. 이런 활동을 통해 삶은 지루하지 않으며 스스로에 대한 효능감도 증대됩니다. 활동을 하려면 다른 사람을 만나거나 강좌를 들어야 하니 자연스럽게 운동의 효과가 있으며 사람들과 어울리므로 사교적이 되어 외롭지 않아 좋습니다.

행복을 이야기하다가 잠시 옆으로 샜네요. 다시 행복으로 돌아가서, 그럼 어떻게 행복한 감정을 느낄 수 있을까요? 대부분의 연구에서 행복한 사람은 위대한 업적을 이룬 훌륭한 사람이 아니라 평상시 작은 것에도 기뻐하는 사람이라고 합니다. 큰 기쁨을 한두 번 느끼는 사람보다 작은 기쁨을 자주 느끼는 사람이 더 행복하다고 해요. 요즘 유행하는 소확행이라는 단어가 그렇듯 사소한 것에서 행복을 느끼는 것이 중요하다는 말이지요.

같은 상황이라도 사람의 반응은 제각각입니다. 어떤 사람은 시큰둥한데 어떤 사람은 즐거워하고 기뻐합니다. 왜 그런 차이가 날까요? 행복한 사람은 행복에 대한 반응도가 높아 별것 아닌 일에도 기뻐하고 감동을 잘 받습니다. 예를 들어 자식이 찾아와 밥을 사주는 것, 손자가 볼에 뽀뽀를 해주는 것, 좋은 친구와 맛있는 음식을 먹는 것 같이 평범한 것에도 기뻐합니다. 심지어 건강하여 활동할 수 있는 사실에도 감사하게 생각합니다.

일상생활에서 경험하는 사소한 기쁨과 즐거움은 세월로 인한 무상감과 비애감을 달래줍니다. 그러나 행복하다는 느낌은 제3자가 주는 것이 아니라 스스로 느끼는 것입니다. 그러려면 무엇보다도 자신을 믿고 스스로를 사랑하며 타인에 대해 관용적 태도를 취해야 합니다. 까칠함 대신 너그러움과 편안함이 우선되어야 합니다. 행복은 먼 곳에 있는 무지개가 아니라 행복을 찾으려는 지금 이 시점의 노력 속에 있습니다.

삶은 생각하고 마음먹기에 따라 즐거울 수도 우울할 수도 있습니다. 자신이 살아가는 평소의 삶의 방식과 경험하는 일상들을 어떤 시각으로 바라보느냐가 가장 중요한 것 같습니다. 즐거움과 기쁨은 늘 우리 곁에 있는데 혹시 스스로가 외면하여 보지 못하고 있는 것은 아닌지 점검해 보면 좋겠습니다.

무서운 우울증

노년기의 나타나는 주요한 심리·정서적 변화 중 빼놓을 수 없는 것이 우울증 경향의 증가입니다. 노년기에는 질병, 경제사정의 악화, 외로움, 일상생활을 스스로의 힘으로 통제하지 못하는 데서 오는 절망감, 지나온 세월에 대한 회한 등으로 우울증이 확연히 증가합니다. 어떤 문제에 부딪혀 스스로의 힘으로 적극적·능동적으로 해결하기보다 다른 사람의 도움을 받아 해결하려는 수동성도 증가하고요. 일상생활을 스스로의 힘으로 해내지 못한다든지 무기력을 느끼면 자신감을 잃고 중요한 결정에서 소신껏 하기보다 다른 사람의 말에 잘 흔들리면서도 타인의 의견과 조언을 잘 받아들이지 못하는 사고의 경직성도 동시에 나타납니다. 또 지나온 삶을 되돌아보며 회한에 잠기는 회상의 시간이 늘어나며 자꾸 과거를 되짚어봅니다.

이러한 심리·정서적 변화 중에서 노인을 가장 괴롭히는 것이 우울증입니다. 우울증은 행복 호르몬으로 알려진 세로토닌이 연령이 높아짐에 따라 원활하게 분비되지 못해서 그렇기도 하고 뇌졸중이나 심혈관질환 등도 영향을 주는 것으로 알려져 있습니다. 그 밖에 노인이 처해 있는 상황인 빈곤, 질병, 친구나 배우자와의 사별 등 환경적·심리적 요인이 원인이 되기도 합니다.

우울증은 노년기 전반에 걸쳐 증가하는데 질병으로 외출을 못하거나 스스로 일상생활을 해내지 못해 자존감에 상처를 받고 타인의 도움에 의존하는 수동적 존재가 되었다는 실망감에 기인하기도 합니다. 현재 생활에 불만이 있는 경우는 과거에 자신이 잘못 판단하여 지금 이렇게 살고 있다는 후회, 지나온 세월에 대한 원통함, 어떤 잘못에 대한 죄책감이 원인이 되기도 하고요. 노인은 한 가지 생각에 사로잡히면 집착하며 자꾸 되짚어보고 결론적으로 자신을 피해자로 만드는 경향도 우울증을 높이는 요인입니다.

우리가 돌봐드렸던 어느 댁의 이야기입니다. 부부는 자식을 결혼시켜서 내보낸 후 부부끼리 살다가 할아버지가 걷지 못하게 되자 할머니는 할아버지를 요양원에 입소시켰습니다. 그런데 면회를 가면 할아버지가 눈이 쑥 들어간 상태에서 눈물만 흘렸대요. 할머니는 마음이 약해져서 다시 집으로 모셔와 돌아가실 때까지 돌봤습니다. 할아버지가 세상을 뜬 후 할머니는 집이 무서워졌다고 합니다. 집에 들어오니 적막강산, 말 붙일 사람이 없어 외로웠고 특히 밤에는 무섭기까지 했대요. 자식들에게 연락했지만 다들 시간이 지나면 괜찮아질 것이라며 관심을 두지 않았어요. 그렇게 몇 달을 버티다 할 수 없이 의사를 만나니 우울증으로 진단하고 약을 먹게 되었습니다. 할머니가 하는 말이 밤만 되면 금방 숨이 멎을 것 같아 너무 힘들었는데, 말로만 듣던 우울증이 그렇게 무서운 것인 줄 미처 몰랐다고 했습니다.

노년기 우울증은 여러 가지 장애를 초래합니다. 일상생활에 관심을 잃거나 무기력해지고 자신이 쓸모없다는 생각에 사로잡히기도 합니다. 자기 자신이나 다른 사람에 대해 무관심해지면서 몸 씻기 등 개인위생에 신경 쓰지 않고, 식욕 저하로 체중이 감소하는 경우도 흔합니다. 불안해하거나 예민해져 가족에 집착하거나 가족에 대한 의존성이 증가하기도 해요. 이런 불안정한 심리 상태는 기억력 저하, 불면증, 초조, 과거에 대한 집착, 피해망상, 친했던 사람과의 관계 단절 등과 같은 파괴적인 결과를 낳기도 합니다.

우울증은 일시적 심리 소강상태일 수도 있지만 질병의 신호일 수도 있습니다. 우울증은 건강한 사람보다 알츠하이머병을 앓고 있는 사람에게서 더 빈번하게 발생하며 또 알츠하이머병에 앞서 나타나기도 하니 우울증 증세가 있으면 전문의의 진단을 받는 것이 좋습니다. 우울증은 본인의 의지만으로는 낫기 힘들며, 특히 노인은 호르몬 분비의 불균형으로 우울증이 생기는 경우가 흔하므로 꼭 진단과 치료를 받을 것을 권유합니다. 치료를 받으면 정신·사회·신체 기능이 모두 개선되는 효과가 있어요.

요즘 우울증에 관한 인식 개선 홍보를 하고 있는데, 드디어 정부가 예방활동을 시작하여 다행이라는 생각이에요. 정부가 그대로 둘 수 없을 정도로 우울증 걸린 사람들이 많다는 반증이겠지요. 아직 사회 전반적으로 우울증에 대한 인식이 낮고 특히 노인의 경우는 우울 증세를 보여도 가족은 우울증이라는 생각을 못하며 안다 할지라도 치료를 받는 경우가 드문 것이 현실입니다. 노인이 되어 흔하게 나타나는 현상의 하나로 여겨 대수롭지 않게 생각하거나 의지로 극복할 수 있다고 생각하고 강인한 의지를 가지도록 다그치기도 해요. 또 어떤 사람은 의사와 상담하기 부끄러운 병이며 일단 약을 먹으면 끊기 어렵고 어쩌면 중독될 지도 모른다고 염려하기도 합니다. 그러나 그런 생각은 선입견에 불과하며 치료를 받지 않으면 악화되어 당사자와 주변인을 힘들게 한다는 점을 잊지 말아야겠습니다.

노인 우울증은 연령이 높을수록, 소득이 낮을수록, 남성보다는 여성이 상대적으로 발병 비율이 더 높은 것으로 나타나며, 가족과 동거하지 않고 혼자 사는 독거일수록 더욱 심합니다. 우울증은 일상생활에 지장을 줄뿐더러 심하면 자살로도 이어질 수 있으므로 꼭 치료하는 것이 좋습니다.

젊은이의 자살은 순간의 충동을 이기지 못해 우발적으로 발생하는 경우가 많은 반면 노인은 미리 계획을 세워 차분히 실행에 옮깁니다. 또 일단 감행하면 젊은이들과 달리 신체적으로 회복하기 힘들어 결국 자살에 성공할 확률이 높습니다. 자살이라는 비극은 뒤에 남은 가족에게 충격을 주고 오랫동안 극복하기 힘든 상처를 남기므로 노인이 우울증 증세를 보이면 따뜻한 관심과 함께 치료를 받을 수 있도록 도움을 주는 것이 좋습니다.

나를 위한 시간도 필요하다

우리는 가족과 사회구성원들이 일정 정도 희생을 감수하는 것에 별 저항이 없습니다. 자녀의 성공을 위해 부모가 자원과 에너지를 쏟아 붓는 것을 당연하게 생각하고, 직장을 위해 야근과 열악한 해외 근무도 마다하지 않습니다. 그 덕에 가족이 풍요롭고 국가의 경제규모가 확대되어 부유해졌어요. 그러나 우리는 피곤합니다. 그리고 가끔 허탈해져요. 내 삶은 어디 간 거지? 이렇게 사는 것 맞아?

노년기는 자식이나 다른 사람들로부터 상당히 자유롭습니다. 아이들은 성인이 되었고, 친구들은 형편이 되면 만나고 안 되면 약속을 미루어도 좋습니다. 그러니 자신의 삶에서 가족과 다른 사람들을 조금 덜어내고 대신 자신을 위한 시간을 늘려도 좋을 때입니다.

사람은 누구나 자신을 위한 시간을 필요로 합니다. 과거에는 생산성을 높이고 능률을 올리기 위해 자기 계발을 독려하고 열심히 살기를 권하는 책이 유행했으나 지금은 슬로우 라이프를 강조하는 책들이 유행이에요. 현재 자신의 모습을 있는 그대로 인정하고, 자신을 위해 투자하는 시간과 돈을 아까워하지 말 것이며, 스스로를 아끼고 사랑하라는 조언들 말이에요.

이제까지 누군가를 위해 헌신해왔다면 이제부터는 스스로를 위해 시간을 내보기를 권합니다. 죽음을 눈앞에 둔 사람들에게 과거 삶에서 무엇을 가장 잘못했다고 생각하느냐고 물으면 1·2순위 안에 꼭 드는 것이 자신을 잘 돌보지 않았다는 후회라 합니다. 구체적으로 보면 좀 더 자신을 위해 시간을 들이지 않았고 내면의 소리에 귀 기울이지 않았으며, 우선순위에서 다른 것들을 더 중요하게 생각하다 보니 자신은 항상 뒷전으로 밀렸다는 것입니다.

자신을 위한 시간을 갖는다는 것은 좋아하는 활동에 시간을 할애한다는 것 외 스스로를 위로하는 시간을 갖는다는 의미도 포함합니다. 우리는 늘 환경이나 인간관계로부터 크고 작은 상처를 받고 있습니다. 상처를 회복하려면 다른 사람으로부터의 지지도 중요하지만 스스로 자신을 위로하는 시간이 있어야 하고 그러자면 방해받지 않는 시간이 필요합니다. 상처는 그때그때 치료하는 것이 최선이에요. 꾹꾹 참고 묻어두면 깊은 상처가 되어 생각보다 회복에 시간이 오래 걸리고 잘 낫지 않습니다. 회복되지 않은 채 다시 상처를 입으면 어쩌면 회복할 능력을 영영 상실할지도 몰라요.

힘들 때는 고요하고 평화로운 시간을 갖고 우리의 내면에 쌓인 상처를 쓰다듬어주세요. '오늘도 힘들었지. 이만하면 잘살고 있는 거야. 훌륭해'라고 자신에게 따뜻한 위로를 건넵시다. 표현하지 못한 분노는 좌절감과 함께 우리를 괴팍한 사람으로 변화시킵니다. 자신을 위한 시간을 아까워하지 말고 치유의 시간을 넉넉하게 가졌으면 좋겠습니다.

노는 것에도 준비가 필요하다

무지개를 쫓아가 본 적이 있을 것입니다. 무지개는 비가 온 후 생기지요. 어른이 된 사람들은 대기 중의 많은 물방울에 햇빛이 반사되어 무지개가 뜬다는 것을 알지만 어린아이는 잡으러 뛰어갑니다. 행복도 공중에 떠 있는 무지개 같은 것일까요? 보이기는 하지만 영원히 손에 넣을 수 없는 것 같아요. 국가까지 나서서 국민의 행복을 위해 여러 정책과 서비스를 하는데 왜 우리는 행복하지 못할까요?

통계청이 2018년에 발표한 자료를 보면, 2017년 출생자를 기준으로 한 기대수명은 대략 남성 80세, 여성 86세입니다. 노년기에 접어든 사람의 기대여명은 얼마나 될까요? 지금 60세에 달한 사람이 앞으로 얼마나 더 살 수 있는지 추정해 남은 생애 기간을 보여주는 기대여명은 남성은

23년, 여성은 27년입니다. 이 수치는 일찍 사망한 사람들도 포함된 평균 값이므로 개인에 따라 100세가 넘게 살 수도 있다는 의미에요.

수명은 과거에 비해 대폭 연장되었으며 앞으로 계속 늘어날 전망입니다. 의료 수준의 향상뿐만 아니라 바이오와 기술의 결합도 진전이 있는 것 같아요. 3D 프린터로 인공장기를 맞춤 생산할 날이 멀지 않았다는 소식도 들리네요. 수명 연장을 두고 축복이냐 불행이냐 의견이 분분하지만, 노년기는 생애 어느 시기보다 약점이 많아 자칫 불행해지기 쉬운 시기입니다.

우리보다 개인주의 성향이 강한 유럽인들은 젊을 때부터 자신이 꿈꿔온 은퇴 후 삶을 위해 저축하고 구체적 계획을 짜는 사람이 많은데, 우리나라는 당장의 삶조차 버거워 노년까지 길게 내다보지 못합니다. 그러다 막상 노인이 되면 남아도는 시간을 어떻게 보낼지 몰라 지루해하고 무료해 합니다. 무료하고 지루한 감정은 일상생활에 관심과 흥미를 잃게 하고 자기 효능감을 떨어뜨려 그 사람을 무기력하게 만듭니다. 그러면 살맛이 안 나고 재미가 없겠지요.

노인들이 공통적으로 호소하는 괴로움 중 하나가 무료함입니다. 불러주는 사람이 없고 갈 데도 마땅치 않으니 남아도는 시간과 싸워야 합니다. 아무 생각 없이 시간을 보내는 노인들의 눈은 초점이 없고 멍한 경우가 많습니다. 그저 시간의 흐름에 맡기다 보면 날짜 감각이 희미해지고 하루하루가 무의미합니다.

무료함을 이기는 좋은 방법은 자신이 좋아하는 일을 하는 것입니다. 젊은이들에게 여가시간이란 피로를 풀거나 짬짬이 취미생활을 하는 자투리 시간에 불과하지만, 노인에게는 하루 종일이 여가시간이 될 수 있으므로 시간을 즐겁고 유용하게 활용하는 방법을 적극적으로 찾아야 합니다. 시간을 어떻게 보내느냐에 따라 노후는 즐거울 수도 너무나 지루할 수도 있거든요.

노후의 삶의 질은 남는 시간 어떻게 보내는가에 달려 있다고 해도 과언이 아니에요. 사람은 평생 무언가를 하며 자신의 능력을 입증하고 다른 사람으로부터 인정받는 삶을 살아가므로 적당한 활동이 없으면 자신을 아무짝에도 쓸모없이 밥만 축내는 사람으로 비하하여 무기력증·허탈감·허무감에 빠질 수 있습니다.

노년기는 젊은 시절부터 꿈꾸어왔던 자신의 꿈, 재능, 해보고 싶었던 일 등을 할 수 있는 좋은 시기입니다. 인간은 무엇인가에 몰입할 때 즐거움과 의미를 얻어요. 목표와 목적이 있으면 삶에 방향이 서므로 주저하지 않고 나아갈 수 있으며 이를 통해 만족과 행복이 증대됩니다.

우리는 각자 삶의 디자이너입니다. 클래식한 평온한 삶, 재즈 같은 낭만적인 삶, 힙합 스타일의 자유분방한 삶. 어느 것이든 원하는 삶을 그려보고 이루기 위해 노력하는 것은 중요하며, 그런 바람이 이루어지기 위해서는 가족의 도움도 필요합니다. 건강한 부모는 건강한 대로, 아픈 부모는 아픈 대로 관심을 두는 것을 해 보도록 응원하고 잘할 수 있다고 지지한다면 부모의 노후 삶은 행복하며 풍요로워질 것입니다. 무엇을 새로 시작하기에 늦은 나이는 없습니다.

내 멋대로의 행복을 찾아서

행복은 주관적입니다. 어떤 때 행복한가요? 이제까지 잘 살아왔다고 느낄 때, 좋은 일을 해서 다른 사람에게 도움을 주었을 때, 원하는 것을 얻었을 때. 이 모든 게 주관적입니다. 다른 사람이 보기에 누추해도 내가 만족하면 행복이며, 아무리 호의호식하고 있어도 불행하다고 느끼면 불행한 겁니다. 그러므로 행복을 느끼려면 마음먹기가 아주 중요합니다.

언젠가 신문에서 '행복 피로 사회'라는 단어를 본 적이 있습니다. 행복해지려고 뛰다 보니 오히려 불행해졌고, 행복에 대한 강박이 피로감으로 변질되었다는 거예요. 돈을 많이 벌어서 가족과 행복하게 살아야지 하고 일에 파묻혀 살았는데 그러다 보니 가족 속에서 설 자리를 잃어버려 외로운 사람이 되고, 나는 오직 열심히 살았을 뿐인데 결과가 이게 뭐지 하고 의심하다 보면 피곤하고 허무해집니다.

우리는 행복을 눈과 귀로 찾으려고 합니다. 다른 사람의 재산이 얼마인지, 어디로 휴가를 가는지, 어떤 차를 타는지, 배우자가 잘 대우해주는지 등을 보고 들으며 자신의 처지와 비교를 멈추지 않습니다. 비교란 늘 결핍을 불러일으키지요. 비교를 하면 무엇인가 부족한 것 같고 또 불만스러운 부분은 꼭 생기기 마련입니다.

이제 눈과 귀로 행복 찾기를 그만하고 우리 마음을 들여다보면 어떨까요. 그 안에는 활짝 웃고 있는 사랑스러운 손자가 있고, 맛있는 음식을 해주는 아내가 있으며, 언제나 든든한 남편이 있습니다. 소박하지만 우리가 사랑을 나누어온 소중한 사람들, 우리 삶을 동반하며 보호해주는 고마운 사람들. 찾으려고 마음만 먹으면 사랑·애정의 의미와 가치를 품은 것들은 많습니다. 그런 것들을 가졌는데 다른 사람이 가진 것에 나의 행복을 비교할 필요가 있을까요. 외적인 행복의 조건들에 대한 집착은 늘 결핍을 동반하며, 이는 결코 채울 수 없는 갈증만을 불러일으킬 뿐입니다.

그러려면 이제까지의 삶을 긍정적으로 생각해야 합니다. 부정적으로 생각하면 인생을 다 망친 것 같아 슬프고 허무하며 의미를 잃게 되지요. 혹시 무리하게 일을 벌였다가 실패했다 할지라도 당시는 그렇게 하는 것이 최선이었을 테니까 과거를 돌아보며 너무 자책하지 않는 것이 중요합니다. 행복하기 위해서는 자신만의 기준이 필요합니다. 내가 행복하냐고 다른 사람에게 물을 필요가 없으며 또 다른 사람들이 세운 행복의 기준에 나를 맞출 필요도 없습니다. 이렇게 다른 사람들이 만들어놓은 행복의 환상에서 벗어나야 편안하고 행복합니다.

마티아스 이를레의 『노인은 늙지 않는다』에는 독일에서 남녀 불치병 환자 50명에 대한 심층면접 결과가 들어 있습니다. 죽음을 앞둔 이들의 심리적 태도는 불안감에 지대한 영향을 끼친다고 합니다. '삶을 원 없이 누렸다'고 생각하면 지난 삶을 긍정적으로 생각하여 죽음을 담담하게 받아들이게 하지만, 반대로 소망을 이루지 못했거나 해야 할 일을 하지 못했다고 생각하면 초조해하고 죽음에 대한 불안이 높다고 합니다. 그리고 삶에 목표가 있는 경우는 삶의 의지가 강하고 병에서 회복 속도도 빠르다고 합니다.

그는 노년기의 변화에 맞서서 싸우거나 거부하는 대신 '질서정연한 퇴장'을 추천합니다. 신체 기능이 저하되고 정신 기능도 약화되는 상황에서 부족한 부분에 대해 불평불만을 하면 스트레스가 높아져 화를 내고 공격적이 된다는 것입니다. 그러므로 자신의 능력 저하를 자연스럽게 받아들이고 대신 스도쿠(숫자 맞추기), 낱말 맞추기 등과 같이 평소 머리를 쓰는 활동을 꾸준히 하고 즐겁게 살 것을 조언합니다. 나아가 죽음을 생각하고 일상을 대하면 마지막에 가벼운 마음으로 작별을 고할 수 있고, 하루가 새롭기 때문에 남들과 다르게, 더 집중적으로, 더 즐기면서, 더 의식적으로, 더 여유롭게, 더 자유롭게 살 수 있다고 말합니다. 그의 말대로 인생을 즐거운 파티라 여기고 머뭇거리지 말고 지금 당장 즐거움과 행복을 찾으면 좋겠습니다.

과제, 삶을 편안하게 받아들이는

6·25전쟁 중 북한에서 남한으로 넘어온 사람 중에 지주 아니었던 사람 없고, 미국으로 이민 간 사람 중에 서울대·이화여대 안 나온 사람 없다는 말이 있습니다. 우리의 체면 문화를 단적으로 대변하는 말이라고 할 수 있습니다.

우리는 체면이나 위신을 대단히 중요하게 생각하며 이를 높이기 위해 때로 거짓말도 불사합니다. 사회적 지위로 사람을 평가하고 서열을 정하는 풍토 속에서 기죽지 않으려 자신의 지위, 부, 명예, 인적 네트워크 등을 부풀립니다. 노인이라고 다르지 않습니다. 이들 역시 자신이 얼마나 잘나가던 사람이었는지 열을 올립니다. 과거 철도 역무원은 역장이 되고, 퇴직 교사는 교감이 되며, 좌판대에서 채소를 팔던 사람은 든직한 가게의 주인으로 변신합니다. 자식은 모두 효자·효녀이며, 가정은 흠 없이 완벽하다고 내세웁니다. 위신과 체면은 옷과 같아서 어떤 옷을 입느냐에 따라 자신이 초라해질 수도 또 멋질 수도 있다고 생각합니다.

평생을 그런 식으로 살다 보니 속절없이 나이는 들어가는데 사는 형편이 변변치 않다고 생각하면 '누가 나를 이렇게 만들었지' 하는 생각에 애꿎은 사람을 찾아 원망하고 불평불만을 늘어놓습니다.

과거를 놓아주자

부풀린 체면과 위신이 실제로 행복을 가져다주면 참 좋을 텐데, 유감스럽게도 부풀리면 부풀릴수록 공허함에 빠지기 쉽습니다. 풍선의 크기가 크면 클수록 터지는 소리가 요란하듯 과장의 풍선도 크면 클수록 허무감이 큽니다. 다른 사람은 속여도 자신을 속일 수 없기 때문입니다.

노년기는 남에게 보여지는 외면의 체면이나 위신보다 평화, 평온, 너그러움, 포용, 수용 같은 내면의 것들에 더 신경 쓸 때입니다. 왜냐하면 이런 것들이 마음을 흔들리지 않도록 잡아주고 평정심을 유지하게 하거든요. 하지만 이 아름다운 것들은 이루기가 쉽지 않습니다. 우리가 끈질기게 붙잡고 포기하기를 거부하는 욕망, 질투, 체면치레 같은 것들을 내려놓고 자신이 가진 것에 만족해야만 비로소 얻을 수 있습니다.

노년기는 무엇보다도 편안해야 합니다. 치열했던 지난 삶을 내려놓고 주변을 살피고 배려할 때입니다. 그런 마음의 여유를 가지려면 편안함이 선행되어야 하는데, 우리는 여전히 체면과 위신을 잃지 않기 위해 기 싸움을 합니다. 사회적 지위를 너무나 소중하게 생각하여 절대 내려놓지 않으려 하고 누가 체면에 상처 내는 것을 용서하지 않는 식이지요. 그러다 보니 지팡이를 휘두르고, 훈수를 두며, 가르치려 들어서 가족이나 다른 세대와 갈등이 일어나고 함께 어울리기 불편한 사람이 되어갑니다. 이러한 행동은 개인적으로 보면 한 사람의 잘못된 행동이지만 사회 전체적으로는 노년층에 대한 부정적 편견과 선입견을 고착화하는 계기가 됩니다. 한 개인의 잘못된 행동이 노인 전체를 혐오의 대상으로 전락시킬 수 있는 위험성을 다분히 내포합니다.

우리의 삶은 원하는 대로 살아지지 않아 되돌아보면 그때 내가 왜 그랬을까 하고 후회되는 부분들이 있습니다. 그때 그런 선택을 하지 않았더라면 지금 잘살고 있을 텐데, 그때 그 사람을 만나지 않았더라면 내 인생이 좀 더 잘 풀렸을 텐데 하면서 원망하고 후회를 합니다. 자신의 삶에서 잘못했다고 판단되는 부분에 집착하며 곱씹고 삶을 망치게 했다고 생각되는 사람에게 지금 불행의 원인을 돌리고 원망합니다.

사람은 나이 들수록 과거 회귀형이 됩니다. 늙음은 신체 능력뿐만 아니라 인생 운용 능력도 저하시켜요. 소득이 줄고 질병이 출현하면서 자신의 한계를 절감하고 기가 꺾이기도 하고요. 그 결과 미래 계획을 세워 삶을 개척하기보다 현재 상태를 유지하려는 경향이 강해집니다. 그렇게 현재에 집중하다 보면 자연히 시야가 좁아지면서 현재를 만들어낸 과거를 소환해내고 과거를 되돌아보고 분석하는 데 열중하게 됩니다. 실제로 노인들은 옛날이야기를 자주 하며, 행복했던 추억보다는 괘씸한 사람을 자주 이야깃거리로 올립니다. 하지만 아무리 되돌아보고 후회한다고 지난 과거가 수정될 리 없으며 지나버린 삶은 아무리 곱씹어도 영원히 우리의 과거로 남을 뿐입니다.

삶에서 크고 작은 실수나 판단 착오는 누구나 겪는 일이나 그 이유만으로 모든 사람이 다 불행하지 않습니다. 그러나 만약 누군가를 원망한다면 그 사람의 심리는 지금의 불행은 내 잘못이 아니라 그 사람 또는 그것 때문이라고 생각함으로써 자신의 책임을 회피하고 전가하려는 심리가 작동하고 있다고 볼 수 있습니다. 그러나 냉정하게 생각해보면 100퍼센트 타인의 잘못이 어디 있겠습니까. 모든 결정과 선택에는 크든 작든 자신의 의지와 결정이 반영되기 마련이지요.

원망하는 마음이 깊어지면 그 늪에서 헤쳐 나오기가 쉽지 않습니다. 원망의 대상은 멀쩡하게 잘 사는데 피해를 봤다고 생각하며 원망하는 당사자는 불행합니다. 더 나쁜 것은 그 원망이 고스란히 자신에게 반사되어 심신을 피폐하게 만들어버린다는 겁니다. 그러니 과거에 붙잡혀서 불행한 대신 과거를 놓아주고 행복해지는 길을 택하는 것이 현명합니다.

남편이 대형 언론사에서 고위 간부를 하다가 퇴직 전 뇌졸중으로 와상 환자가 된 집이 있습니다. 남편은 스스로의 힘으로 일어나지 못해 모두 아내의 도움에 의존하고 있으나 여전히 엘리트 의식이 강합니다. 활발하게 활동했던 사람이라 종일 누워 있으려니 여기저기 배기고 힘들어 짜증이 나는데다가 몸을 움직일 수 없으니 물 떠와라, 일으켜라, 오른쪽 발에 쥐가 난다, 등에 베개를 받쳐라 하며 잠시도 아내를 가만히 두지 않습니다. 아내는 종일 남편 수발을 들면서도 좋은 소리를 못 들으니 스트레스가 심합니다. 또 남편이 한참 돈을 벌다가 갑자기 병으로 퇴직하니 앞으로 살길도 막막하고요. 그러다가 과거에 금전적으로 큰 손해를 끼친 사람을 떠올렸고 그때 그 사람이 아니었으면 지금 돈 걱정 없이 잘살 텐데 하는 생각에 사로잡히게 되었습니다. 급기야 피해망상 증세까지 보여 결국 딸의 손에 이끌려 정신과병원에 입원하게 되었습니다.

우리가 아무리 노력해도 과거의 나쁜 기억과 슬픈 감정을 모두 제거할 수는 없으나 가능하면 털어내려고 노력해야 합니다. 누구는 그러고 싶지 않아서 붙잡고 있는 줄 아느냐고 항의할 수 있으나, 인간은 의지에 따라 얼마든지 관점을 바꿀 수 있습니다. 큰돈을 벌거나 나빠진 건강을 회복하기는 우리의 노력만으로 이루기가 쉽지 않으나 자신의 감정을 조절하고 생각을 바꾸는 것은 의지와 노력으로 가능하다는 것을 수많은 사람이 증명했습니다. 행복과 관련하여 거의 유일하게 우리의 의지로 가능한 것이 바로 시각의 교정입니다. 과거에 얽매여 있으면 현재의 삶을 느끼지 못하고 미래 역시 암울하게 받아들이게 되니 이제는 과거를 놓아줄 때입니다.

다른 사람의 시선에서 자유를 얻자

우리 한국인은 유난히 다른 사람의 시선을 의식합니다. 외출할 때 다른 사람의 눈에 내 옷차림이 어떻게 보일지, 축의금을 낼 때 다른 사람들은 얼마를 내는지, 우리 집 인테리어가 옆집보다 격이 떨어지는 것은 아닌지 등을 늘 비교하고 신경을 씁니다. 평생 그렇게 살았으므로 노인이 된다고 다른 사람의 시선에서 자유로워지지 않습니다.

부모가 자꾸 넘어져 걱정하는 사람들이 있습니다. 문턱에 걸려 넘어져 발가락이 골절되고, 화장실에 가다 넘어지거나 욕실에서 미끄러져 대퇴골이 부러지기도 합니다. 그래서 안전하게 지팡이를 쓰거나 이동변기를 쓰라고 권유하지만 대부분 반응이 싸늘합니다. 자식은 열심히 권하지만 부모가 거절하는 거예요. 이유는 단 한 가지, 늙은이처럼 보이고 싶지 않다는 것입니다. 그래서 절충안으로 밤에만 이동변기를 쓰고 집 안에서만이라도 지팡이를 쓰라고 해도 역시 싫어합니다. 아직 그럴 나이가 아니라는 거지요. 70·80대로 누가 보아도 노인의 모습이 분명한데 이들은 한결같이 노인처럼 보이는 것을 싫어합니다.

이런 반응을 보이는 데는 다른 사람의 눈에 자신이 어떻게 비칠까 하는 염려가 큰 작용을 합니다. 평생 다른 사람의 눈을 의식하고 살아왔으므로 아무리 나이가 들어도 남자·여자에 상관없이 사람들은 외관상의 미적 요소를 아주 중요하게 생각합니다. 그런 보조용구의 사용은 더 이상 자신이 자력으로 생활하는 것이 힘들다는 것의 방증이기도 하고 능력의 한계를 인정하는 부분이 있는 것은 사실입니다. 하지만 그렇다고 생명과 관련이 있는 안전을 그 어떤 것과 바꾸겠습니까.

우리는 흔히 다른 사람이 나를 주목할 것으로 생각하지만, 실은 우리에게 그렇게 세심한 주의를 기울이는 사람은 거의 없다고 보는 것이 맞습니다. 입장을 바꿔놓고 한 번 생각해볼까요? 옆집 할머니가 지팡이를 짚었다고 이상하게 볼 사람이 누가 있으며, 할아버지가 흰머리로 뒤덮였다고 누가 트집을 잡겠습니까. 심지어 오늘 미용실을 다녀와도 스스로만 의식할 뿐 다른 사람은 잘 모릅니다.

그러니 이제는 다른 사람들의 눈으로부터 자유를 얻었으면 합니다. 그동안 그렇게 살아보니 어땠는지 묻고 싶습니다. 결코 편안하지 않았을 것입니다. 내 삶인데도 마치 누군가에 의해서 조종당하고 있는 느낌, 내 삶인데도 내가 주인이 아닌 것 같은 느낌을 간간이 받았을 것입니다. 평생 그렇게 살아왔으니 이제는 그런 것에서 자유를 얻어도 좋다고 생각합니다. 다른 사람의 눈에 내가 어떻게 보이느냐가 중요한 것이 아니라 내가 스스로를 어떻게 느끼느냐가 중요합니다. 자신을 있는 그대로 받아들이고 삶에 자기 결정권을 행사하며 당당하면 머리가 희어도 주름이 앉아도 멋있습니다.

우리는 모두 저마다 아름답다

외모에 대한 이야기를 조금 더 해볼까요? 80·90줄에 있는 노인들 중에 염색을 하는 사람들이 있습니다. 왜 염색을 하느냐, 이제 그만해도 되지 않느냐 하고 물으면 돌아오는 대답은 딱 하나입니다. 노인처럼 보이고 싶지 않아서. 더 파고들면 이렇게 말합니다. 나이 든 게 부끄러워서. 해놓은 게 없이 나이만 든 것 같아서. 다른 사람들이 싫어할까봐. 공통점은 열등감입니다.

열등감은 상대적입니다. 비교 대상이 있어야 한다는 말이지요. 동생이 나보다 달리기를 더 잘하고, 친구보다 내가 키가 더 크며, 동료보다 내가 더 업무 처리 속도가 빠른 식이에요. 노인이 나이를 두고 자신을 열등하다고 느낀다면 비교 대상은 본인보다 나이가 적은 사람들일 것입니다. 나이가 적다고 모든 사람이 다 아름다울까요? 나이가 적다는 기준은 무엇인가요? 그 논리를 따르자면 60대는 50대에 비교하여 열등감을 느껴야 하고, 50대는 40대에 비해 열등감이 있어야 한다는 말과 같습니다.

열등감은 다른 사람과 비교하여 자신의 어떤 능력이 뒤떨어졌거나 무능하다고 생각했을 때 생깁니다. 인간은 이해하고 판단하는 과정에서 다른 사람과 비교하는 경우가 있으며, 상대적으로 자신에게 부족하다고 판단되는 부분이 있으면 보충하려고 노력하면서 발전을 이룹니다. 그러므로 열등감이 꼭 나쁜 것은 아닌데, 문제는 그 사람의 정신세계에 부정적 영향을 끼치는 열등감입니다.

대부분의 사람이 판단하는 미의 기준에서 빠질 수 없는 것이 젊음입니다. 보통의 사람이 떠올리는 멋있는 사람의 이미지는 몸짱이거나 섹시하거나 지적이라는 요소들 외에 젊음도 한몫을 합니다. 그렇기는 하지만 나이가 들었다는 것 한 가지가 열등감과 우월감의 판단 기준이 될 수는 없습니다. 어린잎을 틔운 연약한 새싹, 뿌리를 땅에 내리고 곧게 뻗어가는 나무, 구불구불 몸을 틀며 해풍을 이기고 자라는 노송. 이 중에서 어느 것이 더 아름답고 값질까요? 모든 것은 다 제 나름대로 아름답고 그 나름의 가치를 지니고 있지만 사람들로부터 더 눈길을 받고 더 값이 비싼 나무는 쭉쭉 뻗은 젊은 나무가 아니라 구불구불하며 오랜 세월을 견딘 흔적이 보이는 노송일 가능성이 큽니다. 나무들이 말을 못해서 그렇지 만약 우리와 소통한다면 제각각 다 멋지다고 외칠 것이 분명합니다. 왜 우리를 서로 비교하느냐고 기분 나빠 할 수 있어요. 우리 인간도 그래야 하는 것 아닐까요? 각자는 다 아름다우며 제 나름의 가치를 가지고 있으므로 비교하지 말라고 외쳐야 하는 것 아닐까요?

노인은 나이가 들어서 외모나 건강 같은 것에서 일부 손해가 발생했을지 모르지만 대신 삶의 지혜와 세상을 보는 안목을 얻은 것은 이득입니다. 손해도 있고 이득도 있으니 밑진 장사는 아니지요. 그저 자신의 모습을 있는 그대로, 지금 그대로를 아름답게 받아들이면 좋겠습니다.

마음속 독 빼내기

나이가 들어도 아름다운 사람들이 있습니다. 이들은 다른 사람의 험담을 하지 않으며 이웃의 아픔을 잘 들어주고 위로합니다. 이들은 마음이 평온하며 잘 웃고 작은 일에도 기뻐서 어쩔 줄 몰라 합니다. 어제 들은 말을 오늘 똑같이 다시 들어도 짜증내지 않고 잘 들어줍니다. 그래서 이런 사람은 인기가 좋아서 곁에 사람이 끊이지 않습니다. 몸은 나이 들어서 구부정하고 예쁘지 않을지 모르지만 성품은 한없이 푸근하여 사람들로부터 사랑을 듬뿍 받지요. 어떻게 이들은 이렇게 아름다운 사람들이 되었을까요?

이들의 공통점은 감사의 마음입니다. 감사하는 마음을 가지면 세상이 순하게 보입니다. 마음속에서 독이 빠지거든요. 노년기는 이루기 힘든 과도한 욕심을 덜어내고 순한 마음으로 온화하게 살 때입니다.

애초부터 세상에 대해 독을 품는 사람은 없을 것입니다. 열심히 살았으나 삶이 원하는 대로 운영되지 않아 불만이 쌓이다 보니 그렇게 되었겠지만 삶에서 굴곡이란 피할 수 없습니다. 열심히 살고 안 살고의 문제가 아니라 열심히 살아도 맞닥뜨리는 험난한 고지는 반드시 있기 마련입니다. 비록 당시는 불행하고 희망이 없어 보이지만 인내하고 극복하다 보면 다른 사람이 넘어뜨리지 못할 내공이 쌓이고 단단한 힘을 얻게 됩니다.

세상사는 나쁜 점과 좋은 점을 동시에 갖고 있습니다. 저의 개인적 경험을 보더라도 최고로 나쁜 일에도 꼭 좋은 점이 있었습니다. 문제에 휘말릴 당시에는 너무나 비관적이어서 도저히 앞이 안 보였지만 지나고 보면 예상하지 못했던 좋은 점이 꼭 따라주었습니다. 그때 깨달은 것은 '어떤 상황에서도 희망의 끈을 놓지 않고 포기하지 않는 것이 중요하다'입니다. 희망을 버리지 않으면 삶도 우리를 버리지 않습니다.

힘든 일에 직면하여 왜 하필 내게 이런 일이 닥치나 하며 자신을 불쌍하게 여기면 억울한 마음 안으로 슬금슬금 독이 쌓입니다. 세상에 대한 원망과 사람에 대한 미움은 우리의 마음을 병들게 하고 몸에도 병을 냅니다. 독기가 몸에 쌓이면 얼굴이 사나워지고 무서워져 사람들이 떠나 외롭게 됩니다. 가뜩이나 외로움이 더해가는 노년기에 이 길은 절대로 가지 말아야 할 최악의 길입니다.

노년기는 외로움 대신 같이 어울리고, 불안 대신 편안해야 하는 시기가 되어야 합니다. 그러니 원하는 노후의 모습을 그리고 재미나게 살면 좋겠습니다. 꿈꾸는 자는 행복하며, 포기하지 않으면 꿈은 언젠가는 이루어집니다. 그렇게 살다 보면 어느 결에 '우리 부모님은 참 아름다운

분이야. 인생을 멋지게 사서' 하는 말을 듣게 될 것입니다. 만약 지나간 삶이 꿈꾸던 삶과 달랐다면 노년기를 본래의 나를 회복하는 시기로 삼으세요. 살아오는 동안 이런저런 일로 변형되었다면 노년기만큼 바로잡을 수 있는 좋은 시기는 없습니다.

내 인생의 주인공은 나

사람들을 만나면 자신을 비하하는 사람들이 가끔 있습니다. 돈을 못 벌고, 얼굴도 별로이며, 평생 사랑받아본 적도 없다는 것이에요. 집에서는 자신이 있는지 없는지 아무도 관심이 없다고 잔뜩 주눅 들고 우울해합니다. 특히 나이 들어가면서 이런 심리 상태에 많이 빠지는데, 심하면 자신을 밥만 축내는 쓸모없는 사람으로 자조하기도 합니다.

미국의 심리학자 매슬로는 인간이 가진 욕구를 5단계로 나눠 분류했습니다. 생존 및 본능과 관련된 생리적 욕구, 안전의 욕구, 소속과 애정의 욕구, 자아 존중의 욕구, 자아 실현의 욕구. 그중 소속과 애정에 대한 욕구는 인간이 어딘가에 속하고자 하는 욕구입니다. 사회적 동물인 인간은 인간관계를 필수적으로 하여 인간 집단 어딘가에 소속되어 있어야 심리적 안정을 얻습니다. 우리가 가족을 이루고 친구·또래집단에 소속되어 그 일원으로 인정받고 사랑받고자 하는 것이 그 이유라는 겁니다. 그다음은 자아 존중의 욕구로 자기 자신을 사랑하고 존중하며 다른 사람으로부터 존경을 받고자 하는 욕구를 의미합니다.

매슬로 이론에 대해서는 비판도 있지만 자기애(自己愛)나 자존감은 인간이 심리·정서적으로 어느 정도 안정된 상태에서 가능하다는 데에는 대부분 공감합니다. 경제적으로 곤란하여 당장 먹고 살기가 힘들고 폭력이 일어나는 불안한 환경에서 살고 있거나 인간관계에 문제가 있어 어디에도 소속감을 못 느끼고 따뜻한 관계를 못 맺으면 자존감을 얻기가 힘들지요.

우리가 타인으로부터 존중받고자 하며 관심과 사랑을 필요로 하는 것은 굳이 매슬로의 이론을 빌리지 않아도 인간이라면 누구나 공통적으로 갖는 욕구이며 인간 존엄성을 지키는 길이라는 것을 잘 알고 있습니다. 인간이 자신의 존엄성을 지키는 첫걸음은 스스로를 아끼고 사랑하기입니다. 가족이나 친구들이 나를 아껴주기는 하나 각자의 삶이 있기 때문에 공감하거나 일정한 수준에서 도와주는 정도이지 그 이상을 기대하기는 힘들어요. 그러므로 다른 사람이 나를 알아주기를 기다리지 말고 먼저 스스로를 존귀한 존재로 인식하고 남들로부터 그런 존재로 인정받기 위해 노력할 필요가 있습니다. 자신이 가진 결함이나 무능력은 인정하고 보완하려 노력하되 자신의 약점을 매 순간 떠올리며 기죽을 필요는 없다고 봅니다. 이 세상에 부족한 점 없는 사람 어디 있고 또 약점 없는 사람 어디 있겠습니까. 어떤 모습을 하고 있든 상관없이 지금 그대로의 자신을 인정하고 사랑하는 것이 중요합니다.

스스로 자신을 사랑하지 못하고 신뢰하지 않으면 결국 자신을 싫어할 수밖에 없습니다. 그런 사람의 특징은 늘 남과 자신을 비교합니다. 사람은 누구나 그만의 장점과 특징을 가지고 있으므로 비교를 하는 족족 자신보다 더 잘나 보이니 열등감을 탈출하기가 쉽지 않습니다. 그렇게 되면 자신이 하는 일에 확신을 갖지 못하고 자꾸만 부정적인 생각이 떠올라 일을 시작하기도 전에 포기하거나, 말 붙이고 싶은 사람이 있어도 다가가지를 못하게 됩니다. 그러면 늘 불안해요. 아무리 좋은 아이디어가 머릿속에 있어도 무시당할까봐 무서워서 입 밖에 꺼내지 못합니다.

내가 내 자신을 바라보는 태도는 타인이 나를 바라보는 태도에 영향을 끼칩니다. 내가 내 자신을 학대하고 미워하며 못난이라고 생각하면 상대는 이를 알아차리고 예의를 갖추지 않아도 될 사람, 적당히 대응해도 될 사람으로 나의 품격을 낮춥니다. 그러니 지금 그대로의 나를 인정하고 지금 그대로의 나를 사랑합시다. 완벽한 인간은 이 세상 어디에도 없으므로 흠이 있으면 있는 대로, 능력이 안 되면 안 되는 대로 아끼고 사랑해야 합니다. 나는 나대로 아름답고 너는 너대로 아름다움을 인정하는 것이 아름다운 세상을 만드는 길이기도 합니다. 긴 세월 삶을 영위하여 세상을 관조할 능력과 마음의 여유까지 얻었는데 당당하지 않아야 할 이유는 없습니다. 내 인생의 주인은 바로 나입니다.

재능의 사회 기부와 자원봉사

노년기는 시간이 여유로워지므로 자원봉사를 하기 좋은 때입니다. 가족만 위하던 삶에서 벗어나 다른 사람과 어울려 공유하는 삶을 살면 삶이 활기차고 활력을 얻게 됩니다. 나의 작은 노력으로 누군가가 불편함을 덜거나 행복해진다면 그건 분명 기분 좋은 일임에 틀림없습니다.

자원봉사활동을 하는 사람들이 공통적으로 하는 말은 남을 돕기 위해 시작했는데 하고 보니 오히려 자신이 더 행복하고 합니다. 인간은 누구나 남을 돕거나 선한 일을 하고자 하는 욕구가 있어 타인에 대한 봉사활동에서 보람과 만족·성취감을 얻습니다. 또 자원봉사를 하면 요즘 유행하는 힐링(healing)의 효과도 누릴 수 있습니다.

사회복지시설은 대부분 후원과 자원봉사를 필요로 합니다. 국고지원금이나 자체 수입만으로는 재원이 부족하여 원하는 수준의 사업을 수행하기 힘들기 때문이지요. 자원봉사자를 필요로 하는 기관은 많습니다. 사회에는 다양한 종류의 복지시설인 요양원, 복지관, 주야간보호소, 단기보호소, 재활시설, 장애인 입소시설, 학대피해자쉼터 등이 존재합니다. 아니면 지자체가 운영하는 자원봉사센터에 소속되어 활동을 할 수도 있고 구청에 문의해도 안내를 받을 수 있습니다.

자원봉사활동은 다양합니다. 물품을 정리하거나 안내하는 일, 시설에서 입소자를 돌보고 청소하기, 일대일로 인간관계를 맺어 지속적인 관심하에 돌봄을 제공하는 멘토 역할, 자신의 경험과 지식을 활용하는 전문적 자원봉사도 있습니다. 무엇이 되었든 자신이 할 수 있고 좋아하는 종류의 역할을 찾으면 되겠습니다.

매주 시간 내기가 어려우면 매월 1회만 해도 좋습니다. 유명한 사회복지법인이나 대형 복지관, 요양원 등은 어쩌면 봉사자가 넘쳐날 수 있으니 소형 시설에 문의하면 환영할 것입니다. 부익부 빈익빈의 현상이 사회복지계에도 존재하거든요. 자원봉사활동은 사회공헌활동이므로 사회적 인정으로 이어져 삶의 만족도를 증진시키고 우울증을 해소하는 긍정적 효과를 냅니다. 누군가가 나의 도움을 필요로 한다는 사실은 자기효능감을 상승시키고 삶에 새로운 의미를 부여하는 멋진 일이거든요.

우리 사무실은 몇 년 전에 원로 사회복지사 두 분으로 구성된 팀으로부터 3회에 걸쳐 컨설팅을 받았습니다. 소규모 사회복지기관의 역량 강화를 위한 지원사업이었어요. 더운 여름 기관을 돌아다니는 것이 쉽지 않았음에도 두 분 원로 선생님들의 목소리에는 힘이 넘쳤으며 더 도와줄 것이 없나 고민하는 모습이 아름다웠습니다. 이렇게 평생 자신이 해왔던 일을 봉사활동에 연계시킬 방법을 찾아보는 것도 좋겠지요. 일생을 살아오며 자신이 쌓아온 귀중한 경험과 기술을 사장시키는 것은 사회적으로도 손실이잖아요. 일에서는 은퇴했다고 할지라도 자신이 보유한 능력을 활용하면 정신적으로 건강하고 사회적으로 존경받습니다.

사람들과 이야기를 하면 나이와 흰머리가 열등감을 일으킨다고 합니다. 나이가 들었다고 열등감을 가질 것까지는 없지만 극복하는 가장 좋은 방법은 적극적 삶입니다. 연구결과를 보면 자신이 젊다고 생각하고 열심히 사회활동을 하면 실제로 또래에 비해 젊고 건강을 오래 유지한다고 합니다. 나이가 들었다고 해서 어른으로 대접받으려 하지 말고 자신이 사회를 위해 무엇을 더 할 수 있는지 생각하고 이를 실행에 옮기면 참 좋겠습니다.

나의 연대기 써보기

전에 저는 인생에서 중요한 몇 가지의 사건들이 몇 살에 일어났고 그해가 몇 년도였는지 생생하게 기억했습니다. 그러다가 어느 날 어느 큰 사건 하나를 떠올렸는데 그때 제 나이가 몇 살이었는지 통 생각이 안 나서 깜짝 놀란 적이 있었습니다. 친구들에게 기억을 못했다고 털어놓으니 모두 대수롭지 않게 본인들도 그렇다며 왜 정확하게 알고 있어야 하느냐고 되물었습니다.

과거는 잘 살아왔든 그렇지 않든 내 삶의 역사이고 그 자체가 나 자신이라고 생각하는데, 기억해내지 못했을 때 저는 적지 않은 충격을 받았습니다. 그런 식으로 망각이 계속되면 삶이 수많은 단절된 조각으로 남게 될 것이 분명했습니다. 시간이 더 많이 흐른 후에는 얼마나 남아 있을까? 온전하게 내 삶을 기억할 수 있을까?

지난 삶에는 지우고 싶은 부분도 있지만 또 오랫동안 기억하고 싶은 부분도 있는데, 그런 기억들이 사라진다는 사실을 받아들이기 힘들었습니다. 기억을 잊음으로써 삶은 연속이 아닌 조각으로 파편화가 될 것이고, 파편화가 더 진행되면 더욱 많은 부분을 잃어 내 삶의 역사가 뿌연 안개 속에 갇힐 것 같았습니다. 그래서 더 잊어버리기 전에 기록하기로 마음먹고 태어난 때부터 현재까지 주요한 사건들을 연대기 형식으로 재구성했습니다. 늦게 시작한 관계로 20·30대는 채우지 못한 공백이 많지만 다행이 현재에 가까울수록 충실합니다.

우리는 누구나 인생을 살아가며 여러 가지 일을 겪습니다. 아름답고 황홀했던 적이 있었으며, 삶을 바꾸어놓은 사건이 있었고, 탁월한 업적으로 뭇 사람의 존경을 받은 적도 있습니다. 세월이 흐르면서 기억에서 멀어진 부분도 있지만 그래도 여전히 우리는 추억이라 불리는 상당량의 기억을 보유하고 있습니다. 그러나 사람의 기억은 용량이 제한적이고 또 시간이 흐르면서 왜곡되거나 망각하므로 영원히 잊지 못할 것 같은 아름다운 추억도 기록하지 않으면 어느 순간 홀연히 사라져버립니다. 마치 우리 생에서 없었던 것처럼요.

자신의 삶을 정리하며 기록으로 남기는 것은 여러 가지 면에서 유용하다고 생각합니다. 우선 아름다운 추억을 영원히 간직할 수 있고, 열심히 살아온 삶의 흔적을 기록하는 과정을 통해 지난 삶을 되돌아봄으로써 과오를 점검하여 미래의 삶을 바람직한 방향으로 설계할 수 있습니다. 열심히 살아온 삶의 기록은 자녀에게 귀감이 되고, 기록을 통해 가족은 부모를 더 잘 이해하여 화목한 가정을 꾸리는 데도 기여할 수 있습니다.

또 어찌 알겠습니까. 내 삶의 기록이 미래 아주 많은 시간이 흘러 우리가 살았던 시대를 검증하는 역사의 일부가 될지. 국가와 세계의 역사가 존재하듯 개인의 삶도 기록을 하면 역사로 남습니다.

일기나 연대기는 열심히 살아온 기록이며 증명입니다. 평범한 삶일지 몰라도 우리는 누구나 최선을 다해 살아가고 있으니 그런 삶의 기록은 스스로에게 당당함을 부여하며 자존감을 유지시켜주는 버팀목이 됩니다. 지난 삶에 의미를 부여하고 자랑스러운 삶으로 인정하므로 남은 삶을 씩씩하게 살아갈 동기를 부여할 것입니다. 그리고 어쩌면 아주아주 먼 훗날, 신체기능의 저하로 더 이상 외부 활동이 원만하지 않을 때 우리는 삶의 기록을 읽어보며 자신이 걸어온 삶의 궤적을 반추하고 흐뭇해할지 모릅니다. 나, 이런 사람이야!

죽음, 결코 소홀히 할 수 없는

　노년 문제 전문가들은 죽음을 가까이 두고 살라고 조언합니다. 생각만 해도 섬뜩한 죽음을 자주 생각하라니 이게 무슨 소리인가요? 그들의 말은 죽음은 외면하면 할수록 더욱 두려워진다는 것입니다. 저는 두 사람의 죽음이 기억에 남습니다.

　한 사람은 운명하기 1년 전부터 입원과 퇴원을 반복했습니다. 어느 날 병문안을 갔다가 쇠약한 몸 상태와 달리 쩌렁쩌렁한 목소리로 "내가 죽을 줄 아냐? 난 안 죽는다!"라고 소리 지르는 장면을 목격했습니다. 그 광경을 본 저는 섬뜩하여 얼어붙었으며 지금보다 한참 어린 나이였지만 그렇게 세상을 떠나면 안 될 것 같은 느낌에 휩싸였습니다. 그분은 고생하며 자식들을 키웠고, 자식이 성공하면 대접 받으며 살 것이라 기대했습니다. 바라던 대로 자식은 성공했으나 기대와 달리 대우와 위로는 없었으며 한 집에 살면서도 자식 얼굴 보기도 힘들자 노인은 지난 세월에 대한 후회와 불만이 가득했습니다. 그러다 보니 끝까지 자식에 대한 원망을 풀지 못하고 죽음을 받아들이지 못했으며, 그렇게 소리 지르는 얼굴은 무섭기 짝이 없었습니다.

　또 한 사람은 갑자기 암 선고를 받은 분입니다. 암 병동에 입원해 있던 그분은 환자답지 않게 얼굴에는 발그레한 홍조가 가득했으며 예쁘기까지 했습니다. 원래 미모가 있기도 했지만 눈 씻고 찾아보아도 환자의 느낌은 전혀 없었습니다. 병원 침대에서 손님을 맞았지만 평상시 집에서처럼 반가워 어쩔 줄 몰라 했습니다. 죽음에 전혀 동요하지 않았고, 드디어 주님 곁으로 간다며 오히려 기뻐하기까지 했습니다. 우리에게 좋은 곳으로 가니 슬퍼하지 말라고 위로하며 이제까지의 삶에 감사한다고 방문객들 모두에게 일일이 따뜻한 인사를 건넸습니다. 죽음과 싸우거나 거부하지 않고 담담하다 못해 기뻐하는 것처럼 보일 정도였어요. 그렇다고 그분이 항암 치료를 거부한 것은 아닙니다. 병원에서 안내하는 대로 적극적으로 치료를 받긴 했지만 죽음을 대하는 자세만큼은 의연했습니다. 죽음을 앞에 두고 그렇게 평온하고 초연하며 아름다운 사람은 제 생애 처음이었습니다. 저절로 존경의 마음이 일었으며 집으로 오는 내내 아름다운 그분의 온화했던 모습이 머리를 떠나지 않았습니다.

어떤 죽음을 꿈꾸는가

천상병 시인의 「귀천(歸天)」은 이 세상에 대한 집착에서 벗어나 죽음을 자연스럽게 받아들이고 나아가 죽음을 승화시킨 작품으로 유명하여 많은 사람 사이에 회자되는 시입니다. "나 하늘로 돌아가리라/ 아름다운 이 세상 소풍 끝내는 날./ 가서 아름다웠더라고 말하리라."

우리는 죽음을 두려워합니다. 그러나 시인은 죽음은 무섭고 두려운 것이 아니라 내가 태어난 곳으로 다시 돌아가는 자연스러운 것이라고 안심시킵니다. 죽음이란 살아가는 도중 어쩔 수 없이 겪는 힘든 고통에서 벗어나는 길이며 우리가 끈질기게 포기하지 않는 집착과 세속적 욕망을 내려놓으면 한없는 자유와 홀가분함을 느낄 것이라고 힌트를 줍니다. 이렇게 우리를 얽어맨 삶의 굴레를 벗어나면 더 높은 다음 단계로 나아갈 수 있다고 가르칩니다. 시인의 표현대로 인생이 소풍이라면 어느 소풍이 그러하듯 즐거운 기대로 시작하여 기쁨과 만족으로 끝맺음을 하는 것이 맞을 것 같습니다.

평소 느끼지 못하고 생각하지 않을 뿐 죽음은 늘 곁에 있다는 것을 우리는 모두 알고 있습니다. 갑자기 세상을 떠난 친구, 길고 고통스러웠던 부모의 죽음을 경험하면서 '나도 언젠가는 저 길을 가겠구나' 어렴풋이 두려움을 느끼지요. 하지만 죽음에 대한 이야기는 왠지 꺼림직합니다. 이왕 맞는 죽음이라면 아름답고 품격 있는 끝맺음을 꿈꾸면서도 죽음과 관련된 구체적인 내용에 대해서는 이야기를 나누고 싶어 하지 않습니다.

그런데 이성적으로 보면 생각할 거리가 아주 많은 것이 죽음 준비입니다. 아프면 어느 수준까지 치료를 받을지, 거동이 불편해졌을 때 어디서 어떤 방식으로 살고 싶은지, 병원에서 수술을 받거나 입원을 하게 되면 의료비는 어떻게 할지, 장례는 어떻게 치러주면 좋은지, 재산 상속은 어떻게 하고 싶은지 등에 관해 미리 진지하게 생각하고 가족에게 희망 사항을 전달하는 것이 맞습니다. 그런데 보통은 80살이 넘고 90살이 넘어도 먼저 말을 꺼내지 않습니다.

시인의 시구처럼 아름다운 마무리는 어떻게 이룰 수 있을까요? 우선 죽음을 밀어내지 않고 담담하게 받아들이는 태도가 필요하다고 봅니다. 우리가 죽음을 두려워하는 이유는 죽음을 사랑하는 사람들과의 영원한 이별과 단절로 받아들여서 그럴 것입니다. 사랑하는 사람들을 더 이상 다시 볼 수 없다는 사실이 우리를 외로움과 공포에 내모는 거지요. 그러나 죽음을 연구하는 학자들은 죽음으로써 육체는 소멸하여 물리적 삶은 끝이 나지만 우리의 영혼과 의식은 다음 생에서 더 높은 단계로 발전해 나간다고 말합니다.

과거에는 이런 생각이 불교라는 종교를 특징짓는 독특한 생사관일 뿐 아무런 과학적 근거가 없는 허무맹랑한 이야기쯤으로 백안시되었으나 이제는 누구보다도 전문적인 지식을 보유하고 과학적으로 사고하도록 훈련을 받은 의사의 일부도 여기에 동조하고 있습니다. 미국의 아동 호스피스 분야에서 오랫동안 종사한 엘리자베스 퀴블러 로스가 그랬으며, 우리나라에서도 일부 학자들과 의사들 역시 그런 생각을 지지하고 있어요. 이들 의사들이 관찰한 바로는 본인이 정신적으로 잘 준비하고 주위 사람들도 따뜻하게 배웅을 하면 죽음을 맞는 사람은 아주 편안하고 만족한 상태에서 이 세상을 떠나며, 그렇게 육체를 떠난 우리의 영혼은 보이지 않는 어느 곳에서 머물며 더 높은 단계의 다음 생을 준비한다고 합니다. 그렇다면 우리는 죽음을 두려워할 필요 없이 지금의 육체에서 가볍게 빠져나와 영혼을 인도하는 빛 속으로 날아오르기만 하면 되는 것이지요.

그러나 그전에 거쳐야 할 단계가 있습니다. 지금의 육체를 떠나는 과정입니다. 신체가 스스로 더 이상 기능을 하지 못할 때 우리 대부분은 병원에 입원을 하는데, 병원에서는 우리에게 어떤 의료 행위를 할까요? 스스로 숨을 쉬지 못하면 숨을 쉴 수 있도록 목에 관을 삽입하여 인공호흡기를 달거나 기관지를 절개하여 구멍을 낼 것입니다. 소변을 배출하지 못하면 소변줄을 꽂을 것이고, 신장 기능의 저하로 몸 안에서 만들어지는 노폐물을 거르지 못하면 신장 투석을 하며, 음식을 먹지 못하면 혈관주사를 놓아 칼로리를 보충합니다. 각종 검사를 위해 동맥에서 피를 뽑기도 하고 심장이 멈추면 심폐소생술을 합니다.

이런 행위들은 연명의료라 불리는데, 단어 그대로 수명을 연장하는 데 목적을 둡니다. 치료가 아니라 목숨을 연장하는 성격이지요. 이 정도의 상태라면 말을 하지 못할 가능성이 높고 의식도 불분명할 것입니다. 병원 측은 몸에 달려 있는 여러 가지 줄이 환자에게 고통을 주지 않도록 그리고 환자가 무의식 속에서 줄을 잡아 빼지 않도록 마취제를 투여합니다. 가족은 환자가 이 세상을 떠나기 전 마지막으로 한 마디라도 이야기를 나눠보기를 희망하지만 실현은 어렵다고 봐야 합니다.

병원에서는 연명의료를 시작하기에 앞서 환자 자신이나 가족의 의사를 확인하는데, 일단 연명의료를 시작하면 환자 본인의 동의 없이는 중단하지 못하게 되어 있습니다. 즉 한 번 시작하면 사망할 때까지 연명의료를 계속할 가능성이 높겠지요. 결국 연명의료를 시작한 사람은 중환자실에서 수많은 관을 몸에 주렁주렁 연결한 상태로 기계들이 내는 잡음 속에서 외부와 차단된 채 의료진의 보호와 돌봄을 받다 세상을 떠나는 게 일반적입니다.

모든 사람의 희망은 집에서 살다 집에서 숨을 거두는 것입니다. 이제까지 살아온 편안한 곳에서 좋아하는 사람들 사이에서 마지막 순간을 보내기를 희망해요. 그러나 의료기관이라는 곳은 의료 행위를 목적으로 설치된 곳이므로 냄새가 다르고 공기도 다르며, 무엇보다도 좋아하는 사람들이 옆에 없다는 최대의 약점을 가지고 있습니다. 그래서 요즈음은 그런 단점에 눈뜬 사람들 사이에서 가능하면 오래 내 집에서 살다가 연명의료를 받지 않고 호스피스 케어 등으로 고통 없이 삶을 마감하고자 희망하는 수가 늘고 있어요. 국가도 그러한 점을 고려해 집에서 살고 있는 노인환자나 암환자를 대상으로 의료 서비스를 확대하는 중이고요. 그러므로 연명의료를 받을 것인지 말 것인지 의사를 미리 명확하게 밝혀두는 것이 매우 중요합니다.

이것의 정식 명칭은 '사전연명의료의향서'이며, 19세 이상의 사람이 향후 임종 과정에 있는 환자가 되었을 때를 대비하여 연명의료 및 호스피스에 관한 의사를 본인이 직접 문서로 밝혀두는 형식을 취합니다. 국민건강보험공단의 지역 지사를 방문하면 이에 관한 상담을 해주고 등록을 도와주며 일부 의료기관에서도 가능합니다. 등록을 마치면 이후 '사전연명의료의향서 등록증' 카드를 집으로 보내줘요. 등록을 마쳤지만 마음이 바뀔 수도 있겠지요? 그런 경우엔 언제든지 철회도 가능하니 걱정할 필요 없습니다. 작성한 사전연명의료의향서는 국립연명의료관리기관의 정보처리시스템에 등록되며, 변경 또는 철회 의사를 밝혔을 때는 새로운 의사를 반영해줍니다. 이렇게 사전연명의료의향서를 작성해놓으면 전국 어느 병원에서든 조회가 가능하므로 무리한 연명의료 행위를 피할 수 있습니다.

사전연명의료의향서의 작성은 병원이라는 장소의 특성상 개인 친화적이지 않은 환경, 낯선 사람들에게 둘러싸인 고립감, 강제로 호흡과 영양을 주입하는 반자연적 생존 방식을 피할 수 있고 장기간 입원을 했을 때 가족이 부담할 막대한 병원비 지출을 예방할 수 있다는 점에서 유리합니다. 어떤 방식으로든 살아 있는 것이 중요하다고 판단하여 생존 자체에 의미를 둘 수도 있지만, 반면 인간으로서의 기능을 상실한 채 단순하게 숨만 쉬는 것은 무의미하며 생존을 위해 남은 가족에게 경제적·정신적 부담을 주려 하지 않는 사람들도 많으니 잘 판단하여 결정하면 되겠습니다.

사람은 어떤 문제에 부딪치면 자신의 경험에서 세상을 바라보고 자신의 눈높이에서 결정합니다. 우리가 판단 능력을 상실하거나 의사 표현을 하지 못할 때 결정 주체는 대부분 배우자나 자식이 되겠지요. 그들은 이런 상황에서 어떤 결정을 할까요? 가족은 갑자기 닥친 상황에 당황하여 우왕좌왕하다가 그때까지 살아온 자신의 경험과 주위의 조언을 참고하여 무엇이 최선인지를 고민할 것입니다. 어쩌면 마지막으로 효도를 할 기회로 생각하고 어떻게든 생명을 연장시켜달라고 의료진에게 매달릴지도 몰라요. 그렇게 되면 우리는 수많은 기계를 몸 곳곳에 연결한 상태로 의식조차 없이 숨만 쉬는 상태로 긴 시간 고통에 시달리게 됩니다. 당사자는 아름답고 깔끔하게 삶을 마감하고 싶었는데 말이죠.

조사결과를 보면 노인 부모가 연명의료를 거부하는 비율은 70퍼센트 정도인데 반해 직계가족은 40퍼센트 미만에 머물고 있습니다. 가족의 마지막 순간을 본인 손으로 결정하는 것에 대해 심리적 부담이 크다는 뜻이지요. 부모 목숨을 내 손으로 끊는 것 같아 무섭기도 할 테고요. 가족 간 의견이 일치되지 않을 때는 갈등이 발생하는 것도 피할 수 없습니다. 어느 결정을 내리든 결정을 내려야 하는 가족이 지는 부담과 고민은 클 수밖에 없습니다. 그럴 때 당사자가 미리 연명의료 결정을 해두었다면 자녀나 배우자는 그 의사를 존중해 원하는 방식으로 진행할 것이므로 마음의 부담과 갈등을 겪지 않습니다.

죽음이 두렵지 않은 사람은 없습니다. 직업상 다른 사람들보다 죽음을 가까이 경험하는 저도 마찬가지입니다. 그래서 웰다잉 프로그램에 참석하고 죽음에 대한 책을 읽으며, 호스피스 교육 같은 것도 기회가 될 때마다 부지런히 받고 있습니다. 너무나 낯선 죽음이라서 가능하면 익숙해지려고 노력하는 거지요. 죽음과 관련된 단어를 반복해서 듣고 죽음의 구체적 상황에 대해 들으면 죽음은 바로 우리 옆에 있으니 순서가 될 때까지 열심히 잘 살아야겠다는 생각이 저절로 듭니다. 생명의 유한성을 다시 한 번 새기며 세상을 떠날 때까지 가능하면 스스로 문제를 해결하여 가족에게 짐이 되지 말자고 다짐합니다. 죽음도 공부하고 마음의 준비를 하다 보니 거부감이 덜해지는 것은 확실합니다.*

어떻게 끝맺음을 준비할까

노인들 사이에서 자주 이야기되는 희망 사항은 '99세까지 88하게 살다 3일만 앓고 잠자듯이 세상을 뜨는 것'입니다. 그렇게 되면 오죽 좋을까만 현실의 통계는 불행하게도 한국인의 경우 약 10년 정도 각종 질병에 시달리다가 세상을 떠나는 것으로 나옵니다. 오랜 기간 투병생활을 하거나 요양원에 입소하게 되었을 때 우리는 자신의 의사를 충분히, 명료하게 밝힐 수 있을까요? 여전히 정신이 맑은 상태라면 치료나 수발에 대해 본인이 희망하는 바를 표현하겠지만 의식이 없거나 치매 같은 병으로 인지 기능에 문제가 생기면 불가능할 것입니다.

그런 때를 위해 자신의 바람을 미리 적어두면 유용하겠지요. 예를 들어 고령에 몸이 불편해도 계속 집에서 살기를 바라는지 아니면 다른 사람으로부터 수발을 받아야 할 시점에 요양원 입소를 원하는지, 비용 문제는 어떻게 할지, 사망 후의 신변 정리 등에 관한 내용을 미리 정리해두

---

* 아름다운 마무리를 인도하는 도서로 추천합니다. 정현채, 『우리는 왜 죽음을 두려워할 필요 없는가』(비아북, 2018), 엘리자베스 퀴블러 로스, 『사후생: 죽음 이후의 이야기』(여해와함께, 2020), 데이비드 재럿, 『이만하면 괜찮은 죽음』(윌북, 2020).

는 것이지요. 가족관계가 복잡하여 법정상속 대신 다른 방식의 유산상속을 원하는 사람이라면 유언장 작성도 필요할 것입니다. 유언장 작성을 위해서는 복지관이나 종교기관에서 진행하는 웰다잉(well-dying), 유언장 써보기 등의 프로그램에 참여하여 도움을 받을 수 있으며, 그런 과정에 참여하면 생의 의미를 다시 한 번 진하게 느끼게 됩니다.

단순한 생명의 연장보다 마지막 남은 시간을 가족과 보내고 평화로운 죽음을 원하는 사람이라면 무리한 생명 연장보다 고통을 완화하는 완화의료나 호스피스 케어에 관한 입장을 밝혀둘 필요가 있습니다. 또 임종에 달하여 병원에서 행하는 심폐소생술, 인공호흡기 등을 원하지 않는다면 치료에 대한 사전의사결정인 사전연명의료의향서 같은 서류를 작성하여 본인의 의사를 명확히 해둬야 해요. 나아가 장례에 대한 생각도 정리해둘 필요가 있습니다. 수의 등 장례물품과 장례 진행 방식, 부고 알림의 여부와 알릴 대상의 범위, 매장 방식, 비용 부담 등에 관해 평소 본인이 원하는 것을 적어놓든지 아니면 평소에 가족에게 의사표현을 해놓으면 가족은 고인의 의견을 존중해 장례를 집행할 것입니다.

일본에서는 한때 엔딩노트(ending note)가 유행했던 적이 있습니다. 엔딩노트는 고령자가 혼수상태에 빠지거나 사망했을 때를 대비해 자신의 의사를 미리 밝혀두는 것으로, 가족에게 전하는 말, 연명의료, 장례 절차 등을 주 내용으로 합니다. 의식이 없거나 판단 능력이 없으면 자신이 원하는 바를 정확하게 표현할 수 없으므로 의식이 있을 때 자신의 의지를 미리 기록해두는 것이지요. 이 운동은 고귀하게 죽을 권리에 초점을 맞추는 것이고 자신의 죽음을 자신의 방식으로 미리 디자인하는 것이라 보면 됩니다.

바람직한 노후 삶의 방식은 보통 사람처럼 자신의 집에서 계속 사는 것입니다. 집에서 살면 자신의 삶에 대해 스스로 결정권을 행사할 수 있고, 본인이 원하는 생활방식을 유지할 수 있으며, 무엇보다도 편안한 장점이 있습니다. 하지만 가족이 있어도 적절한 돌봄을 받기 힘들거나 혼자 사는 사람이라면 어쩌면 다른 선택을 해야 할 수도 있을 것입니다. 특별히 아프지는 않지만 의식주에 관련하여 일상생활 관리가 힘들고 귀찮다면 너싱홈이나 시니어타운이라 불리는 노인복지주택을 생각할 수 있습니다.

노인복지주택이란 주거에 편리한 시설을 갖추고 이를 임대 또는 분양하여 생활지도, 상담, 안전관리 등 일상생활에 필요한 각종 편의를 제공합니다. 기업이나 개인 등이 운영하며 비용은 서비스 수준에 따라 차이가 있습니다. 식사와 청소를 제공하고 지루하지 않게 교육·오락 프로그램들을 제공하며 살다 보면 입주자끼리 친분도 형성되어 외롭지 않은 이점이 있습니다. 규모가 큰 곳은 수영장·게이트볼 같은 운동시설을 갖춘 곳도 있고, 의사가 상주하며 입주자들의 건강을 돌보기도 해요. 그런 곳에 입주한 노인 가족의 이야기를 들으니 처음에는 집으로 돌아오고자 했으나 적응 후에는 그곳이 아주 좋다면서 "너희들이 여기처럼 이렇게 해줄 수 있어" 한답니다. 그런데 노인복지주택은 비용이 싸지 않아서 주로 경제적 여유가 있는 계층을 대상으로 운영되고 있다는 한계가 있습니다.

질병으로 거동이 힘들면 노인 장기요양보험 제도를 생각할 수 있습니다. 거주지 관할 건강보험공단 지사에 요양등급 신청을 하고 등급이 나오면 집에서 방문요양 서비스를 받거나 요양원에 입소할 수 있습니다. 국가가 운영하는 사회보험제도 안에서 운영되는 서비스들이므로 이용료가 저렴한 것이 특징입니다. 요즘 요양원은 과거와 달리 밝고 쾌적합니다. 집처럼 편안하지 않고 사생활 보장이 어려운 단점은 있지만 숙련된 간호사나 요양보호사들로부터 적절한 보살핌을 받고, 영양사의 지도로 조리된 위생적이고 영양가 높은 음식을 제공받으며, 노래교실·미술교실 등의 다양하고 재미있는 취미활동에 참여하며 새로운 친구들을 사귈 수 있지요. 가족에게 애착이 강한 사람은 요양원 입소에 저항하지만 적응을 잘 하면 집에 혼자 있을 때보다 오히려 건강해져 즐겁게 살아가기도 합니다. 이렇게 요양원 입소를 생각하는 사람이라면 평소 마음에 드는 곳을 알아보고 가족에게 그런 정보를 주면 좋겠지요.

'당신 말이 맞아. 나도 그렇게 생각해'라고 할지라도 이런 의사를 어떻게 구체적으로 밝힐지는 막막할 것입니다. 데이비드 재럿의 『이만하면 괜찮은 죽음』에는 작가가 자신의 노후 삶과 임종을 대비해 작성한 '생전 진술서'와 '생전 유언장'이 예시로 들어 있습니다. 저자는 노인의학 전문 의사인데, 자신의 삶에 대한 결정권을 상실하거나 연명치료로 고통 속에서 목숨을 이어가다 세상을 떠난 숱한 죽음을 경험하면서 자신 역시 그와 같은 과정에 들 경우를 대비해 자신의 의사를 미리 밝혀두었습니다. 예를 들어 강제로 영양을 공급하지 말고, 고통을 완화하는 치료를 원하며, 가능하면 오래 집에 머물러 살고 싶다는 의사를 표명했습니다. 자신이 좋아하는 음악 앨범들과 방 안에 걸어둘 그림을 지정하고, 심지어 장례식에서 쓸 음악까지도 미리 세세하게 적어두었습니다. 그리고 무엇보다도 자신을 돌보기 위해 자손들이 무리하게 마음의 부담을 갖지 말 것도 당부했습니다. 드물긴 하지만 우리나라에도 자신의 장례식에는 가장 화려한 옷을 입고 와 노래와 춤을 추라고 주문하는 사람도 있고, 미리 다과회 형식의 모임으로 가까운 사람들을 만나 작별 인사를 나눈 후 장례식은 조용하게 가족끼리만 치르는 앞선 사람들도 있다는 점을 참고하면 좋겠습니다.

한국인은 늙음과 죽음을 대화 주제로 삼기를 꺼려 합니다. 그래서 아직 정상적인 생활을 하는 노인 중에는 가족들과 죽음에 관한 대화를 나누며 미리 준비를 하는 사람이 별로 없습니다. 이러한 문화에서 자식이 먼저 그런 대화를 시작하기는 어려우니 부모가 먼저 본인이 희망하는 바를 구체적으로 알리고 미리 상의하는 지혜가 필요합니다. 노인에게 병은 예고 없이 찾아오고 예후를 알 수 없는 경우가 많으므로 여러 상황을 가정하고 그 상황에서 자신이 원하는 것을 미리 기록해두거나 가족에게 분명하게 의사전달을 해둡시다. 의식이 또렷하고 맑을 때 나이 들어가면서 부딪칠 여러 상황에 대비하여 자신의 희망 사항을 적어두면 수발하는 가족은 부모의 의사를 존중하여 부모가 원하는 방식으로 집행할 것이니, 이는 당사자를 위해서도 또 가족을 위해서도 지혜롭고 현명한 결정이 될 것입니다.

잘 죽는 것만큼 중요한 것은 없다

돈과 권력이 있는 유명인사이든 그렇지 않은 평범한 사람이든 공통적으로 관심을 두는 것이 늙지 않는 것입니다. 그래서 나이보다 젊어 보인다는 말을 들을라치면 거울을 한 번 더 보면서 젊게 살려는 자신의 노력이 결실을 맺었다고 흐뭇해합니다. 이렇게 젊게 사는 것이 인간 최대의 관심사이다 보니 세상에는 그에 대한 연구가 활발하며, 무엇을 먹어야 건강한지, 어떤 방식으로 살아야 치매에 걸리지 않을지, 어떻게 운동해야 근력과 몸매를 유지할 수 있는지 등을 가르치는 정보가 넘쳐납니다. 그런 것들에 몰두하다 보니 잘 나이 들고 잘 죽는 문제는 뒷전이 되어버렸습니다.

잘 나이 들어가는 것에는 신체를 건강하게 유지하는 것 외에 정신적 안정이 필수입니다. 이제까지 나와 인연이 있는 사람들과 내가 건재하며 살아가도록 도움을 준 사람들에 대한 감사, 과도한 욕망과 욕심을 버리고 내려놓는 용기, 지금의 환경과 상황을 있는 그대로 긍정적으로 받아들이는 수용적 태도, 세상에 대한 너그럽고 따뜻한 시각 등이 사람을 안정적으로 행복하게 만듭니다. 이런 정신적 안정과 행복은 다른 사람들과 세상에 대한 불평과 불만을 누그러뜨려 당사자를 온화하고 평온하게 만들지요. 마음이 평온하고 만족스러우면 우선 본인 자신에게 유익하고 가족과 주위 사람들에게서 존경받는 원천이 됩니다. 나아가 바람직하게 나이든 어른의 모델로서 누구도 무시하지 못하는 존재감도 발휘할 수 있습니다.

잘 나이 들려면 주위 사람들, 특히 가족의 이해와 지지가 필요합니다. 자식들이 우리 부모는 우리의 성장에 헌신적인 분이었으며 가족을 위해 최선을 다해 성실하게 살아왔다고 인정하면 부모는 자신의 삶이 헛되지 않았다고 생각하며 가족의 인정과 사랑을 계속 유지하려 노력합니다. 가족이 바라는 바람직한 노인상을 달성하기 위해 노력하면서 남은 생을 당당하게 살아갈 용기를 얻습니다.

가족이 부모를 돕는 방법은 부모가 노인이 된 후 갖게 되는 크고 작은 문제들을 노인이 되어 나타나는 어쩔 수 없는 변화, 즉 노인의 특성임을 이해해주는 것입니다. 어떤 업적과 성과를 이루어냈는지에 상관없이 대부분의 사람은 가족의 안녕과 행복을 위해 최선을 다해 살아온 것이 사실이므로 그런 노고를 인정하고 가족이 따뜻하게 보호하고 보살피면 노인은 가족의 품 안에서 안심하며 만족하는 삶을 이어가게 됩니다. 가족의 따뜻한 관심과 사랑은 죽음에 대한 불안감을 덜어줄 뿐만 아니라 죽음을 온순하게 받아들이는 데도 큰 도움이 됩니다.

이렇게 노인이 가족이나 주위 사람들에게 감사하는 마음을 가지면 순하고 편안해집니다. 이러한 마음은 주변을 정리해야 할 필요가 있는 노년기에 특히 중요해요. 순하고 편안한 마음은 포기하지 못했던 욕심, 이루지 못한 욕망, 미움이나 증오심 같은 과도한 마음의 짐을 내려놓고 정리하는 데 결정적인 도움을 줍니다. 등에 진 무거운 짐을 내려놓으면 홀가분하듯 노인 역시 마음의 짐을 벗으면 너그럽고 온화하며 가족 안에서 조화를 이루려 노력합니다.

잘 나이 드는 것은 잘 죽는 것으로 이어집니다. 죽음은 누구나 두렵습니다. 이미 충분히 살아서 더 이상 삶에 미련이 없을 것 같은 고령의 노인들 역시 죽음의 두려움에서 자유롭지 못합니다. '더 나이 들어 추한 모습 보이기 전에 가야 할 텐데'를 입에 달고 살지만 사실은 노인도 죽음이 두렵긴 매 한가지입니다. 그래서 노인들 중에는 나이를 물으면 달가워하지 않는 사람이 많아요. 우선 자신이 그렇게 나이를 많이 먹었다는 것이 믿기지 않고 믿고 싶지 않으며, 마음은 여전히 청춘이고 해야 할 일이 있는데 누군가 자꾸 죽음으로 등을 떠미는 것 같아 싫습니다.

나이 들었음을 인정하고 삶을 순하고 편안한 마음으로 받아들이면 이제까지 잘 살아왔다는 생각과 함께 남은 삶을 감사하게 받아들일 넉넉함이 생깁니다. 가족과 사회를 위해 열심히 살아온 자신에 대해 자부심을 갖고 죽음에 임해서도 크게 당황하지 않으며 남은 가족을 헤아리는 여유까지 생깁니다. 이에 반해 자신이 아직 삶의 목표를 달성하지 못했거나 소망을 이루지 못했거나 또는 아직 해야 할 일이 있다고 생각한다면 걱정에 사로잡히게 돼요. 잘못 살았다는 생각 때문에 과거 삶에 대한 후회와 한도 많지요. 또 시간이 얼마 남지 않았다는 조급한 생각을 머리에서 지우지 못해 초조하고 불안해하므로 결국 이별도 잘 받아들이지 못하는 한 많은 인생으로 끝을 맺기 쉽습니다.

우리 대부분은 유산을 남기고 싶어 합니다. 인간은 누구나 유산을 남기려는 경향이 있잖아요. 혹자는 돈을 많이 벌어 자손에게 재산을 남겨 어려움 없이 살게 하고자 하며, 권력이 있는 사람은 권력을 대물림할 수 있는 길이 없을까 연구할 거예요. 노인들이 유산을 남기려는 노력은 각별하여 당장 쓸 돈이 없어도 가지고 있는 집 한 채를 어떡해서든 자식에게 물려주고자 주택연금을 신청하지 않고 허리띠를 졸라맵니다. 월세로 들어오는 돈을 차곡차곡 모아 자식에게 건네기도 해요. 그러한 노력의 이면에는 어떤 형태이든 자손이 자신을 좋은 부모, 아름다운 사람으로 기억해주기를 바라는 욕망이 숨어 있는 것이 사실입니다. 자신이 더 이상 이 세상에 존재하지 않아도 자식들의 마음에 좋은 부모로 남아 영원히 잊히지 않기를 바랍니다.

당신은 어떤 부모로 남기를 원하나요? 까다롭고 간섭 많은 힘들었던 사람? 온화하고 이해심 많아서 그리운 사람? 고집불통으로 사사건건 부딪친 다시 생각하고 싶지 않은 사람? 이렇게 스스로에게 질문을 던지면 앞으로 남은 삶을 어떻게 살아야 할지 쉽게 답을 얻을 수 있을 것입니다. 이 질문을 잊지 않으면 남은 삶도 아름다울 것 같습니다.

글의 끝에 덧붙여서

이제까지 글을 읽어준 여러분에게 감사드립니다. 이 글을 쓰기 시작한 것은 노인복지 분야에서 20년 가까이 일하면서 보고 경험한 때문입니다.

저는 조그만 재가장기요양기관을 운영하고 있는데, 대상자는 질병으로 거동이 불편한 노인들입니다. 저는 이분들을 돌보는 사람이므로 이들이 모두 편안하게 여생을 살아가시기를 진심으로 기원하지만 불행하게도 행복한 분은 별로 없습니다. 그 이유는 그분들이 가지고 있는 질병 때문만이 아닙니다. 또 경제력이 충분하지 않아서 그런 것만도 아닙니다. 외롭고 서글프며 사랑받지 못한다고 생각하는 정서도 앞의 두 요인 못지않게 크게 작용합니다. 그것이 누구의 잘못인지 따지지 않았으면 좋겠습니다. 지금 보이는 상황이 어떻든 그분들은 열심히 인생을 살아온 분들이고 가족들도 최선을 다하고 있으니까요. 하지만 인생의 끝자락에서 불행을 만나는 것은 돌보는 사람의 입장에서 결코 편안하지 않습니다.

저는 우연히 사회복지사가 되었습니다. 노인복지 분야에서 일하게 된 초기에는 왜 하필 이 분야인가 하며 달갑지 않게 생각했지만 이제는 이쪽에서 일하게 된 것을 정말 다행으로 생각합니다. 이 분야에서 일하다 보니 노인들의 삶의 모습, 심리 상태, 경제적 상황 등이 제가 막연하게 그려보던 것과 너무나 달랐습니다. 그래서 두려워졌습니다. 미리 준비하지 못하면 나도 불행해질 수 있으며, 외롭고 가난해질 수 있다는 생각에 이것저것 준비를 하고 있습니다. 그리고 이쪽에서 일하는 덕분에 한 분 남은 나의 어머니를 조금 더 잘 이해할 수 있게 된 것 역시 참말 다행이라고 생각합니다.

노인의 삶은 인생 어느 시기보다 다양합니다. 저는 이것을 평균적이지 않다고 표현하고 싶습니다. 청소년기·청년기·중년기에는 누구나가 그려볼 수 있는 평균적인 삶의 모습이 있는데 반해 노년기는 굉장히 다양합니다. 부나 권력을 보유한 일부 사람들을 제외하면 삶의 출발점은 비슷한데 나이를 먹어갈수록 격차가 벌어지고 만족감도 달라져 노후에 최고로 다양해지는 것 같습니다. 다양성의 대상이 문화라면 긍정적으로 받아들이고 환영할 만하지만 노년기의 다양성은 행복과 불행의 간극이 너무 넓다는 점에서 결코 바람직하지 않으며, 아무리 노력해도 벌어진 틈을 메우기가 쉽지 않습니다. 그 결과 불행하다고 느끼는 사람이 많습니다.

제가 노인복지 분야에서 일하면서 느낀 점은 우리는 서로에 대해 잘 모른다는 겁니다. 부모는 자식의 사정을 모르고, 자식은 부모의 심정을 잘 모릅니다. 어느 한쪽의 잘못이 아니라 사회 환경이 경쟁적이어서 그런지 서로를 헤아릴 마음의 여유가 없는 것 같습니다. 자녀는 할 일이 많고 마음이 급하여 느긋하게 부모의 서운함을 달래주지 못하고, 부모는 그런 자식에게 슬퍼하며 눈물을 흘립니다. 인생 어느 시기보다 편안하고 행복해야 할 노후에 불행을 느끼는 것은 노인 당사자에게도 가족에게도 나아가 사회 전체로도 안타까운 일이 아닐 수 없습니다.

사람은 시간이 흘러감에 따라 몸만 나이 들어가는 것이 아니라 마음도 나이 들어갑니다. 변하고 싶어 변하는 사람이 어디 있겠습니까. 스스로가 변해간다는 인식조차 못하는 사이 어쩔 수 없이 변하는 거지요. 그런 변화를 당연한 것으로 내버려둬야 할까요? 저는 변해가는 자신에 대해 공부를 해야 한다고 생각합니다. 아는 만큼 보인다는 말이 있듯이 알아야 대비와 준비를 할 수 있습니다. 모르는데 어떻게 준비를 하겠습니까. 노후 역시 미리 알아보고 대비를 해야 안전합니다.

다른 나라도 그렇지만 우리나라 역시 노인, 노후, 늙음, 죽음 같은 단어를 싫어합니다. 우리가 특히 더 배타적인 것 같습니다. 관심은 물론 연구도 적습니다. 그런다고 늙음이 안 오나요. 준비 없이 불행한 것보다 준비하고 더 행복한 것이 낫지 않겠어요? 그래서 책을 써야겠다고 마음먹었습니다. 누구나 아름다운 노후를 꿈꾸지만 아름다운 노후는 결코 저절로 오지 않으며 오로지 준비하고 대비해야 가능하다는 것을 말하고 싶었습니다.

이런 취지에서 노후 준비에 대해 강연을 하면 좋을 것 같아 소개를 받아 몇 군데를 방문한 적이 있습니다. 책의 본문에서도 언급했지요. 그런데 번번이 거절당했어요. 아무도 들으려하지 않았습니다. 제가 이제까지 만나본 사람들은 한결같이 자신은 나이가 들어도 언제나 건강하고 앞으로도 현재와 같이 계속 잘 살 것으로 기대하고 있었습니다. 물론 저도 그렇게 되기를 바라지만, 사람 일을 어찌 알겠습니까. 인생 어느 시기보다 노년기에는 위험이 많거든요. 여러분처럼 책을 읽는 분이라면 인생에 대한 통찰과 지혜를 구하는 분일 테니, 부디 이 문제에 관심을 가지고 대비하시기를 권고합니다.

이 책은 경제적 대비나 건강보다 정신적 준비를 주로 다뤘습니다. 삶이 돈만으로는 충분하지 않거든요. 돈이 있으면 다 해결된다고 생각하는 사람도 있기는 하지만 꼭 그렇게 되지는 않아요. 돈, 건강, 그리고 든든한 인간관계 등 다양한 요인이 두루 충족되어야 편안하게 나이 들어갈 수 있습니다. 그래야 무슨 일이 생겨도 덜 슬프고 덜 박탈감을 느낍니다.

노인들이 느끼는 서운함·슬픔·분노는 상당 부분 기대와 현실의 격차에서 발생합니다. 이제부터라도 노인은 자녀와 사회에 대한 기대를 낮추고 다른 사람과 자신을 비교하는 것을 멈춰야 합니다. 대신 독립심을 높이고 자신의 삶을 존엄하게 살아갈 길을 찾아야 합니다.

저는 평범한 사람들이 살아가는 가식 없는 맨 모습을 매일 보고 있습니다. 그래서 어쩌면 이 책의 내용이 노인에 대해 부정적이라고 비판할 수 있으나 지금 현재 벌어지고 있는 현상과 사실을 왜곡하거나 포장해서는 안 된다고 생각합니다.

우리는 어떤 문제에 직면하여 이상을 고수하려는 경향이 있습니다. 문제인데도 문제가 아니라고 생각하고 싶어 하는 것들이 있습니다. 주로 우리가 의미를 두는 가치에 관련해서 그렇습니다. 노인 문제도 그중의 하나입니다. 국가와 사회는 사회구성원들이 노인을 잘 대접하며 세대들이 화합하는 아름다운 사회로 남기를 바라고, 개인은 자신의 가정이 부모와 더불어 아무런 문제가 없는 행복한 가정으로 외부에 비쳐지기를 희망합니다. 그러니 문제를 드러내기보다 덮거나 외면하려는 경향이 강합니다. 그러나 유감스럽게도 현실은 우리의 바람과 큰 격차가 있습니다.

이제는 그런 환상을 깰 때라고 생각합니다. 행복한 노인도 있지만 더 많은 노인이 여러 가지 이유로 불행하며 우울해하는 현실을 받아들이고 인정해야 합니다. 노인이 되면 우울하고 불행한 것은 당연하지라고 생각하는 사람은 없을 겁니다. 그렇다면 국가는 이런 문제를 해결하거나 경감시키기 위해 더 많은 고민을 하고 더 적극적으로 관련 정책을 펴야 할 것이고, 개인은 어떻게 하면 사회 내에서 노인이 조금 더 편안하게 남은 삶을 영위할 수 있을지 생각해야 합니다. 그리고 노인을 잉여인간

정도로 비하하는 관점에서 벗어나 이해하려고 노력해야 합니다. 지금 우리가 누리는 생활수준이 앞선 세대인 노인들 덕분이라는 것도 잊어서는 안 되고요.

사람의 의식과 인식은 잘 바뀌지 않습니다. 기존의 것을 고수하려는 경향이 있고 변화에 저항도 합니다. 그러므로 가장 좋은 것은 애초에 나쁜 인식이 사회 내에 고착되지 않도록 예방 활동을 하는 것입니다. 지금 노인 문제를 해결하지 않으면 독자 여러분이 노인이 되었을 때 편견과 불이익으로 고통을 받습니다. 지금의 노인 문제는 현재 노인들만의 문제가 아니라 그 뒤를 이어 노인이 될 바로 여러분의 문제이기도 합니다. 지금부터 노인에 대한 인식과 사회 환경을 바꾸어나간다면 진정한 수혜자는 지금의 노인들이 아니라 바로 여러분이 될 것입니다.

이 작은 책이 여러분에게 노후 준비에 대한 경각심을 일깨우고 아름답게 나이 들어가는 것에 대해 진지하게 생각하고 대비하는 계기가 된다면 대단히 기쁘겠습니다.

모두 아름답게 나이 들어가시기를 기원합니다. 감사합니다.